Datensicherheit bei der elektronischen Auftragsvergabe

Europäische Hochschulschriften

Publications Universitaires Européennes
European University Studies

Reihe II
Rechtswissenschaft

Série II Series II
Droit
Law

Bd./Vol. 4360

PETER LANG
ıkfurt am Main · Berlin · Bern · Bruxelles · New York · Oxford · Wien

Henning Kahlert

Datensicherheit bei der elektronischen Auftragsvergabe

Rechtliche, ökonomische und technische Aspekte der Umsetzung der Richtlinie 2004/18/EG in deutsches Recht

PETER LANG
Europäischer Verlag der Wissenschaften

Bibliografische Information Der Deutschen Bibliothek
Die Deutsche Bibliothek verzeichnet diese Publikation in der Deutschen Nationalbibliografie; detaillierte bibliografische Daten sind im Internet über <http://dnb.ddb.de> abrufbar.

Zugl.: Hannover, Univ., Diss., 2005

D 89
ISSN 0531-7312
ISBN 3-631-54846-X

www.peterlang.de

Vorwort

Die vorliegende Arbeit wurde im Sommer 2005 von der Juristischen Fakultät der Universität Hannover als Dissertation angenommen. Literatur und Rechtsprechung konnten bis November 2005 berücksichtigt werden.

Besonderer Dank gebührt meinem Doktorvater, Prof. Dr. Wolfgang Kilian, für die zahlreichen Anregungen, von denen ich nicht nur während der im Rahmen des EULISP-Masterstudienganges in Hannover verbrachten Studienzeit, sondern auch später beim Verfassen dieser Arbeit profitiert habe. Auch dem Zweitgutachter, Prof. Dr. Nikolaus Forgó, danke ich für zahlreiche wertvolle Hinweise.

Für die konstruktive und kritische Unterstützung, die ich von Seiten meiner Kollegen in Karlsruhe erfahren habe, bin ich dankbar. Stellvertretend für alle ist hier Dr. Oliver Raabe, Universität Karlsruhe, zu nennen, der die Mühe auf sich nahm, das Manuskript in einer frühen Fassung zu lesen.

Danken möchte ich auch Åselinde Wiland für ihre Geduld. Ohne die Ermutigung und Hilfe meiner Eltern aber wäre diese Arbeit nicht möglich gewesen. Ihnen ist dieses Buch gewidmet.

Karlsruhe, im Januar 2006

Henning Kahlert

Inhaltsübersicht

Inhaltsverzeichnis

Abkürzungsverzeichnis

a.A.	anderer Auffassung
a.E.	am Ende
a.F.	alte Fassung
aaO.	am angegebenen Ort
ABl.	Amtsblatt
Abs.	Absatz
AcP	Archiv für die civilistische Praxis (Zeitschrift)
AöR	Archiv des öffentlichen Rechts (Zeitschrift)
Art.	Artikel
ASP	Application Service Provider
B2B	Business to Business
B2C	Business to Consumer
BauR	Zeitschrift für das gesamte öffentliche und zivile Baurecht
BB	Betriebs-Berater (Zeitschrift)
BDSG	Bundesdatenschutzgesetz
BGB	Bürgerliches Gesetzbuch
BImSchG	Bundes-Immissionsschutzgesetz
BLD-Richtlinie	Richtlinie 2004/18/EG über die Koordinierung der Verfahren zur Vergabe öffentlicher Bauaufträge, Lieferaufträge und Dienstleistungsaufträge
BNotO	Bundesnotarordnung
BRAO	Bundesrechtsanwaltsordnung
CA	Certification Authority
CR	Computer und Recht (Zeitschrift)
c't	Zeitschrift für Computertechnik
DB	Der Betrieb (Zeitschrift)
DBW	Die Betriebswirtschaft (Zeitschrift)
DRM	digital rights management
DÖV	Die öffentliche Verwaltung (Zeitschrift)
DuD	Datenschutz und Datensicherheit (Zeitschrift)
DVA	Deutscher Vergabe- und Vertragsausschuß für Bauleistungen
DVAL	Deutscher Verdingungsausschuß für Leistungen

DVBl.	Deutsches Verwaltungsblatt (Zeitschrift)
DZWiR	Deutsche Zeitschrift für Wirtschaftsrecht
EG	Erwägungsgrund; EG-Vertrag
engl.	Englisch
EuZW	Europäische Zeitschrift für Wirtschaftsrecht
f., ff.	folgende(r)
F.A.Z.	Frankfurter Allgemeine Zeitung
frz.	Französisch
ggf.	gegebenenfalls
GPA	Government procurement agreement
GWB	Gesetz gegen Wettbewerbsbeschränkungen
h.M.	herrschende(r) Meinung
HGB	Handelsgesetzbuch
Hs.	Halbsatz
IuK	Informations- und Kommunikationstechnologie
i.V.m.	in Verbindung mit
JZ	Juristenzeitung (Zeitschrift)
K&R	Kommunikation und Recht (Zeitschrift)
KMU	kleinere und mittelständische Unternehmen
m. Anm.	mit Anmerkung
m.w.N.	mit weiteren Nachweisen
MDR	Monatsschrift für Deutsches Recht (Zeitschrift)
MMR	MultiMedia und Recht (Zeitschrift)
NJW	Neue Juristische Wochenschrift (Zeitschrift)
NVwZ	Neue Zeitschrift für Verwaltungsrecht
NZBau	Neue Zeitschrift für Baurecht und Vergaberecht
PC	Personal Computer
PGP	Pretty Good Privacy
PK	Public key
PKI	Public key-Infrastruktur

Rdn.	Randnummer
RIW	Recht der internationalen Wirtschaft (Zeitschrift)
Rs.	Rechtssache
S.	Satz, Seite, siehe
SächsVBl	Sächsische Verwaltungsblätter
schwed.	Schwedisch
Sp.	Spalte
span.	Spanisch
str.	streitig
TC	Trusted Computing
TCP/IP	Transmission Control Protocol/Internet Protocol
ThürVBl	Thüringer Verwaltungsblätter
TTP	trusted third party
u.s.w.	und so weiter
UNICE	Union des Industries de la Communauté européenne
UWG	Gesetz gegen den unlauteren Wettbewerb
VBlBW	Verwaltungsblätter Baden-Württemberg (Zeitschrift)
VergabeR	Vergaberecht (Zeitschrift)
VerwArch	Verwaltungsarchiv (Zeitschrift)
vgl.	vergleiche
VgV	Vergabeverordnung
VOB	Vergabe- und Vertragsordnung für Bauleistungen
VOL	Verdingungsordnung für Leistungen
VwVfG	Verwaltungsverfahrensgesetz
wistra	Zeitschrift für Wirtschafts- und Steuerstrafrecht
WISU	Das Wirtschaftsstudium (Zeitschrift)
WuW	Wirtschaft und Wettbewerb (Zeitschrift)
XML	Extensible Markup Language
ZEuP	Zeitschrift für europäisches Privatrecht
ZfBR	Zeitschrift für deutsches und internationales Bau- und Vergaberecht
ZIP	Zeitschrift für Wirtschaftsrecht
ZUM	Zeitschrift für Urheber- und Medienrecht

§ 1. Einführung

A. Bedeutung und Probleme der Auftragsvergabe

I. Wirtschaftliche Bedeutung

Aus Sicht der Europäischen Gemeinschaft kommt dem Vergaberecht eine besondere Bedeutung für die Verwirklichung des Binnenmarktes zu[1]. Die Errichtung dieses Gemeinsamen Marktes, der auf dem Grundsatz der offenen Marktwirtschaft mit freiem, unverfälschtem Wettbewerb beruht (Art. 3 lit. g, Art. 4 Abs. 1, Art. 81 ff.)[2], ist gem. Art. 2 EG vorrangige Aufgabe der Europäischen Gemeinschaft. Ein maßgebender Schwerpunkt zur Realisierung des Binnenmarktes ist das öffentliche Auftragswesen [3].

Grund der herausragenden Bedeutung des Vergaberechts für die Schaffung des Binnenmarktes ist der erhebliche wirtschaftliche Umfang der vergebenen Aufträge[4]: Von dem durch das Vergaberecht vorgegebenen Rechtsrahmen sind allein in Deutschland 11 – 13% des BIP betroffen, etwa 12% des BIP der EU[5]; das jährliche Auftragsvolumen innerhalb der EU beträgt nach neuesten Angaben 1 Billion Euro[6], innerhalb Deutschlands ca. 400 Mrd. DM jährlich[7].

Die grenzüberschreitende Auftragsvergabe ist dabei jedoch kein Selbstzweck. Vielmehr verfolgt die Gemeinschaft bei der Gestaltung des öffentlichen Auftragswesens folgende Ziele[8]:

- Schaffung der erforderlichen Wettbewerbsbedingungen, damit die öffentlichen Aufträge ohne Diskriminierung vergeben werden und das Ziel der rationellen Verwendung öffentlicher Mittel durch die Wahl des besten Angebots erreicht wird;

- Zugang der Unternehmen zu einem gemeinsamen Markt mit großen Absatzmärkten;

[1] *Europäische Kommission*, Grünbuch, Einleitung, 1.1.
[2] Dauses-*Emmerich*, Art. 81 und 82 EGV, Rdn. 1.
[3] *Diedrich* in Rüßmann/Diedrich, S. 146.
[4] Dauses-*Seidel*, H.IV, Rdn. 3.
[5] Niebuhr et al.-*Kulartz*, Einl., Rdn. 1; Dauses-*Seidel*, H.IV, Rdn. 3.
[6] *Pache/Rüger*, S. 169.
[7] Niebuhr et al.-*Kulartz*, Einl., Rdn. 2.
[8] *Europäische Kommission*, Grünbuch, Einleitung, S. 5.

- Stärkung der Wettbewerbsfähigkeit der europäischen Unternehmen.

Die Europäische Gemeinschaft hat daher in mehreren Schritten ein umfangreiches Regelwerk geschaffen und damit einen nicht mehr umkehrbaren Harmonisierungsprozess in Gang gesetzt[9].

II. Probleme der Auftragsvergabe

Angesichts der zentralen Bedeutung des Vergaberechts für die Herstellung des gemeinsamen Binnenmarktes und der besonderen Aufmerksamkeit, die die Gemeinschaft diesem Rechtsgebiet in der Vergangenheit gewidmet hat, ist der gegenwärtige Status quo noch als unbefriedigend zu beurteilen. Insbesondere im Bereich der öffentlichen Auftragsvergabe besteht derzeit noch kein gemeinsamer Binnenmarkt, denn nur ein Bruchteil der Beschaffungsmaßnahmen wird tatsächlich grenzüberschreitend durchgeführt[10]: Obwohl die Anzahl der im Amtsblatt der Gemeinschaften veröffentlichten Ausschreibungen seit Jahren steigt, werden etwa in Deutschland unter 5% der öffentlichen Aufträge an ausländische Unternehmen vergeben. Bieter aus anderen Mitgliedstaaten werden verdeckt oder offen diskriminiert[11]. Schwierigkeiten bei öffentlichen Ausschreibungen sind jedoch nicht auf den grenzüberschreitenden Bereich beschränkt. Auch bei der nationalen Vergabe (unterhalb der für eine EU-weite Ausschreibung erforderlichen Schwellenwerte) können die gesetzlichen Zielvorstellungen nicht immer erreicht werden. Die Ursachen hierfür sind teils auf Seiten der Auftraggeber, teils auf Bieterseite auszumachen:

1. Anwendungsprobleme auf Auftraggeberseite

a) Komplexität der Vorschriften. Die richtige Anwendung der Vorschriften wird in erster Linie durch ihre erhebliche Komplexität erschwert, die in der Praxis regelmäßig zu Schwierigkeiten führt. Die Kommission schätzt, dass von den insgesamt über 100.000 Vergabestellen der Gemeinschaft 85% die gemeinschaftsrechtlichen Vorgaben nicht beachten, oft – insbesondere auf lokalem Niveau – wegen Unkenntnis der Regelungen[12].

b) Vergabefremde Auswahlkriterien. Neben den gemeinschaftsrechtlich festgelegten oder anerkannten Vergabekriterien werden in der Praxis oft weitere, sogenannte *vergabefremde Aspekte* berücksichtigt, nämlich finanz, wirtschafts und allgemeinpolitische Ziele wie Regionalförderung, Konjunktursteuerung oder Mittelstandsförderung, Umweltschutz, Tariftreue und Frauenförderung[13]. Die öffentli-

[9] *Götz*, S. 98.
[10] *Götz*, S. 99.
[11] *Nagel*, S. 176; *Rüßmann/Diedrich*, S. 165.
[12] *Europäische Kommission*, Grünbuch, S. 6.
[13] *Pache/Rüger*, S. 170.

che Hand verfolgt bei der Vergabe von Aufträgen neben der Bedarfsdeckung auch andere, häufig wirtschaftspolitische Ziele. So wird die Auftragsvergabe nach wie vor als wichtiges Mittel der kommunalen oder regionalen Wirtschaftsförderung betrachtet. Vergabeentscheidungen werden auch heute noch durch den Grundsatz des „buy national" beeinflusst, obgleich dies weder rechtlich zulässig noch ökonomisch sinnvoll ist[14]. Anlass kann der Wunsch – vor allem kommunaler – Auftraggeber sein, bei der Auftragsvergabe ortsansässige Unternehmen zu bevorzugen und damit im kommunalen Bereich Arbeitsplätze zu sichern[15]. Auch kommen lokal vergebene Aufträge den Kommunen über Steuern und Beiträge mittelbar selbst zugute.

Nach der Rechtsprechung des Europäischen Gerichtshofes[16] sind solche Kriterien nach bisherigem Recht (oberhalb der Schwellenwerte) nur zulässig, soweit sie objektiv und ohne Unterschied auf alle Angebote anwendbar sind, sich auf den Auftragsgegenstand beziehen[17] und eine effektive Nachprüfung der Richtigkeit der entsprechenden Angaben in den Angeboten ermöglichen[18]. Allerdings lassen sich Auftraggeber häufig auch durch unzulässige oder gar kriminelle Motive wie Korruption und Vetternwirtschaft leiten[19].

2. Anwendungsprobleme auf Bieterseite

a) Hoher Rechercheaufwand. Spiegelbildlich zu den Schwierigkeiten für die Auftraggeber haben auch die interessierten Unternehmen erhebliche Hürden zu überwinden, die vor der erfolgreichen Teilnahme an einer Ausschreibung stehen. Hier ist insbesondere die über die Interessenten hereinbrechende Informationsflut zu nennen, aus der die Unternehmen diejenigen Ausschreibungen herausfiltern müssen, die für sie in Betracht kommen könnten. Im bisher geltenden Verfahren werden öffentliche Ausschreibungen EU-weit nur im Supplement zum Amtsblatt der Europäischen Gemeinschaften sowie in einer Datenbank (TED) veröffentlicht. Jährlich erscheinen rund 130.000 Bekanntmachungen, der tägliche Umfang des Supplements beträgt rund 300 Seiten[20]. Angesichts dieser – zudem ständig steigenden – Zahl von Ausschreibungen wird es für interessierte Unternehmen immer

[14] Die solcherart protegierten Unternehmen sind im internationalen Vergleich nicht wettbewerbsfähig, vgl. *Frey/Kilchenmann/Krautter*, S. 32.

[15] *Rüßmann/Diedrich*, S. 147.

[16] Hierzu *Fischer*, S. 498 f. mit einer ersten Bewertung der durch die Richtlinie bewirkten Änderungen.

[17] EuGH, Urt. v. 17.9.2002 – Rs. C-513/99 – Slg. 2002, I-7213 (*Concordia Bus Finland*), Rdn. 59ff., 81 ff. Der EuGH billigt hier ausdrücklich die Berücksichtigung von Umweltschutzgesichtspunkten bei der Bewertung der Wirtschaftlichkeit eingereichter Angebote.

[18] EuGH, Urt. v. 4.12.2003 – Rs. C-448/01 – Slg. 2003, I-14527 (*Wienstrom*), Rdn. 72.

[19] *Bannenberg*, S. 22; *Rüßmann/Diedrich*, S. 147; *Heckmann*, S. 104.

[20] *Europäische Kommission*, Grünbuch, S. 28; *Götz*, S. 130.

schwieriger, für sie in Betracht kommende Ausschreibungen überhaupt zu finden. Dabei sind gerade diese Daten für die Nutzung der Marktchancen im Beschaffungswesen unverzichtbar[21]. Dass der Zugang zu diesen Daten zu aufwendig ist, wird auch dadurch bestätigt, dass nur ein geringer Teil der Unternehmen, die als Bieter in Frage kommen, das Supplement abonniert[22]. Erste Versuche einer elektronischen Unterstützung der Informationssuche durch Datenbanken stimmen hoffnungsvoll.

b) Schwierigkeiten bei der Angebotserstellung. Neben den Schwierigkeiten bei der Informationssuche ist für die Bieter ferner auch die Erstellung eines formell ordnungsgemäßen Angebotes, das im Hinblick auf Normung, Sprache etc. den Erwartungen des Nachfragers entspricht, mit erheblichem Aufwand verbunden[23]. Im Zweifel wird der Unternehmer lieber von einer Teilnahme am Vergabeverfahren absehen, als sich auf das Risiko einzulassen, in Gestalt eines aufwendig erstellten Angebotes, das nicht den Zuschlag erhält, eine fehlgeschlagene Investition getätigt zu haben[24].

c) Unlautere Manipulationen, insbesondere Absprachen. Schließlich sind die oft beträchtlichen Auftragswerte öffentlicher Vergabeverfahren Anreiz für unlautere oder gar kriminelle Manipulationen des Verfahrens. Sowohl Auftraggeber als auch einzelne oder mehrere Bieter können gemeinsam versuchen, das Verfahren unzulässig zu beeinflussen. So kann der Auftraggeber versuchen, einem einzelnen Bieter einen Vorteil gegenüber seinen Mitbewerbern zu verschaffen, etwa indem er ihm mehr Informationen zum Auftragsgegenstand erteilt als in den Ausschreibungsunterlagen vorhanden sind, oder ihm Einblick in die Angebote der Konkurrenz gewährt bzw. ihm deren Preise mitteilt. Der bevorzugte Bieter kann so die Konkurrenz knapp unterbieten.

Absprachen zwischen Bietern sind ebenfalls gängige Praxis. Dabei treffen mehrere Unternehmer eine Abrede darüber, wer von ihnen den Zuschlag erhalten soll. Die anderen Unternehmen geben dann zwar Angebote ab, jedoch zu überhöhten Preisen. Beteiligen sich neben diesen an der Absprache beteiligten keine weiteren Anbieter an der Ausschreibung, können die Unternehmen dem Auftraggeber so einen – überhöhten – Preis vorgeben. Derartige Absprachen sind nach deutschem Recht strafbar (§ 298 StGB, Wettbewerbsbeschränkende Absprachen bei Ausschreibungen – „Submissionsbetrug“) und auch kartellrechtlich verboten (§ 1 GWB; ein Verstoß gegen das kartellrechtliche Abspracheverbot ist zugleich eine

[21] *Europäische Kommission*, Grünbuch, S. 28.
[22] *Europäische Kommission*, Grünbuch, S. 32.
[23] *Rüßmann/Diedrich*, S. 147.
[24] *Götz*, S. 102.

Ordnungswidrigkeit nach § 81 Abs. 1 Nr. 1 GWB)[25]. Dennoch werden durch solche Absprachen zwischen den Anbietern nach Schätzungen 30-70% des Produktionsvolumens im Bauhauptgewerbe einem ordnungsgemäßen Wettbewerb entzogen[26]; die hierdurch entstehenden Schäden allein im öffentlichen Bauwesen in Deutschland belaufen sich auf über 5 Mrd. Euro jährlich[27].

Die bisherigen Kontrollinstrumente und die strafrechtliche Aufarbeitung entsprechender Sachverhalte haben nur *repressive* Wirkung. Auch mit den Mitteln des Kartellrechts lassen sich unzulässige Absprachen für die Zukunft nur verhindern, wenn sie in einem Fall (zwischen bestimmten Bietern, bezogen auf einen bestimmten Auftragsgegenstand) bereits bekannt geworden sind. Die Erstbegehung kann nicht verhindert werden. Im Gegensatz hierzu könnten technische Maßnahmen *präventiv* wirken: Eine Automatisierung des Vergabeverfahrens führt zur Reduzierung des persönlichen Kontakts zwischen Auftraggeber und Bieter und kann die Einflussnahme des Sachbearbeiters auf der Auftraggeberseite verringern[28].

3. Hoffnungen und Erwartungen

Die geschilderten Probleme sind nicht neu. Zur Lösung wurden viele Vorschläge diskutiert, die etwa auf eine Vereinfachung des Vergaberechtsregimes abzielten. Zwingende europäische Vorgaben setzen nationalen Alleingängen jedoch enge Grenzen.

Ein vergleichsweise neuer Ansatz zur Bekämpfung einiger der aufgeführten Mißstände besteht in der verstärkten Nutzung elektronischer Datenverarbeitung im Vergabeverfahren. Die Wirtschaft erhofft sich von der „elektronischen Auftragsvergabe“ eine Beschleunigung der Entscheidungsprozesse, vereinfachte und transparentere Verfahren und – durch eine vollständige Integration der Datenverarbeitung – die Vermeidung von Medienbrüchen und der damit verbundenen Nachteile. Die Auftraggeberseite hofft, durch die verstärkte Nutzung elektronischer Verfahren die Transparenz des Verfahrens erhöhen und die Kosten reduzieren zu können, dabei die Prozesse zu optimieren und gleichzeitig die Anforderungen des Gemeinschaftsrechts besser zu erfüllen[29]. Diese Erwartungen erscheinen nachvollziehbar[30], lassen sich doch drei der dargestellten Probleme – Schwierigkeiten der Auftraggeber bei der gesetzeskonformen Abwicklung eines Verfahrens, hoher Aufwand für Recher-

[25] *Bunte* in Langen/Bunte, § 1 GWB Rdn. 250.
[26] *Otto*, S. 43.
[27] *Tröndle/Fischer*, Vor § 298 Rdn. 4; *Schaupensteiner*, S. 7.
[28] *Heckmann*, S. 104.
[29] So *Schäfer* auf der wissenschaftlichen Tagung „Elektronische Vergabeverfahren – Ziele/Regelungen/Probleme“ am 6. Mai 2004 in Hannover.
[30] Vgl. *Zarnekow/Brenner/Eyholzer*, S. 48 f. für E-Procurement im privaten Sektor, allerdings ohne Berücksichtigung der rechtlichen Grenzen des öffentlichen Vergaberechts.

chen nach interessanten Ausschreibungen und für Kalkulation und Formulierung eines Angebots für die Bieter – auf Schwierigkeiten bei der Auswertung und Aufarbeitung großer Mengen von Informationen zurückführen, ein Bereich, in dem die Automatisierung der Informationsverarbeitung wesentliche Vorteile verspricht.

B. Eingrenzung des Untersuchungsgegenstandes

Angesichts der zahlreichen Mängel und Schwierigkeiten bei der Anwendung des bestehenden Rechts wurden große Erwartungen in das „Legislativpaket" gesetzt, mit dem die Europäische Kommission die Auftragsvergabe umfassend reformieren will. In der Europäischen Union wurden seit den 1980er Jahren verschiedene Ansätze zu einer Reform des Vergabewesens diskutiert. Hierzu gehörte spätestens seit Anfang der 1990er Jahre die Idee, die Auftragsvergabe durch den Einsatz elektronischer Datenverarbeitung zu reformieren[31]. Ziel der Kommission war es dabei, das Vergaberecht an die zu erwartenden, zukünftigen Erfordernisse anzupassen und die Möglichkeiten auszuschöpfen, die sich aus den Fortschritten der Informationstechnologie ergeben[32]. Hierbei entstand das Schlagwort der „elektronischen Vergabe", von deren Einführung man sich Verbesserungen und Effizienzsteigerungen sowohl auf der Auftraggeber- wie auch auf der Bieterseite erhofft[33]. Anstoß für diese Reformüberlegungen war die „Papierflut" des Vergabewesens, hervorgerufen durch die Pflicht zur europaweiten Ausschreibung öffentlicher Aufträge oberhalb bestimmter Schwellenwerte. Ab Anfang der 1990er Jahre wurden das Informationssystem TED (*Tenders Electronic Daily*) sowie das Projekt SIMAP (*Système d'Information pour les Marchés Publics*) aufgebaut. Beiden Initiativen lag die Absicht zugrunde, die große Zahl von öffentlichen Aufträgen für Interessenten leichter zugänglich zu machen.

Die langjährige Gesetzgebungsarbeit der Europäischen Kommission hat mit der Verabschiedung der BLD-Richtlinie 2004/18/EG im Januar 2005 sowie der Sektoren-Richtlinie 2004/17/EG im März 2004 ihren Abschluss gefunden. Die BLD-Richtlinie 2004/18/EG regelt die Vergabe von Liefer-, Bau- und Dienstleistungsaufträgen durch öffentliche Auftraggeber oberhalb bestimmter Schwellenwerte. Die Sektoren-Richtlinie 2004/17/EG gilt für öffentliche Auftraggeber, die eine Tätigkeit im Bereich der Versorgung mit Gas, Wärme und Elektrizität (Art. 3), Wasser (Art. 4), Verkehrsleistungen (Art. 5) sowie von Postdiensten erbringen (Art. 6) und in diesem „Sektor" einen Liefer-, Bau- oder Dienstleistungsauftrag vergeben wollen. Die neuen Richtlinien ändern nicht nur den gesetzlichen Rahmen der Auftrags-

[31] *Schäfer*, EU-Legislativpaket, S. 766.
[32] *Europäische Kommission*, Grünbuch, S. 30.
[33] Vgl. etwa *Gehrmann/Schinzer*, S. 17; *Schäfer*, Public E-Procurement, S. 52.

vergabe im Allgemeinen, sondern enthalten erstmals recht detaillierte Vorgaben zur elektronischen Auftragsvergabe. Diese Regelungen zum „public e-procurement" (PEP) sind damit im Zusammenhang zu sehen mit dem europäischen Weg hin zur „Informationsgesellschaft" und hin zum Zeitalter des e-Government bzw. des e-Business[34]: Bereits zuvor war es gängige Praxis, Ausschreibungen auch online zu publizieren. Hierauf sollte sich ein modernes, elektronisch gestütztes Vergabeverfahren jedoch nicht beschränken: Die Auftraggeber könnten durch spezielle Software bei der Ausarbeitung der Vergabeunterlagen und deren Publizierung sowie der späteren Auswertung der eingehenden Angebote unterstützt werden. Hierdurch – so die Erwartung – ließen sich Bearbeitungszeiten verkürzen, und es werde sichergestellt, dass die gesetzlichen Vorgaben eingehalten werden. Durch verbesserte Such- und Zugriffsmöglichkeiten würden mehr Interessenten angesprochen; die größere Teilnehmerzahl verspreche stärkeren Wettbewerb und günstigere Angebote für die Auftraggeber. Die Bieter wiederum erhielten einen besseren Überblick über für sie interessante Aufträge und profitierten von Kostenvorteilen durch elektronische Kommunikation. Elektronische Sicherheitsfunktionen erschwerten Manipulationen bei der Wertung der Angebote und schützten die sensiblen Angebotsunterlagen vor unbefugtem Zugriff Dritter.

Elektronische Beschaffung ist dabei keine neue Erfindung, sondern hat im privatwirtschaftlichen Bereich seit langem ein Vorbild in Gestalt der elektronischen Abwicklung von Bestellungen zwischen Unternehmen (*business to business*, B2B). Es liegt daher nahe, deren Vorteile auch im Bereich der öffentlichen Beschaffung zu nutzen; gleichzeitig ist jedoch Vorsicht angebracht: Der öffentliche Bereich unterscheidet sich in vielerlei Hinsicht vom privatwirtschaftlichen Bereich. Es gilt daher zu untersuchen, welche ökonomischen Vorteile tatsächlich von einer Modernisierung des öffentlichen Beschaffungswesens zu erwarten sind.

C. Gang der Untersuchung

Ziel dieser Untersuchung soll es sein, den Rahmen aufzuzeigen, in welchem sich der Gesetzgeber bei der Gestaltung der Rechtsvorschriften zur elektronischen Auftragsvergabe in Deutschland bewegt, und einige Leitlinien dafür zu entwickeln, wie die Vorschriften des deutschen Vergaberechts zur elektronischen Vergabe an die geänderten gemeinschaftsrechtlichen Regelungen anzupassen sind. Dabei soll „elektronische Vergabe"oder „Public e-Procurement" verstanden werden als die Beschaffung von Leistungen oder Gütern für die öffentliche Hand im Wege elektronisch abgewickelter Verfahren; zeitlich soll die Beschaffungsphase von der Veröffentlichung der Vorabinformation über den Bedarf sowie der Vergabebekanntmachung

[34] *Schäfer*, Public E-Procurement, S. 57.

bis hin zum Zuschlag sowie dessen Bekanntmachung erfasst werden (*Vergabephase*)[35]. Dieses Verständnis ist enger als der in Teilen der Literatur anzutreffende Begriff, wonach unter „elektronischer Vergabe“ die Gesamtheit aller elektronischen Geschäftsprozesse verstanden wird, die im Zusammenhang mit der Beschaffung einschließlich der Ausführung des Auftrages nach dem Zuschlag bis zur Zahlung stehen (*Vertragsphase*).

Um zu ermitteln, welcher Änderungsbedarf besteht, soll zunächst im 1. Teil der vorliegenden Arbeit der Rechtsrahmen der elektronischen Auftragsvergabe dargestellt werden, wie er sich aus dem derzeit noch geltenden Vergaberecht ergibt. Dieses ist durch nationale Vorschriften, zunehmend aber auch durch die Richtlinien der Gemeinschaft bestimmt. Hierbei beschränkt sich die Darstellung auf die Vorschriften zur Vergabe von Bauleistungen und Lieferaufträgen, weil die Vergabe freiberuflicher Leistungen in einem wenig formalisierten Verfahren abläuft, das sich für eine elektronisch unterstützte Abwicklung weniger eignet[36]. Zu den Rechtsvorschriften treten Grundsätze, die in der Rechtsprechung sowohl der nationalen Gerichte als auch des Europäischen Gerichtshofes entwickelt wurden.

Im 2. Teil soll die neue BLD-Richtlinie 2004/18/EG dargestellt werden. Soweit im vorliegend untersuchten Zusammenhang der elektronischen Vergabe von Interesse, bestehen keine wesentlichen Unterschiede zwischen dieser Richtlinie und der zeitgleich erlassenen Richtlinie 2004/17/EG zur Koordinierung der Zuschlagserteilung im Sektorenbereich (Wasser-, Energie- und Verkehrsversorgung sowie Postdienste); auf wesentliche Abweichungen wird im Text hingewiesen.

Anschließend soll (im 3. und 4. Teil) untersucht werden, wie ein elektronisches Vergabeverfahren gestaltet werden kann, das sowohl den neuen europäischen Vorgaben genügt als auch in der Praxis erfolgversprechend eingesetzt werden kann. Da das Verhalten der an öffentlichen Ausschreibungen Beteiligten neben Rechtsvorschriften auch durch andere Beschränkungen gesteuert wird – worauf LESSIG zu recht hingewiesen hat –, müssen dabei mindestens drei Regulierungsinstanzen in die Untersuchung einbezogen werden: Recht, Markt und Architektur[37].

Recht – in Abgrenzung zu sozialen Normen – wird dabei positivistisch verstanden als die Summe aller mit Sanktionsdrohung verbundenen Vorschriften[38]. Im Rahmen des vorliegend untersuchten Zusammenhangs gehören hierzu alle formellen und materiellen Gesetze, insbesondere soweit sie die öffentliche Auftragsvergabe

[35] *Schäfer*, Public E-Procurement, S. 51.

[36] Nach § 5 Abs. 1 VOL/A werden Aufträge über freiberufliche Leistungen ausschließlich im Verhandlungsverfahren vergeben.

[37] *Lessig*, New Chicago School, S. 662; *ders.*, Code, S. 407 f. (Soziale) Normen, nach Lessig die vierte Beschränkung, spielen im Vergaberecht keine maßgebliche Rolle; dazu sogleich.

[38] Vgl. *Lessig*, Code, S. 407.

betreffen, namentlich die Vergaberichtlinien sowie die Vorschriften des GWB, der VgV und der Verdingungsordnungen. Diese Regeln bestimmen das Verhalten der am Vergabeverfahren Beteiligten, etwa die zu einzuhaltenden Fristen und die Form der wechselseitig abzugebenden Erklärungen. Ein Verstoß gegen diese Regeln wird durch Ausschluss vom Verfahren (Bieter) oder durch gerichtliche Maßnahmen im Rahmen des Nachprüfungsverfahren geahndet (Auftraggeber).

Der *Markt* erzwingt ein bestimmtes Verhalten über ein eigenes Regelungsinstrument: Den Preis[39]. Im Vergabeverfahren ist das für den Auftraggeber offensichtlich: Er entscheidet sich (neben anderen Merkmalen) aufgrund des Preises für oder gegen ein bestimmtes Angebot. Auch das Verhalten der Bieter kann von Kosten beeinflusst werden: Die Erstellung eines Angebotes kostet Zeit und Geld. Bieter müssen sich daher darauf beschränken, sich an wenigen Ausschreibungen zu beteiligen. Stellt der Auftraggeber besondere Anforderungen an die Form oder Übermittlung der Angebote, die mit besonderen Kosten verbunden sind, kann dies Bieter davon abhalten, ein Angebot einzureichen.

Architektur ist die vom Menschen geschaffene Umwelt sozialen Lebens[40]. Sie gleicht dem Recht insofern, als auch sie bestimmt, was Menschen tun und nicht tun können[41]. Ein wesentlicher Unterschied zum Recht liegt jedoch darin, dass Vorgaben der Architektur auch ohne Strafandrohung wirken, da sie nur mit erheblichem Aufwand umgangen werden können. Eine verschlossene Tür verhindert, dass ein Unbefugter Zugang zu nicht öffentlichen Räumen erlangt. Ein versiegelter Umschlag verhindert, dass ein Unbefugter den Inhalt des Umschlages (etwa ein Angebot im Rahmen einer öffentlichen Ausschreibung) zur Kenntnis nimmt. Zwar kann eine verschlossene Tür aufgebrochen, ein versiegelter Umschlag geöffnet werden. Hierfür muss der Täter jedoch physische Schranken überwinden und riskiert zugleich strafrechtliche Folgen. Die Regeln der Architektur werden insoweit durch Recht gestützt.

Soziale *Normen* spielen im Vergabeverfahren keine Rolle. Das Verhalten der Beteiligten an einer Ausschreibung (Auftraggeber und Bieter) ist durch rechtliche Vorschriften detailliert geregelt, die auch den Entscheidungsspielraum des Auftraggebers beschränken.

Die genannten drei Regulierungsformen können direkt auf das zu regulierende Verhalten einwirken. Daneben ist auch eine *indirekte* Regulierung möglich, insbesondere über das Recht, das auf die übrigen regulierenden Instanzen einwirkt. Die Auswahl der Regulierungsmethode erfolgt auch nach der damit erreichbaren

[39] *Lessig*, Code, S. 408; *ders.*, New Chicago School, S. 663.
[40] *Lessig*, Code, S. 158.
[41] *Lessig*, Code, S. 113.

Effizienz[42]. So kann dem Auftraggeber untersagt werden, für die Übersendung der Ausschreibungsunterlagen überhöhte Preise zu verlangen. Die Regelungsbandbreite des Marktes wird dann eingeschränkt.

Der Spielraum, in dem sich der Gesetzgeber bei der Umsetzung der Richtlinienvorgaben bewegt, ist daher kein rein rechtlicher Rahmen, vielmehr müssen neben den rechtlichen Vorgaben – allerdings in geringerem Umfang – auch wirtschaftliche und technische Aspekte berücksichtigt werden: Zu strenge rechtliche Vorgaben lassen sich mit der gegenwärtig auf dem Markt verfügbaren Technik nicht umsetzen und sind daher praktisch wertlos. Das Verfahren mit der größtmöglichen Sicherheit wird in der Praxis keinen Erfolg haben, wenn Auftraggeber und Bieter vor seiner Anwendung zurückschrecken, weil es mit hohen Kosten verbunden ist oder die Sicherheitsvorkehrungen die Verfahrensabwicklung behindern. Andererseits genügt das wirtschaftlich günstigste Verfahren möglicherweise nicht den rechtlichen Vorgaben. Die elektronische Vergabe wird daher nur Erfolg haben, wenn sie erstens rechtskonform ist, zweitens den technischen Möglichkeiten entspricht und drittens wirtschaftlich vorteilhaft ist.

Eine erfolgreiche Umsetzung in Deutschland muss zunächst und in erster Linie den rechtlichen Vorgaben der Richtlinie genügen. Allerdings gibt die Richtlinie nicht eine einzige mögliche Lösung vor, sondern eröffnet für die Umsetzung einen gewissen Spielraum, innerhalb dessen bei der rechtlichen und später der praktischen Umsetzung Wahlmöglichkeiten bestehen. Innerhalb dieses Spielraums können und müssen ökonomische und technische Aspekte Berücksichtigung finden. Diesen soll im 3. Kapitel (Ökonomische Aspekte, ab S. 103) und im 4. Kapitel (Technische Umsetzung, ab S. 135) erörtert werden. Zunächst sollen aber der bisherige Rechtsrahmen der elektronischen Vergabe und daran anschließend die neuen Vergaberichtlinien (2. Kapitel, ab S. 59) dargestellt werden.

[42] *Lessig*, Code, S. 173. Zum Begriff der Effizienz vgl. näher unten, S. 112.

1. Kapitel: Bisheriger Rechtsrahmen der e-Vergabe

§ 2. Europäisches Vergaberecht

Das Vergaberecht in den Mitgliedsstaaten der Europäischen Gemeinschaft wird in zunehmendem Maße durch gemeinschaftsrechtliche Vorgaben geprägt. Rechtsgrundlage des Europäischen Vergaberechts sind der EG-Vertrag (primäres Gemeinschaftsrecht) und die EG-Vergaberichtlinien (sekundäres Gemeinschaftsrecht).

A. Primäres Gemeinschaftsrecht

I. Gleichheitsgrundsatz und Diskriminierungsverbot

Nach ständiger Rechtsprechung des EuGH zählt der allgemeine Gleichheitsgrundsatz zu den Grundprinzipien des Gemeinschaftsrechts[1]. Er untersagt eine Ungleichbehandlung, die nicht durch das Vorliegen relevanter Unterschiede gerechtfertigt werden kann[2]. Eine besondere Ausprägung dieses Gleichheitsgrundsatzes ist das Diskriminierungsverbot[3], das zu den grundlegenden Prinzipien im System des EG-Vertrages zählt[4]. Art. 12 EG verbietet jede Diskriminierung aus Gründen der Staatsangehörigkeit. Unzulässig ist nicht dabei nur die offene, sondern auch jede *versteckte* Diskriminierung: Eine solche knüpft nicht unmittelbar an die Staatsangehörigkeit als Unterscheidungsmerkmal an, führt aber durch die Anwendung anderer Kriterien, die typischerweise nur von Ausländern oder nur von Inländern erfüllt werden, in gleicher Weise zu einer Schlechterstellung von Staatsangehörigen aus anderen Mitgliedsstaaten[5].

Mittlerweile finden sich Diskriminierungsverbote auch in den einzelnen Vergaberichtlinien[6] (dazu sogleich). Der Gemeinschaftsgesetzgeber hat damit allerdings

---

[1]EuGH, Urt. v. 16.10.1980 - Rs. 147/79 - Slg. 1980, 3005 (*Hochstrass*), Rdn. 7.

[2]*Kingreen* in Calliess/Ruffert, Art. 6 EUV Rdn. 170.

[3]EuGH, Urt. v. 16.10.1980 - Rs. 147/79 - Slg. 1980, 3005 (*Hochstrass*), Rdn. 7; *Zuleeg* in Von der Groeben/Schwarze, Art. 12 EG Rdn. 1.

[4]*Kilian*, Europäisches Wirtschaftsrecht, Rdn. 327.

[5]EuGH, Urt. v. 29.10.1980 - Rs. 22/80 - Slg. 1980, 3427 (*Boussac Saint-Frères*), Rdn. 9; Urt. v. 5.12.1989 - Rs. 3/88 - Slg. 1989, 4035 (*DV-Systeme*), Rdn. 8 f.; *Zuleeg* in Von der Groeben/Schwarze, Art. 12 EGV Rdn. 4.

[6]Art. 3 Abs. 2 der Dienstleistungskoordinierungsrichtlinie. - Die Lieferkoordinierungsrichtlinie enthielt in Art. 2 Abs. 2 ein Verbot der Diskriminierung aus Gründen der Staatsangehörigkeit. Durch die Vergaberechts-Änderungsrichtlinie wurde in Art. 5 Abs. 7 ein allgemeines Verbot der Diskriminierung zwischen den verschiedenen Lieferanten (ohne Beschränkung auf Gründe der Staatsangehörigkeit) eingefügt. - Durch die gleiche Änderungsrichtlinie wurde auch in Art. 6

lediglich die Rechtsprechung des Gerichtshofes nachvollzogen, nach der der Grundsatz der Gleichbehandlung unabhängig von einer positiv-rechtlichen Normierung in den Vergaberichtlinien gilt[7]. Die Gleichbehandlung aller Bieter ist die Grundlage jeglicher Ausschreibungsregelung, da sie das Wesen einer Ausschreibung ausmacht[8].

Unter das Diskriminierungsverbot aus Art. 12 EG fallen solche Ungleichbehandlungen nicht, die sich aus Unterschieden zwischen den Rechtsordnungen der einzelnen Mitgliedstaaten ergeben können, sofern diese Rechtsordnungen auf alle ihnen unterworfenen Personen nach objektiven Merkmalen und ohne Rücksicht auf die Staatsangehörigkeit der Betroffenen anwendbar sind[9].

Im vorliegend untersuchten Rahmen der elektronischen Auftragsvergabe steht die Frage einer unzulässigen Diskriminierung insbesondere dann im Raum, wenn technische Anforderungen – namentlich ein bestimmtes vorgeschriebenes Niveau elektronischer Signaturen – Bieter aus solchen Mitgliedsstaaten benachteiligen, in denen keine entsprechende technische Infrastruktur besteht oder in denen höherwertige Signaturen nur mit erheblichem Aufwand erhältlich sind. Das Gleichheitsgebot würde zwar zulassen – es sogar verlangen – an Bieter aus dem In- und Ausland die gleichen technischen Anforderungen zu stellen. Für ausländische Bieter kann eine solche Vorgabe aber nachteilig sein, wenn die erforderliche Technik oder das erforderliche Zertifikat für sie nur schwer erhältlich wäre; sie könnten abgehalten werden, sich am Vergabeverfahren zu beteiligen[10]. Hierin könnte man eine versteckte Diskriminierung durch technische Vorschriften sehen: Zwar würden für alle Bieter die gleichen technischen Vorgaben gelten, diese könnten jedoch von inländischen Bietern leichter erfüllt werden. Ausländische Bieter wären benachteiligt.

Diese Benachteiligung wäre allerdings nicht (unmittelbare) Folge eines diskriminierenden Verhaltens des ausschreibenden Staates, sondern (mittelbare) Folge der unzureichenden Infrastruktur im Herkunftsstaat des Bieters, auf welche die anderen Staaten und insbesondere der ausschreibende Staat, der ein bestimmtes Signaturniveau vorschreibt, keinen Einfluss haben. Es liegt damit keine Maßnahme der – durch das Diskriminierungsverbot verpflichteten – öffentlichen Gewalt vor.

Abs. 6 der Baukoordinierungsrichtlinie ein allgemeines Diskriminierungsverbot eingefügt.

[7]EuGH, Urt. v. 25.4.1996 – Rs. C-87/94 – Slg. 1996, I-2043 (*Société régionale wallonne du transport*), Rdn. 51f.; Urt. v. 22.6.1993 – Rs. C-243/89 – Slg. 1993, I-03353 (*Storebælt*); vgl. auch *Prieß* in Motzke/Pietzcker/Prieß, § 2 VOB/A Rdn. 78.

[8]So Generalanwalt *Tesauro* in den Schlussanträgen zur Rs. 243/89 (Storebælt), Slg. 1993, I-3353, Rdn. 18.

[9]EuGH, Urt. v. 1.2.1996 – Rs. C-177/94 – Slg. 1996, I-161 (*Perfili*), Rdn. 17 m. w. N.

[10]Vgl. EuGH, Urt. v. 22.9.1988 – Rs. 45/87 – Slg. 1988, 4929 (*Dundalk*), Rdn. 19.

Zwar muss sich derjenige, der ein qualifiziertes Zertifikat erhalten möchte, gegenüber der Zertifizierungsstelle ausweisen, weil das Zertifikat auch die Identität des Zertifikatsinhabers bestätigt (Art. 2 Nr. 9 Signatur-Richtlinie). Grundsätzlich ist aber das qualifizierte Zertifikat keine Ressource, die nur in einem Mitgliedstaat verfügbar wäre[11]. Zwar sind die entsprechenden Infrastrukturen in den einzelnen Mitgliedstaaten unterschiedlich weit verbreitet, weil manche Staaten der Zertifizierung eine geringere Bedeutung beimessen als andere. Entsprechend sind in einigen Staaten, darunter Deutschland, mehrere akkreditierte Zertifizierungsdiensteanbieter vorhanden, in anderen hingegen keine. Dennoch ist ein Zertifikat grundsätzlich in jedem Mitgliedstaat zugänglich, weil es nicht eine physische Nähe zum Anbieter voraussetzt, sondern auch aus der Ferne, insbesondere aus dem Ausland bezogen werden kann. Standortnachteile, die sich aus technischen Besonderheiten von Übertragungsmethoden ergeben, wurden vom EuGH bislang nicht als Diskriminierung beurteilt[12]. Eine unzureichende Infrastruktur für die elektronische Signatur kann als solcher Standortnachteil angesehen werden.

Dennoch dürfen keine überhöhten technischen Anforderungen gestellt werden; die vorausgesetzte Hard- und Software muss nicht nur im Inland, sondern auch in den übrigen Mitgliedstaaten zugänglich sein. Ausländische Interessenten auf den Erwerb einer deutschen, qualifizierten Signatur zu verweisen, sollte nicht die einzige Option sein[13].

II. Die Grundfreiheiten

Ziel und Aufgabe der Europäischen Gemeinschaft ist nach Art. 2 EG die Schaffung eines Gemeinsamen Marktes, also die Beseitigung aller Hemmnisse im innergemeinschaftlichen Handel mit dem Ziel der Verschmelzung der nationalen Märkte zu einem einheitlichen Markt, dessen Bedingungen denen eines wirklichen Binnenmarktes möglichst nahekommen[14]. Wegen ihrer essentiellen Bedeutung für den gemeinsamen Binnenmarkt werden die Gewährleistungen des freien Warenverkehrs (Art. 28 EG), des freien Personenverkehrs, des freien Dienstleistungsverkehrs (Art.

[11] So aber im Fall EuGH, Urt. v. 22.6.1993 - C-243/89 - Slg. 1993, I-3353 (*Storebælt*) die Vorgabe, bei der Auftragsausführung möglichst weitgehend Baustoffe, Verbrauchsgüter, Arbeitskräfte und Geräte aus Dänemark einzusetzen.

[12] EuGH, Urt. v. 18.3.1980 - Rs. 52/79 - Slg. 1980, 833 (*Kabelfernsehen*), Rdn. 21.

[13] So aber wohl *Mosbacher*, S. 580. Sein weiterer Hinweis auf Art. 3 Abs. 7 der Signatur-Richtlinie, wonach die Mitgliedstaaten im öffentlichen Bereich (zu dem nach Erwägungsgrund 19 auch das Auftragswesen zählen soll) den Einsatz von Signaturen weitere Anforderungen unterwerfen können, geht fehl: Hier werden keine weiteren Anforderungen aufgestellt, vielmehr wirkt sich allein die unterschiedliche Infrastruktur innerhalb der Mitgliedstaaten negativ aus.

[14] EuGH, Urt. v. 5.5.1982 - Rs. 15/81 - Slg. 1982, 1409, 1431 (*Schul I*); ähnlich Urt. v. 9.2.1982 - Rs. 270/80 - Slg. 1982, 329 (*Polydor*).

49 EG) und des freien Kapitalverkehrs (Art. 56 EG) als die vier „Grundfreiheiten“ (besser: Marktfreiheiten[15]) des EG-Vertrages bezeichnet[16]. Diese konkretisieren das allgemeine Diskriminierungsverbot aus Art. 12 EG, so dass in ihrem Anwendungsbereich ein unmittelbarer Bezug auf Art. 12 EG nicht erforderlich ist[17]; das allgemeine Diskriminierungsverbot tritt insoweit zurück[18].

Da bei der Vergabe öffentlicher Aufträge meist die Erbringung von (Bau- oder sonstigen) Dienstleistungen oder die Lieferung von Waren Gegenstand des abgeschlossenen Vertrages ist, ist der Anwendungsbereich insbesondere der Vorschriften zur Dienstleistungs- und Warenverkehrsfreiheit eröffnet[19]; beide Freiheiten gehören zum Kernbestand des primären Vergaberechts[20].

1. Freiheit des Warenverkehrs (Art. 28 EG)

Nach Art. 28 EG (ex-Art. 30) sind mengenmäßige Einfuhrbeschränkungen sowie alle Maßnahmen gleicher Wirkung zwischen den Mitgliedstaaten verboten. Mengenmäßige Einfuhrbeschränkungen sind alle Maßnahmen, die die Einfuhr einer Ware der Menge oder dem Wert nach begrenzen[21], worunter auch das völlige Verbot der Einfuhr fällt[22]. Wie bei Art. 12 sind auch hier nicht nur offensichtliche Diskriminierungen aufgrund der Staatsangehörigkeit verboten, sondern auch alle versteckten Formen der Diskriminierung, die durch die Anwendung anderer Unterscheidungsmerkmale tatsächlich zu dem gleichen Ergebnis führen[23].

Die Warenverkehrsfreiheit (Art. 28 EG) soll den ungehinderten Verkauf aller Erzeugnisse im Gemeinschaftsgebiet ermöglichen, die rechtmäßig in einem Mitgliedstaat hergestellt und in den Verkehr gebracht worden sind[24]. Hiermit nicht vereinbar sind mengenmäßige Einfuhrbeschränkungen sowie Maßnahmen gleicher Wirkung im Warenverkehr. Nach der „Dassonville“-Formel des EuGH sind dies staatliche Regelungen, die geeignet sind, den innergemeinschaftlichen Handel unmittelbar oder mittelbar, tatsächlich oder potentiell zu behindern[25]. Solche Maßnahmen kommen in unterschiedlichsten Erscheinungsformen vor, insbesondere in

[15] *Kilian*, Europäisches Wirtschaftsrecht, Rdn. 234.
[16] *Streinz*, Rdn. 652; *Breloer*, S. 10; *Kokott* in Byok/Jaeger, Einführung, Rdn. 15.
[17] *Epiney* in Calliess/Ruffert, Art. 12 EG-Vertrag Rdn. 7.
[18] *Götz*, S. 23; *Streinz*, Rdn. 668.
[19] *Breloer*, S. 11; *Crass*, S. 16.
[20] *Götz*, S. 33.
[21] EuGH, Urt. v. 12.7.1973 - Rs. 2/73 - Slg. 1973, 865 (*Geddo/Ente Nationale Risi*).
[22] *Epiney* in Calliess/Ruffert, Art. 28 EG-Vertrag, Rdn. 6.
[23] EuGH, Urt. v. 3.6.1992 - Rs. C-360/89 - Slg. 1992, I-3401 (*Kommission/Republik Italien*), Rdn. 7, 11.
[24] *Crass*, S. 16.
[25] EuGH, Urt. v. 11.7.1974 - Rs. 8/74 - Slg. 1974, 837 (*Dassonville*), Rdn. 5.

Form technischer oder wirtschaftslenkender Vorschriften[26]. Die bloße Eignung der Maßnahme zur Behinderung des Handels oder der Einfuhr reicht aus, es muss nicht tatsächlich zu einer solchen Wirkung kommen[27]. Daher sind z.B. Klauseln in Ausschreibungsunterlagen unzulässig, nach denen Bewerber für von ihnen verwendete Materialien inländische Qualitätsbescheinigungen vorlegen müssen[28].

Der weite Anwendungsbereich der Warenverkehrsfreiheit wurde vom EuGH dahingehend eingegrenzt, dass in Ermangelung einer gemeinschaftlichen Regelung Hemmnisse für den Binnenhandel der Gemeinschaft hingenommen werden müssen, soweit diese Bestimmungen notwendig sind, um zwingenden Erfordernissen des Allgemeininteresses gerecht zu werden[29]. Als solche „zwingende Erfordernisse" wurden in der Rechtsprechung des EuGH etwa der Umweltschutz[30] oder die Erhaltung der Presse- und Medienvielfalt[31] anerkannt. Damit wird den Mitgliedstaaten in begrenztem Umfang ein Gestaltungsspielraum für nationale Sonderwege eingeräumt[32]. Formell diskriminierende Maßnahmen sind jedoch stets unzulässig[33]. Diese Vorgaben gelten nur, soweit die fragliche Regelung dem Mitgliedsstaat als Hoheitsträger zuzurechnen ist[34]. Ein den Handel beschränkendes Verhalten *Privater* ist hingegen nach den Wettbewerbsregeln zu beurteilen[35].

2. Dienstleistungsfreiheit (Art. 49 EG)

Die Dienstleistungsfreiheit (Art. 49 EG) soll sicherstellen, dass Dienstleister aus anderen Mitgliedstaaten bei ihrer Leistungserbringung auf gleiche Bedingungen treffen wie inländische Dienstleister. Art. 49 EG untersagt Beschränkungen der aktiven wie der passiven Dienstleistungsfreiheit, also des Rechts, Dienstleistungen im Ausland zu erbringen oder von dort zu empfangen[36]. In Abgrenzung zur Waren-

[26] Dauses-*Dauses*, C. I, Rdn. 83.

[27] EuGH, Urt. v. 13.3.1984 - Rs. 16/83 - Slg. 1984, 1299 (*Strafverfahren gegen Prantl*), Rdn. 20; Urt. v. 3.12.1998 - Rs. C-67/97 - Slg. 1998, I-8033 (*Strafverfahren gegen Bluhme*), Rdn. 18; Dauses-*Dauses*, C. I, Rdn. 88.

[28] EuGH, Urt. v. 22.9.1988 - Rs. 45/87 - Slg. 1988, 4929 (*Dundalk*).

[29] Cassis de Dijon-Rechtsprechung, ausgehend von EuGH, Urt. v. 20.2.1979 - Rs. 120/78 - Slg. 1979, 649 (*Cassis de Dijon*), Rdn. 8, 14.

[30] EuGH, Urt. v. 20.9.1988 - Rs. 302/86 - Slg. 1988, 4607 (*Pfandflaschen*), Rdn 8 f.; Urt. v. 9.7.1992 - C-2/90 - Slg. 1992, I-4431 (*Abfalltransport*), Rdn. 30 f.

[31] EuGH, Urt. v. 26.6.1997 - Rs. C-368/95 - Slg. 1997, I-3689 (*Familiapress*), Rdn. 18.

[32] *Götz*, S. 25.

[33] EuGH, Urt. v. 17.6.1981 - Rs. 113/80 - Slg. 1981, 1625 (*Souvenirverkauf*), Rdn. 11; Urt. v. 20.4.1983 - Rs. 59/82 - Slg. 1983, 1217 (*Wermutwein*), Rdn. 11 f.; *Epiney* in Calliess/Ruffert, Art. 28 EGV Rdn. 22.

[34] EuGH, Urt. v. 3.2.1977 - Rs. 53/76 - Slg. 1977, 197 (*Bouhelier*).

[35] *Kilian*, Europäisches Wirtschaftsrecht, Rdn. 245; Dauses-*Dauses*, C. I, Rdn. 93.

[36] *Streinz*, Rdn. 756; *Kluth* in Calliess/Ruffert, Art. 50 Rdn. 1.

verkehrsfreiheit bezieht sich die Dienstleistungsfreiheit auf nicht speicherbare und unkörperliche Leistungsgegenstände[37]; Art. 50 EG nennt beispielhaft gewerbliche, kaufmännische, handwerkliche und freiberufliche Tätigkeiten.

Im Vergabeverfahren ist die Dienstleistungs- und Warenverkehrsfreiheit regelmäßig dann betroffen, wenn Auftraggeber zur Beschreibung der nachgefragten Ware oder Leistung technische Spezifikationen angeben, die sich auf nationale Normen beziehen[38]. Die Angabe von bestimmten Warenzeichen, Patenten oder Typen sowie Produkten eines bestimmten Ursprungs sind nur dann zulässig, wenn sie mit dem Zusatz „oder gleichwertig" versehen werden. Ohne diesen Zusatz würde die Auftragserfüllung allein solchen Anbietern offen stehen, die die genannten Vorgaben erbringen können; dadurch würde der innergemeinschaftliche Handel behindert, ein Verstoß gegen Art. 30 EG wäre gegeben[39].

III. Wettbewerbsgrundsätze

Zur Sicherstellung eines unverfälschten Wettbewerbs sieht der EG-Vertrag vor, dass der nach Art. 2 EG zu schaffende Binnenmarkt nach marktwirtschaftlichen Gesichtspunkten organisiert werden soll (Art. 3 EG); Kartelle und das missbräuchliche Ausnutzen einer marktbeherrschenden Stellung sind verboten (Art. 81, 82 EG).

Die wettbewerbsrechtlichen Vorschriften des EG-Vertrages verfolgen das Ziel, auf dem gemeinsamen Markt einen wirksamen und unverfälschten Wettbewerb herzustellen[40]. Art. 81 und 82 EG richten sich zwar unmittelbar an private Unternehmen. Dennoch hat das Wettbewerbsrecht auch Auswirkungen auf die Ausgestaltung der öffentlichen Auftragsvergabe[41]. Die Vergabeverfahren sind so zu konzipieren, dass Wettbewerbsverstöße erschwert werden und dadurch ein hohes Maß an Chancengleichheit für alle Bewerber gewährleistet wird. Hierzu gehört, dass die Vergabestellen mit den Daten der sich an der Ausschreibung beteiligenden Unternehmen vertraulich umzugehen haben und dass Absprachen zwischen Bewerbern möglichst verhindert werden[42].

---

[37] *Kilian*, Europäisches Wirtschaftsrecht, Rdn. 302, Dauses-*Roth*, E. I Rdn. 96.
[38] *Götz*, S. 27.
[39] EuGH, Urt. v. 24.1.1995 – Rs. C-359/93 – Slg. 1995, I-157 (*Wetterwarte*), Rdn. 27.
[40] EuGH, Urt. v. 13.2.1979 – Rs. 85/76 – Slg. 1979, 461 (*Hoffmann-LaRoche*).
[41] EuGH, Urt. v. 16.12.1975 – Verb. Rs. 40 bis 48, 50, 54 bis 56, 111, 113 und 114/73 – Slg. 1975, 1663 (*Suiker Unie*).
[42] *Götz*, S. 38.

B. Sekundäres Gemeinschaftsrecht

I. Materielle Vergaberichtlinien bis 1996

Basis des Vergaberechts der Gemeinschaft waren bis zum Inkrafttreten der Sektoren- und der BLD-Richtlinie von 2004 die sogenannten *materiellen Vergaberichtlinien*[43]. Als erste Vergaberichtlinie wurde 1971 die Baukoordinierungs-Richtlinie[44] erlassen. Sie betraf schriftliche entgeltliche Verträge zwischen einem öffentlichen Auftraggeber und einem Unternehmer, sofern diese die Planung und Ausführung von Bauvorhaben bzw. die Erbringung von Baudienstleistungen durch Dritte betreffen. 1976 wurde der Bereich der öffentlichen Lieferaufträge durch die Lieferkoordinierungs-Richtlinie[45] geregelt, der öffentliche (Dienstleistungs-) Auftragsbereich erst 1992 durch die Dienstleistungskoordinierungs-Richtlinie[46].

Ausgegrenzt aus dem Anwendungsbereich dieser drei Richtlinien waren zunächst Aufträge aus den Bereichen der Wasser-, Energie- und Verkehrsversorgung sowie aus dem Telekommunikationssektor. Dieser Bereich wurde 1990 durch die Sektoren-Richtlinie[47] in das europäische Vergaberechtsregime einbezogen.

Mit diesen (materiellen) Vergaberichtlinien soll für alle Unternehmen der gleiche Zugang zu den öffentlichen Beschaffungsmärkten sichergestellt werden. Die Vergaberichtlinien sollen eine Bevorzugung einheimischer Bieter oder Bewerber bei der Auftragsvergabe durch öffentliche Auftraggeber verhindern und zugleich die Möglichkeit ausschließen, dass sich der Auftraggeber von anderen als wirtschaftlichen Überlegungen leiten lässt[48]. Eine Voraussetzung für das Entstehen von Wettbewerb ist die Gleichbehandlung aller Bieter. Nur wenn alle Bieter unabhängig von ihrer Staatsangehörigkeit gleich behandelt werden, kann Wettbewerb um das wirtschaftlichste Angebot entstehen[49].

Ziele der Richtlinien sind insbesondere die Gewährleistung eines wettbewerbli-

[43] *Motzke* in Motzke/Pietzcker/Prieß, Syst III, Rdn. 63.

[44] Richtlinie 93/37/EWG des Rates vom 14. Juni 1993 zur Koordinierung der Verfahren zur Vergabe öffentlicher Bauaufträge; im folgenden: Baukoordinierungs-Richtlinie.

[45] Richtlinie 93/36/EWG des Rates vom 14. Juni 1993 über die Koordinierung der Verfahren zur Vergabe öffentlicher Lieferaufträge; im folgenden: Lieferkoordinierungs-Richtlinie.

[46] Richtlinie 92/50/EWG des Rates vom 18. Juni 1992 über die Koordinierung der Verfahren zur Vergabe öffentlicher Dienstleistungsaufträge; im folgenden: Dienstleistungskoordinierungs-Richtlinie.

[47] Richtlinie 93/38/EWG des Rates vom 14. Juni 1993 zur Koordinierung der Auftragsvergabe durch Auftraggeber im Bereich der Wasser-, Energie- und Verkehrsversorgung sowie im Telekommunikationssektor.

[48] EuGH, Urt. v. 3.10.2000 – Rs. C-380/98 – Slg. 2000, I-8035 (*University of Cambridge*), Rdn. 17 m.w.N.

[49] Niebuhr et al.-*Niebuhr*, § 97 Rdn. 102.

chen Verfahrens, die Nichtdiskriminierung der Unternehmen und eine möglichst große Transparenz der Auftragsvergabe[50] – allerdings nur für Aufträge oberhalb bestimmter Schwellenwerte, die auf europäischer Ebene ausgeschrieben werden müssen. Rein innerstaatliche Ausschreibungen werden von den Richtlinien nicht erfasst.

Flankiert wurden die materiellen Vergaberichtlinien durch zwei Rechtsmittelrichtlinien[51], die die Mitgliedstaaten verpflichten, effektive Rechtsschutzverfahren einzuführen, mit denen die Bieter die Rechtmäßigkeit der Vergabeentscheidung nachprüfen lassen können[52]. Die Richtlinie gewährt den Bietern und Interessenten einklagbare subjektive Rechte auf Einhaltung der Vergabevorschriften.

II. GPA-Richtlinie von 1996

1996 stieß die Kommission mit der Veröffentlichung eines Grünbuches zum öffentlichen Auftragswesen[53] eine rege Diskussion über eine Reform des gemeinschaftsrechtlichen Rahmens der Auftragsvergabe an. Schnell wurde Einigkeit darüber erzielt, dass es vorrangiges Ziel einer Reform sein müsse, den Rechtsrahmen zu vereinfachen und gleichzeitig an das „digitale Zeitalter" anzupassen[54]. Auch nach Ansicht der Kommission boten die neuen Informations- und Kommunikationstechniken vielversprechende Möglichkeiten im Hinblick auf die Effizienz, die Transparenz und die Öffnung der Beschaffungsmärkte[55]. Die Kommission hielt daher im hier interessierenden Zusammenhang Änderungen insbesondere im Bereich der Einführung elektronischer Beschaffungsmechanismen sowie der Folgen für angebracht, die sich daraus hinsichtlich einer Verkürzung der Fristen der Ausschreibungsverfahren ergeben[56].

Äußerer Anlass für eine solche Öffnung für elektronischen Datenaustausch war das GPA-Übereinkommen (*Government Procurement Agreement*) der Welthandelsorganisation, das am 1.1.1996 in Kraft trat[57]. Das Abkommen hatte zwar keine unmittelbare Wirkung, war jedoch von der EG genehmigt worden[58] und

[50] *Schwarze*, S. 18; Baukoordinierungs-RL, Erwägungsgründe 2 und 10; Dienstleistungskoordinierungs-RL, Erwägungsgründe 2 und 20; Lieferkoordinierungs-RL, Erwägungsgründe 5 und 14.

[51] Richtlinie 89/665/EWG vom 21.12.1989; Richtlinie 92/13/EWG vom 25.02.1992.

[52] *Dörr*, S. 704.

[53] KOM (96) 583 endg. vom 27.11.1996 „Das öffentliche Auftragswesen in der Europäischen Union: Überlegungen für die Zukunft".

[54] *Europäische Kommission*, Grünbuch, Begründung, Einführung.

[55] *Europäische Kommission*, Grünbuch, Begründung, II 2.1.

[56] *Europäische Kommission*, Grünbuch, Begründung, II 1.2.

[57] Dauses-*Seidel*, H.IV Rdn. 179.

[58] Mit Beschluss des Rates vom 22. Dezember 1994, Amtsblatt Nr. L 336 vom 23.12.1994, S. 1-2.

musste daher im Gemeinschaftsrecht umgesetzt werden. Aus dem Übereinkommen ergab sich die Anforderung, digitale Angebote grundsätzlich zuzulassen und klassischen Angeboten gleichzustellen[59]. Die Gemeinschaft erließ hierzu 1997 die Vergaberechts-Änderungsrichtlinie (Änderungs-Richtlinie[60], auch GPA-Richtlinie genannt). Mit dieser Richtlinie wurden die materiellen Vergaberichtlinien geändert; in deren jeweilige Vorschriften, die die Angebotsabgabe regeln, wurde je ein Absatz 2 mit folgendem Wortlaut eingefügt:

> „Die Angebote werden schriftlich auf direktem Wege oder mit der Post übermittelt. Die Mitgliedstaaten können zulassen, dass die Angebote auf andere Weise übermittelt werden, sofern gewährleistet ist, dass
>
> - jedes Angebot alle für seine Bewertung erforderlichen Angaben enthält;
> - die Vertraulichkeit der Angebote bis zu ihrer Bewertung gewahrt bleibt;
> - die Angebote umgehend schriftlich oder durch Übermittlung einer beglaubigten Abschrift bestätigt werden, soweit dies aus Gründen des rechtlichen Nachweises erforderlich ist;
> - die Öffnung der Angebote nach Ablauf der für ihre Einreichung festgelegten Frist erfolgt.“

Hierdurch wurden die Mitgliedsstaaten ermächtigt, „auf andere Weise übermittelte“ Angebote zuzulassen, insbesondere elektronische Angebote anzuerkennen[61]. Von dieser Ermächtigung machte Deutschland in § 15 der Vergabeverordnung sowie in den einzelnen Verdingungsordnungen Gebrauch[62].

Konkrete technische Anforderungen an die „auf andere Weise“ übermittelten Angebote enthielt die Richtlinie nicht. Sie sah erstmals vor, dass die Vertraulichkeit der Angebote bis zu ihrer Bewertung gewahrt bleiben musste, enthielt aber keine Vorgaben dazu, wie dies zu erreichen war. Verschlüsselung der Angebote war nicht ausdrücklich verlangt, möglicherweise sollte auch eine sichere Verwahrung der unverschlüsselten Angebote durch den Auftraggeber bis zum Eröffnungstermin ausreichen. Die Signierung der Daten war ebenfalls nicht vorgeschrieben, daher mussten elektronische Angebote gegebenenfalls schriftlich bestätigt werden, soweit dies zum Zwecke des Nachweises erforderlich war. Dies überrascht nicht: An einem

[59] *Schäfer* in Motzke/Pietzcker/Prieß, § 22 VOB/A Rdn. 67.

[60] Richtlinie 97/52/EG des Europäischen Parlaments und des Rates vom 13. Oktober 1997 zur Änderung der Richtlinien 92/50/EWG, 93/36/EWG und 93/37/EWG über die Koordinierung der Verfahren zur Vergabe öffentlicher Dienstleistungs-, Liefer- und Bauaufträge, Amtsblatt Nr. L 328 vom 28.11.1997, S. 1-59.

[61] *Schäfer*, EU-Legislativpaket, S. 764; *Antweiler*, S. 717.

[62] Vgl. oben, S. 28.

einheitlichen Rechtsrahmen für Signaturen fehlte es 1997 noch, allein Deutschland und Italien[63] verfügten zu diesem Zeitpunkt über ein eigenes Signaturgesetz. Auf Gemeinschaftsebene schuf erst die im Jahre 2000 verabschiedete Signaturrichtlinie einen harmonisierten Rechtsrahmen.

III. CPV-Verordnung

Um Sprachbarrieren bei europaweiten Ausschreibungen abzubauen, wurde für die Beschreibung des Auftragsgegenstandes ein standardisiertes Vokabular entwickelt, das Gemeinsame Vokabular für öffentliche Aufträge (*common procurement vocabulary*, CPV). Es wurde zuerst im November 2002 in Form einer Verordnung verabschiedet[64] und wird in loser Folge aktualisiert. Die Verordnung führt in einem umfangreichen Anhang Codes für alle denkbaren Gegenstände von Beschaffungsaufträgen ein, derzeit rund 8.300 verschiedene Leistungen und Güter. Diese numerischen Codes umfassen acht Ziffern zur Bezeichnung des Gegenstandes sowie eine neunte Prüfziffer. Beispiele für solche Codes sind etwa:

15841100-6 Kakaomasse
24133111-6 Schwefelwasserstoff

Optional kann der Code durch einen alphanumerischen Zusatzteil erweitert werden, um den Gegenstand noch näher zu bezeichnen, etwa folgende Zusatzangaben:

E001-0 Für Reinigungszwecke
H007-3 Digital
N027-1 Verzinkt
P030-9 Gefriergetrocknet

§ 14 VgV schreibt vor, dass bei der Beschreibung des Auftragsgegenstandes die Bezeichnungen des CPV verwendet werden sollen.

63 Hierzu *Troiano*, S. 46.

64 Verordnung (EG) Nr. 2195/2002 des Europäischen Parlaments und des Rates vom 5. November 2002 über das Gemeinsame Vokabular für öffentliche Aufträge (CPV), Amtsblatt Nr. L 340 vom 16.12.2002, S. 1-562.

§ 3. Nationales Recht

A. Vorschriften zur elektronischen Vergabe

I. Systematik des bestehenden Vergaberechts

Nachdem der EuGH im Jahre 1995 die Bundesrepublik wegen nicht fristgerechter Umsetzung der europäischen Vergaberichtlinien verurteilt[1] und damit den deutschen „Dornröschenschlaf"[2] beim Vergaberechtsschutz beendet hatte, musste das deutsche Vergabewesen – bis dahin Binnenrecht der Verwaltung[3] – umfassend reformiert werden. Das daraufhin wesentlich abgeänderte und derzeit noch in Deutschland geltende Recht ist nach dem sogenannten „Kaskadenprinzip" aufgebaut[4], womit der Umstand bezeichnet wird, dass es Regelungen auf verschiedenen Ebenen gibt (vgl. unten, Abbildung 1).

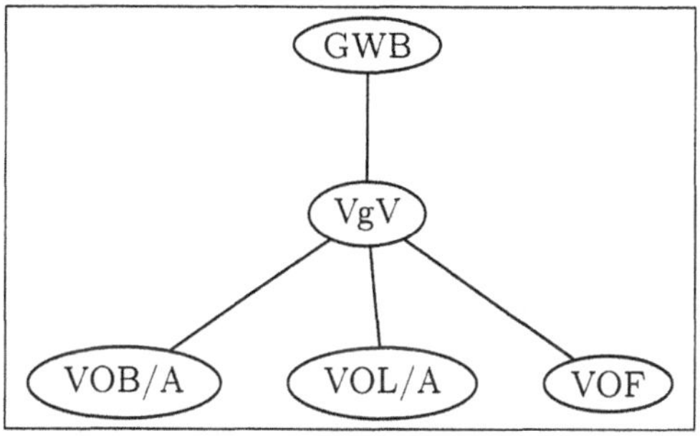

Abbildung 1: Kaskadenprinzip des Vergaberechts

Rechtsgrundlage der öffentlichen Auftragsvergabe ist der Vierte Teil des Gesetzes gegen Wettbewerbsbeschränkungen (GWB). Nach § 97 Abs. 1 GWB haben öffentliche Auftraggeber Waren, Bau- und Dienstleistungen im Wettbewerb und im Wege transparenter Vergabeverfahren zu beschaffen. Öffentliche Aufträge sind nach § 99 Abs. 1 GWB entgeltliche Verträge zwischen öffentlichen Auftraggebern

[1]EuGH, Urt. v. 11.8.1995 – Rs. C-433/93 – Slg. 1995 I-2303 (*Kommission/Deutschland*).
[2]*Gröning* in Motzke/Pietzcker/Prieß, Syst IV Rdn. 12.
[3]*Pietzcker* in Motzke/Pietzcker/Prieß, Syst II, Rdn. 2.
[4]*Pietzcker*, Vergaberechtsänderungsgesetz, S. 291.

und Unternehmen, die Liefer-, Bau- oder Dienstleistungen zum Gegenstand haben, sowie Auslobungsverfahren, die zu Dienstleistungsaufträgen führen sollen. Das GWB selbst enthält die allgemeinen Grundsätze des Vergabeverfahrens sowie Vorschriften zur gerichtlichen Kontrolle bei solchen Verfahren, deren Auftragswerte bestimmte Schwellenwerte überschreiten (§ 100 Abs. 1 GWB).

§ 98 GWB definiert den Begriff des öffentlichen Auftraggebers. In erster Linie handelt es sich um den Bund, die Länder, die Kreise und Gemeinden (Nr. 1), staatlich beherrschte Einrichtungen, die öffentliche Aufgaben erfüllen (Nr. 2) sowie Einrichtungen, die auf dem Gebiet der Daseinsvorsorge (Trinkwasser- oder Energieversorgung, Verkehr und Telekommunikation) tätig sind (Nr. 4). Der Katalog ist an den Wortlaut der Richtlinien angelehnt, die das Vergaberecht auf Gemeinschaftsebene regeln, und führt damit gemeinschaftsrechtliche Rechtsbegriffe, denen nicht immer gesicherte deutsche Termini entsprechen, in das Vergabewesen ein[5].

Aufgrund der Verordnungsermächtigung in § 97 Abs. 6 GWB wurde die Vergabeverordnung (VgV[6]) erlassen. Sie trifft – soweit hier von Interesse – nähere Bestimmungen über das bei der Vergabe öffentlicher Aufträge einzuhaltende Verfahren, soweit der geschätzte Auftragswert einen Schwellenwert überschreitet, der vom jeweiligen Leistungssektor abhängig ist, § 1 VgV. Für Aufträge unterhalb dieser Schwellenwerte gilt die Verordnung nicht.

Die Grundsätze, die bei den Verfahren zur Vergabe von Bauleistungen, freiberuflichen Leistungen und Liefer- und Dienstleistungsaufträgen zu beachten sind, werden wiederum nicht in der VgV selbst geregelt, sondern diese verweist auf mehrere Verdingungsordnungen (VOB, VOL, VOF). Bei diesen handelt es sich um Regelwerke nichtstaatlicher Gremien, die erst durch den Anwendungsbefehl in §§ 4 f. VgV Rechtsnormqualität erlangen[7]. Diese Verdingungsordnungen haben folgende Anwendungsbereiche[8]:

- VOL für die Vergabe von Liefer- und Dienstleistungen (§ 4 Abs. 1 VgV),
- VOF für die Vergabe von Dienstleistungen, die im Rahmen einer freiberuflichen Tätigkeit erbracht oder im Wettbewerb mit freiberuflich Tätigen angeboten werden (§ 5 Abs. 1 VgV),
- VOB für die Vergabe von Bauaufträgen und Baukonzessionen (§ 6 VgV).

---

[5] *Thode*, S. 3.

[6] Verordnung über die Vergabe öffentlicher Aufträge, zul. geänd. durch 2. Verordnung zur Änderung der VgV vom 11.02.2003, BGBl. I, S. 168.

[7] *Otting*, S. 776; vgl. dazu auch unten, S. 38.

[8] Hierzu und zum folgenden *Schäfer*, Grundzüge, S. 4 f.

VOL und VOB sind in mehrere Teile aufgeteilt. Ihr Teil A regelt die Modalitäten des Vergabeverfahrens selbst bis zum Zuschlag, während die B-Teile allgemeine Vertragsbedingungen für die Ausführung der vergebenen Leistungen nach Erteilung des Zuschlages enthalten. Für Bauleistungen enthält die VOB/C zusätzlich bestimmte technische Vorschriften und Normen.

VOB/A und VOL/A wiederum sind in mehrere Abschnitte aufgeteilt, deren Anwendung vom Gegenstandswert des zu vergebenden Auftrages abhängt: § 4 Abs. 1 VgV verweist für Liefer- und Dienstleistungsaufträge oberhalb des Schwellenwertes auf den 2. Abschnitt der VOL/A, § 6 Abs. 1 VgV für Bauleistungen entsprechend auf den 2. Abschnitt der VOB/A. Für Aufträge im Sektorenbereich verweist § 7 Abs. 1 VgV auf die jeweils 3. Abschnitte von VOB/A und VOL/A.

VOB/A und VOL/A enthalten im 1. Abschnitt die sog. Basisparagraphen, der 2. Abschnitt – anwendbar für Aufträge oberhalb der Schwellenwerte – enthält weitere Regelungen (a-Paragraphen), ebenso der 3. Abschnitt (b-Paragraphen). Die a- und b-Paragraphen sind dabei neben den Basisparagraphen anzuwenden (§§ 1a Nr. 1 Abs. 1, 1b Nr. 1 Abs. 1 VOB/A bzw. VOL/A).

Für das deutsche Vergaberecht bedeutet dies, dass der Rechtsrahmen dreistufig aufgebaut ist, wobei innerhalb der Stufen noch danach differenziert werden muss, ob die unterschiedlichen Schwellenwerte erreicht sind oder nicht. Diese komplizierte Konstruktion wird in der Literatur zu Recht kritisiert[9], sie erschwert die Anwendung der gesetzlichen Vorgaben sowohl für die Auftraggeber- als auch die Bieterseite.

Die Kommunikation zwischen Auftraggeber und (auch nur potentiellem) Bieter ist im Interesse eines möglichst unverfälschten Wettbewerbs streng formalisiert und auf ein Mindestmaß reduziert[10]. Sie erfolgt einerseits durch die Bekanntmachung des zu vergebenden Auftrages und den Versand der Vergabeunterlagen durch den Auftraggeber, andererseits durch die Übermittlung der Angebote durch den Bieter an den Auftraggeber.

II. Vorschriften zur Bekanntmachung und zum Versand der Vergabeunterlagen

1. Vorgaben der VOB/A

Die VOB/A gestattet die Bekanntmachung der Ausschreibung und den Versand der Vergabeunterlagen in elektronischer Form. Oberhalb der Schwellenwerte sind die Informationen zwingend dem Amt für amtliche Veröffentlichungen der Europäischen Gemeinschaften zu übermitteln (§ 17a Nr. 2 Abs. 2 VOB/A); dieses rückt

[9] *Berrisch/Nehl*, S. 184.

[10] *Gröning* in Motzke/Pietzcker/Prieß, § 111 GWB Rdn. 1.

die Angaben in das Supplement zum Amtsblatt der EG sowie in die Datenbank TED ein. Unterhalb der Schwellenwerte bestimmt § 17 Nr. 1 Abs. 1 VOB/A, dass öffentliche Ausschreibungen bekannt zu machen sind, „z.B. in Tageszeitungen, amtlichen Veröffentlichungsblättern oder Fachzeitschriften". Diese Aufzählung ist nur beispielhaft („z.B."), der Auftraggeber ist folglich bei seiner Wahl der Bekanntmachungsart grundsätzlich frei. Er kann nach seinem Ermessen die Informationen auch (unterhalb der Schwellenwerte gar: ausschließlich[11]) im Internet veröffentlichen[12], sofern dadurch die erforderliche „Breitenwirkung" der Bekanntmachung erzielt wird[13]. Nach § 17 Nr. 4 Abs. 1 VOB/A sind die Vergabeunterlagen den Bewerbern „in geeigneter Weise zu übermitteln", ein Schriftformerfordernis besteht nicht. Die Unterlagen können per E-Mail versendet werden. Aus dem Erfordernis der „Übermittlung" folgert STERNER, es sei unzulässig, dem Bieter die Unterlagen zur Abholung zur Verfügung zu stellen[14]; dies jedoch wohl deshalb, weil dadurch ortsansässige Unternehmer bevorzugt würden[15]. Im Internet spielt die räumliche Entfernung zwischen Auftraggeber (bzw. dessen Internetserver) und Bieter keine Rolle, daher ist es zulässig, dem Bieter die Unterlagen im Internet zum Download zur Verfügung zu stellen[16].

Nach § 8 Nr. 2 Abs. 1 VOB/A dürfen die Angebotsunterlagen nur an Bewerber abgegeben werden, die sich gewerbsmäßig mit der Ausführung von Leistungen der ausgeschriebenen Art befassen. Der Auftraggeber oder die die Verdingungsunterlagen bereithaltende Stelle darf die Unterlagen damit nur an Bewerber herausgeben, die sich „gewerbsmäßig" mit der Ausführung von Bauleistungen befassen[17] und in dem ausgeschriebenen Tätigkeitsbereich aktiv sind (Grundsatz der Fachvergabe)[18]. Die Art der Tätigkeit und damit die Berechtigung des einzelnen Bieters ist im elektronischen Vergabeverfahren zweckmäßigerweise vor Beginn der Ausschreibung zu prüfen, um Zeitverluste zu verhindern[19].

§ 20 Nr. 1 Abs. 1 VOB/A gestattet es dem Auftraggeber, bei Öffentlichen Ausschreibungen ein Entgelt für die Überlassung der Leistungsbeschreibung und der

[11] Ablehnend *Sterner* in Motzke/Pietzcker/Prieß, § 17 VOB/A Rdn. 10 mit der Begründung, kleine und mittlere Unternehmen seien überwiegend noch nicht an das Internet angeschlossen.

[12] *Sura* in Gramlich/Kröger/Schreibauer, § 22 Rdn. 12.

[13] *Sterner* in Motzke/Pietzcker/Prieß, § 17 VOB/A Rdn. 8; *Kratzenberg* in Ingenstau/Korbion, § 17 Rdn. 4.

[14] *Sterner* in Motzke/Pietzcker/Prieß, § 17 VOB/A Rdn. 66.

[15] Hierauf stellt *Kratzenberg* in Ingenstau/Korbion, § 17 VOB/A Rdn. 38 ab.

[16] *Sura* in Gramlich/Kröger/Schreibauer, § 22 Rdn. 22.

[17] *Prieß/Hausmann* in Motzke/Pietzcker/Prieß, § 8 VOB/A Rdn. 46.

[18] *Schranner* in Ingenstau/Korbion, § 8 VOB/A Rdn. 30; *Prieß/Hausmann* in Motzke/Pietzcker/Prieß, § 8 VOB/A Rdn. 53, 54.

[19] Zu diesem Problem *Marbaise*, S. 122.

anderen Unterlagen zu verlangen. Dieses Entgelt darf jedoch nicht höher sein als die Selbstkosten des Auftraggebers für die Vervielfältigung der Leistungsbeschreibung zuzüglich der Kosten für die Versendung an die Bieter, sei es per Post, sei es im Wege einer „digitalen Übermittlung", Abs. 1 S. 2. Abgesehen von diesen Kosten darf der Auftraggeber vom Bieter kein Entgelt dafür verlangen, dass dieser an der Ausschreibung teilnehmen darf[20]. Bei Beschränkter Ausschreibung und Freihändiger Vergabe sind alle Unterlagen unentgeltlich abzugeben, § 20 Nr. 1 Abs. 2 VOB/A.

2. Vorgaben der VOL/A

Im Gegensatz zu § 17 Nr. 1 Abs. 1 VOB/A werden in § 17 Nr. 1 Abs. 1 VOL/A die genannten Publikationsmedien (Tageszeitungen, amtliche Veröffentlichungsblätter oder Fachzeitschriften) nicht nur beispielhaft aufgezählt, so dass nach dem Wortlaut eine ausschließliche Publikation im Internet ausgeschlossen zu sein scheint. Allerdings erfolgt die europaweite Bekanntmachung nach § 17a VOL/A heute ebenfalls nur noch in elektronischer Form (in der Datenbank TED oder einer nur noch im Abonnement erhältlichen CD-ROM). Die Rechtsprechung hält dies für zulässig, da die Datenbank einfach zu bedienen sei, eine individuelle Suche nach interessanten Angeboten ermögliche und eine regelmäßige Datenbank-Recherche über Internet auch für mittlere und kleine Unternehmen keine unzumutbare Hürde mehr darstelle[21].

Der Schutzzweck der Publikationsvorschriften – §§ 17, 17a VOL/A – ist identisch. Man könnte also daraus, dass eine rein elektronische Bekanntmachung *oberhalb* der Schwellenwerte zulässig ist, folgern, dass eine solche erst recht auch *unterhalb* der Schwellenwerte zulässig sein müsse. Zu bedenken ist jedoch, dass Aufträge mit geringerem Auftragswert – unterhalb der Schwellenwerte – vorrangig für kleinere Unternehmen von Interesse sein werden, bei denen im Gegensatz zu größeren Unternehmen, die sich eher für große Aufträge interessieren, eine weniger gute Computerausstattung vorausgesetzt werden kann. Dies ist bei der Ausgestaltung der elektronischen Publikation zu berücksichtigen.

Der Versand der Vergabeunterlagen kann wie bei der VOB/A per Internet erfolgen – allerdings auch hier nur an Bieter, die sich gewerbsmäßig mit der Ausführung von Leistungen der ausgeschriebenen Art beschäftigen, § 7 Nr. 2 Abs. 1 VOL/A.

Nach § 20 Nr. 1 Abs. 1 VOL/A kann der Auftraggeber bei Öffentlichen Ausschreibungen für die Verdingungsunterlagen Erstattung der Vervielfältigungskosten verlangen. Im Gegensatz zu § 20 VOB/A ist eine Erstattung der Kosten für die (postalische oder elektronische) Übertragung nicht vorgesehen. Auch die Ko-

[20] *Jasper* in Motzke/Pietzcker/Prieß, § 20 VOB/A Rdn. 2.

[21] BayOLG (Vergabesenat), VergabeR 2003, 345, 347.

sten, die für die Erstellung der Vergabeunterlagen entstehen, können nicht ersetzt werden[22]. Bei Beschränkter Ausschreibung und Freihändiger Vergabe sind auch hier die Unterlagen unentgeltlich abzugeben, § 20 Nr. 1 Abs. 1 VOL/A.

III. Vorschriften zur Angebotsabgabe

1. Die Generalklausel des § 15 VgV

Nach § 15 S. 1 VgV können die öffentlichen Auftraggeber zulassen, dass die Abgabe der Angebote „in anderer Form als schriftlich per Post oder direkt" erfolgen kann, sofern sichergestellt ist, dass die Vertraulichkeit der Angebote gewahrt bleibt. Solche (elektronischen) Angebote sind nach S. 2 mit einer qualifizierten elektronischen Signatur nach dem Signaturgesetz zu versehen und zu verschlüsseln; die Verschlüsselung ist bis zum Ablauf der für die Einreichung der Angebote festgelegten Frist aufrecht zu erhalten.

§ 15 VgV ist inhaltlich bewusst zurückhaltend formuliert worden, um einen offenen Rahmen für zukünftige Entwicklungen zu schaffen[23]. Die Vorschrift ist subsidiär und gilt nach S. 1 nur dann, wenn die materiellen Vergabebestimmungen, auf die die §§ 4-7 VgV verweisen, keine Regelungen zur elektronischen Angebotsabgabe enthalten. Wie gleich zu zeigen sein wird, ist die VgV nur im 2. und 3. Abschnitt der VOL/A anwendbar.

2. Vorgaben der VOB/A

Nach § 21 Nr. 1 Abs. 1 S. 2 VOB/A kann der Auftraggeber „mit digitaler Signatur im Sinne des Signaturgesetzes versehene digitale Angebote" zulassen, die verschlüsselt eingereicht werden müssen[24]; diese Regelung ist in allen drei Abschnitten der VOB/A enthalten und gilt damit unabhängig vom Auftragswert einheitlich für alle Bauaufträge.

Die VOB/A untersagt (im Gegensatz zur VOL/A, dort § 18 Nr. 2 Abs. 1 S. 2) dem Auftraggeber nicht ausdrücklich, vor Ablauf der Angebotsfrist digitale Angebote selbst einzusehen. Ein solches Gebot lässt sich jedoch dem Sinnzusammenhang entnehmen: Bei der herkömmlichen Vergabe müssen die Angebote in verschlossenen Umschlägen eingereicht werden. Absichtlich offengelassene oder geöffnete Angebote sind von der Wertung auszuschließen, weil sie für Unbefugte zugänglich waren[25]. Im Eröffnungstermin ist die Unversehrtheit des „Verschlusses"

---

[22] *Schaller*, § 20 VOL/A Rdn. 8.

[23] *Kratzenberg*, S. 121.

[24] Die VOB/A benutzt die – inzwischen überholte – Terminologie des alten Signaturgesetzes von 1997; s. dazu unten, S. 33.

[25] *Schäfer* in Motzke/Pietzcker/Prieß, § 22 VOB/A Rdn. 28. Im Gegensatz dazu können Angebote in verschlossen eingereichten, jedoch versehentlich vor Fristablauf geöffneten Umschläge

der Angebote zu prüfen (§ 22 Nr. 3 Abs. 1 VOB/A). Bis dahin sind die Umschläge „unter Verschluss zu halten", müssen also dem Zugriff Dritter entzogen sein[26]. „Entsprechend" sollen digitale Angebote verschlüsselt aufbewahren werden, bei der Eröffnung muss die Verschlüsselung noch andauern (§ 22 Nr. 3 Abs. 1 VOB/A). Nicht verschlüsselt eingereichte Angebote sind von der Wertung auszuschließen (§ 25 Nr. 1 Abs. 1 lit. b VOB/A).

Neben der Verschlüsselung sind die digitalen Angebote mit einer „digitalen" Signatur zu versehen. Bei der herkömmlichen Vergabe werden Angebote mit fehlender Unterschrift von der Wertung ausgeschlossen[27]. Entsprechend sind im Bereich der VOB/A elektronische Angebote nur zulässig, wenn sie sowohl verschlüsselt als auch signiert sind. Digitale Angebote, die den Anforderungen des § 21 Nr. 1 Abs. 1 nicht genügen, die also nicht sowohl signiert als auch verschlüsselt sind, sind nach § 25 Nr. 1 Abs. 1 lit. b zwingend von der Wertung auszuschließen[28]. § 23 Nr. 1, nach dem solche Angebote nicht geprüft zu werden „brauchen", räumt dem Auftraggeber jedoch Ermessen dahingehend ein, ob er sich dennoch mit dem Inhalt der nicht formgerechten Angebote auseinandersetzen will[29]. Dies hat folgenden Hintergrund: Prüfung und Wertung der Angebote unterscheiden sich dadurch voneinander, dass im Rahmen der Prüfung die einzelnen Angebote jeweils isoliert gesichtet und einer inhaltlichen Wertung unterzogen werden, während die Abwägung der einzelnen Angebotsinhalte gegen das der übrigen Angebote erst im Rahmen der Wertung erfolgt[30]. Im Rahmen der Prüfung können sich auch aus formal fehlerhaften Angeboten wichtige Anhaltspunkte für die Vergabeentscheidung des Auftraggebers ergeben[31], etwa indem sie auf Unklarheiten in den Vergabeunterlagen schließen lassen. Aus diesem Grund ist es dem Auftraggeber überlassen zu entscheiden, ob er ein formunwirksames Angebot prüfen will; er ist zur Prüfung jedoch nicht verpflichtet, wenn das Angebot wegen formaler Mängel gem. § 25 Nr. 1 Abs. 1 lit. a von der Wertung ausgeschlossen werden kann[32].

---

gewertet werden, wenn diese sogleich wieder verschlossen und mit einem Vermerk versehen werden, aus dem u.a. hervorgeht, dass der Umschlag versehentlich geöffnet wurde, wer ihn geöffnet und wieder verschlossen und wer vom Inhalt Kenntnis erlangt hat.

[26] *Kratzenberg* in Ingenstau/Korbion, VOB/A § 22 Rdn. 7.

[27] *Schäfer* in Motzke/Pietzcker/Prieß, § 23 VOB/A Rdn. 7 („Angebote, die... unverbindlich und unklar sind"); *Kapellmann/Messerschmidt*, § 23 VOB/A Rdn. 3.

[28] *Kratzenberg* in Ingenstau/Korbion, § 25 VOB/A Rdn. 11; *Brinker/Ohler* in Motzke/Pietzcker/Prieß, § 25 VOB/A Rdn. 10; § 25 Nr. 1 Abs. 1 lit. b dient dem Schutz des korrekten Wettbewerbs und hat zwingenden Charakter (BGH NJW 1998, 3634).

[29] *Franke* et al., § 23 Rdn. 10.

[30] *Kratzenberg* in Ingenstau/Korbion, § 23 VOB/A Rdn. 2 und 3.

[31] *Schäfer* in Motzke/Pietzcker/Prieß, § 23 VOB/A Rdn. 10i.

[32] *Franke* et al., § 23 Rdn. 12.

3. Vorgaben der VOL/A

Die Angebotsabgabe in elektronischer Form ist in der VOL/A nur unvollständig geregelt. Während der 1. Abschnitt eine weitgehend vollständige Regelung enthält, muss im 2. und 3. Abschnitt ergänzend auf § 15 VgV zurückgegriffen werden.

a) Regelung im 1. Abschnitt. Nach § 21 Nr. 3 VOL/A kann der Auftraggeber die Übermittlung von Angeboten „auch auf andere Weise als schriftlich per Post oder direkt" zuzulassen, sofern sichergestellt ist, dass der Inhalt der Angebote erst mit Ablauf der für ihre Einreichung festgelegten Frist zugänglich wird. Dies wird in § 18 Nr. 2 Abs. 1 S. 2 wiederholt und entspricht der Regelung in § 15 Abs. 1 VgV.

Ein elektronisches Angebot gilt nach § 21 Nr. 3 S. 2 VOL/A als unterschrieben, wenn eine „gültige digitale Signatur im Sinne des Signaturgesetzes" vorliegt[33]. Elektronische Angebote sind bei Eingang zu kennzeichnen (§ 22 Nr. 1 S. 3) und anschließend unter Verschluss zu halten; die Kennzeichnung dient dem Zweck, den Zeitpunkt des Eingangs des Angebots feststellbar zu machen[34].

Formmängel elektronischer Angebote werden nach der VOL/A jedoch anders sanktioniert als nach der VOB/A. Wie im Bereich der VOB/A brauchen auch nach § 23 Nr. 1 VOL/A solche Angebote nicht geprüft zu werden, die bestimmte formelle Fehler aufweisen. Während die VOB/A (in § 23) jedoch ausdrücklich auf elektronische Angebote eingeht, ist dies in der VOL/A nicht der Fall. Die VOL/A sieht – soweit hier von Interesse – in § 23 nur vor, dass Angebote nicht geprüft zu werden brauchen, wenn sie „nicht ordnungsgemäß eingegangen" bzw. nicht unterschrieben sind. Wie *nicht signierte* bzw. *nicht verschlüsselte* elektronische Angebote zu behandeln sind, ist nicht ausdrücklich geregelt; die Lücke lässt sich nur teilweise im Wege der Analogie schließen:

Die Folgen einer fehlenden oder nicht ausreichenden *Signatur* ergeben sich in entsprechender Anwendung aus §§ 21 Nr. 1 Abs. 2, Nr. 3 S. 2, 23 Nr. 1 lit. a VOL/A: Elektronische Angebote ohne gültige „digitale" Signatur gelten als nicht unterschrieben; nicht unterschriebene Angebote brauchen nicht geprüft zu werden[35] und sind von der Wertung zwingend auszuschließen, § 25 Nr. 1 Abs. 1 lit. b VOL/A.

Eine entsprechende Regelung für die fehlende *Verschlüsselung* fehlt jedoch[36]. Es handelt sich bei unverschlüsselten Angeboten nicht um „nicht ordnungsgemäß

[33] Auch die VOL/A ist insoweit noch nicht an das neue Signaturgesetz angepasst worden, vgl. dazu unten S. 33.
[34] *Schaller*, § 22 Rdn. 3.
[35] *Schaller*, § 23 Rdn. 3.
[36] Vgl. auch *Sura* in Gramlich/Kröger/Schreibauer, § 22 Rdn. 36.

eingegangene" Angebote, die nach § 23 Nr. 1 lit. a VOL/A von der Prüfung ausgeschlossen werden können; die „Ordnungsmäßigkeit" bezieht sich allein auf die Umstände des Eingangs des Angebots beim Auftraggeber[37], wie sich aus lit. a ergibt. Auch nicht verschlüsselte Angebote müssen daher geprüft und gewertet werden. Dies überrascht deshalb, weil die Verschlüsselung der vertraulichen Angebote dem Schutz sowohl des Bieters als auch des Auftraggebers dient[38] und eine Verschlüsselung elektronischer Angebote auch ohne größeren technischen und finanziellen Aufwand möglich ist. Hierin unterscheidet sich die Angebotsabgabe in elektronischer Form von derjenigen per Fax (§ 21 Nr. 3 VOL/A), weil bei dieser zum Schutz der Daten besonderer Aufwand getrieben werden muss. Beim Telefax werden die Daten in der Regel ungesichert über eine Telefonleitung übertragen und beim Empfänger im Klartext ausgedruckt. Zwar gibt es Geräte zur Verschlüsselung von Faxübertragungen; diese schützen jedoch in der Regel allein die Übertragung über die Telefonleitung, nach Eingang werden die Faxdaten dann unmittelbar entschlüsselt und im Klartext ausgegeben. Der weitere Schutz der Faxsendungen bleibt dann organisatorischen Maßnahmen des Empfängers überlassen, etwa indem das Faxgerät in einem verschlossenen Raum aufgestellt wird. Zwar gibt es auch Geräte, die eingegangene Faxe speichern und erst nach Eingabe eines Codes ausdrucken. Auf diese Weise kann mit technischen Mitteln verhindert werden, dass vertrauliche Faxe im Eingangskorb liegen und von Unbefugten gelesen werden können. Weit verbreitet sind solche Geräte jedoch nicht. Weil sich die Vertraulichkeit der Angebote bei Übertragung per Fax in der Praxis daher kaum gewährleisten lässt, wird vereinzelt gefordert, von der Möglichkeit einer Angebotsabgabe per Fax solle kein Gebrauch gemacht werden[39].

Weil §§ 23, 25 VOL/A dem Auftraggeber nicht ausdrücklich gestatten, unverschlüsselte Angebote von der Wertung auszuschließen, hat er – anders als im Geltungsbereich der VOB/A – nicht verschlüsselte elektronische Angebote sowohl zu prüfen als auch zu werten; solche Angebote auszuschließen wäre rechtswidrig und würde Schadensersatzansprüche des Bieters auslösen[40].

b) Regelung im 2. und 3. Abschnitt. Vorschriften zu elektronischen Angeboten fehlen im 2. und 3. Abschnitt der VOL/A gänzlich; es gibt keine § 21 Nr. 3 des 1. Abschnitts entsprechende Norm[41]. Bei der Vergabe von Leistungsaufträgen oberhalb der Schwellenwerte ist damit neben der VOL/A ergänzend § 15 VgV

[37] *Eberstein* in Daub/Eberstein, § 23 Rdn. 4; *Schaller*, § 23 VOL/A Rdn. 3.
[38] *Reus*, S. 392; vgl. auch unten, S. 54.
[39] So *Eberstein* in Daub/Eberstein, § 21 Rdn. 19d sowie *Weyand*, S. 43.
[40] *Kratzenberg*, S. 121; *Malmendier*, S. 183.
[41] *Schaller*, § 21 VOL/A Rdn. 11.

heranzuziehen[42]. Danach sind digitale Angebote mit einer qualifizierten elektronischen Signatur zu versehen und zu verschlüsseln, die Verschlüsselung ist bis zum Ablauf der Angebotsfrist aufrechtzuerhalten.

Diese formellen Anforderungen werden jedoch nicht sanktioniert, weil die in § 21 Nr. 3 des 1. Abschnitts geregelte Gleichstellung von signierten elektronischen mit schriftlichen Angeboten im 2. und 3. Abschnitt fehlt. Es ist daher offen, wie in diesen Abschnitten unsignierte Angebote zu behandeln sind. Zusätzlich bestehen die bereits in den Ausführungen zum 1. Abschnitt festgestellten Zweifel hinsichtlich der Behandlung nicht verschlüsselter Angebote auch in diesen anderen Abschnitten der VOL/A.

c) Folgerungen. Unverschlüsselte elektronische Angebote kann der Auftraggeber nicht ohne das Risiko, sich schadensersatzpflichtig zu machen, von Prüfung und Wertung ausschließen; das gleiche gilt oberhalb der Schwellenwerte des § 2 VgV für nicht ordnungsgemäß *signierte* Angebote. Denn oberhalb der Schwellenwerte räumt § 97 Abs. 7 GWB den Unternehmen einen Anspruch darauf ein, dass der Auftraggeber die Bestimmungen über das Vergabeverfahren einhält. Der – auch nur potentielle – Bieter kann danach vom Auftraggeber bei dessen Beschaffungen eine bestimmte Vorgehensweise erzwingen, die den Vorgaben des GWB, der VgV und den Verdingungsordnungen entspricht[43], wenngleich in der Rechtsprechung noch nicht für jede einzelne Norm geklärt ist, ob dieser Anspruch tatsächlich die Einhaltung aller Bestimmungen der Verdingungsordnungen, auch der sog. Ordnungsvorschriften erfasst[44].

Dies ändert jedoch nichts daran, dass nach den für die Vergabe geltenden Ordnungsvorschriften elektronische Angebote eine bestimmte Form haben sollen. Für die vorliegende Arbeit kann daher das Problem der fehlenden Sanktionierung bei Nichteinhaltung der Formerfordernisse außer Acht gelassen werden.

B. Vorschriften zur elektronischen Signatur

I. Problemstellung

Die Vorschriften der VgV, der VOB/A sowie der VOL/A sehen vor, dass Angebote in elektronischer Form mit einer Signatur nach dem Signaturgesetz zu versehen sind, unterscheiden sich jedoch hinsichtlich der Art der Signatur, die verlangt wird. Nach der VOB/A sowie im Geltungsbereich des ersten Abschnitts der VOL/A ist eine „digitale“ Signatur erforderlich, während im zweiten und dritten Abschnitt

[42] *Malmendier*, S. 186; *Kratzenberg* in Ingenstau/Korbion, § 15 VgV Rdn. 2.
[43] Niebuhr et al.-*Niebuhr*, § 97 Rdn. 269.
[44] *Byok*, S. 2295.

der VOL/A (wegen § 15 VgV) eine „qualifizierte elektronische" Signatur verlangt wird.

Mit dem Begriff der „digitalen Signatur" verweisen die Verdingungsordnungen auf § 2 Abs. 1 des inzwischen nicht mehr geltenden Signaturgesetzes von 1997[45]. Das heute geltende Signaturgesetz[46] benutzt in Anlehnung an die Signatur-Richtlinie der Europäischen Union[47] eine andere Terminologie. Während § 15 VgV diese neuen Begriffe des heutigen SigG verwendet, wurde bei der Neubekanntmachung von VOB und VOL im September 2002 eine Anpasssung an das SigG unterlassen, obgleich dieses bereits im Mai 2001 in Kraft getreten war und das SigG 1997 ohne Überleitungsvorschrift aufgehoben hatte[48]. Das heutige SigG kennt keine „digitale" Signatur, sondern unterscheidet verschiedene Varianten „elektronischer" Signaturen. Es stellt sich daher die Frage, welche der nach dem heutigen SigG möglichen Signaturvarianten für elektronische Angebote im Vergabeverfahren zu verwenden ist.

II. Varianten elektronischer Signaturen

Mit der Novellierung des Signaturgesetzes wurde unter anderem der Begriff der „digitalen" durch den „technologieoffeneren"[49] der „elektronischen" Signatur ersetzt. Dieser Terminus ist der Signatur-Richtlinie der Gemeinschaft entlehnt[50].

„Elektronische" Signaturen nach neuem Recht können in verschiedenen Sicherheitsstufen ausgestellt werden. Neben der (schlichten) elektronischen Signatur im Sinne von § 2 Abs. 1 kennt das SigG die *fortgeschrittene* und als deren Steigerung die *qualifizierte* elektronische Signatur. Stammt das der qualifizierten Signatur zugrundeliegende Zertifikat von einem akkreditierten Anbieter, handelt es sich um eine „*akkreditierte* Signatur"[51]. Die im Steuerrecht aufgrund einer Ausnahmerege-

[45] Gesetz zur digitalen Signatur, erlassen als Art. 3 des IuKDG vom 22. Juli 1997, BGBl. I, 1870; im folgenden: SigG 1997.

[46] Gesetz über Rahmenbedingungen für elektronische Signaturen vom 16.05.2001, BGBl. I, 876 – im folgenden: SigG.

[47] Richtlinie 1999/93/EG vom 13. Dezember 1999 über gemeinschaftliche Rahmenbedingungen für elektronische Signaturen – im folgenden: Signatur-Richtlinie.

[48] § 25 SigG enthält zwar „Übergangsvorschriften", diese betreffen allerdings nur die Fortwirkung bzw. Anerkennung von Genehmigungen für Zertifizierungsstellen und Prüf- und Bestätigungsstellen sowie für Zertifikate und technische Komponenten.

[49] So die – unschöne – Bezeichnung aus der Gesetzesbegründung zum SigG, BT-Drucks. 14/4662, S. 14.

[50] Art. 2 Nr. 1 der Richtlinie; vgl. *Brisch/Brisch* in Hoeren/Sieber, Nr. 13.3, Rdn. 40.

[51] Das SigG enthält keine einfache Bezeichnung für die akkreditierte Signatur, sondern nennt sie „qualifizierte elektronische Signatur mit Anbieter-Akkreditierung". Für diese Signaturform ist die Bezeichnung akkreditierte Signatur gebräuchlich geworden, vgl. *Roßnagel*, Das neue Recht elektronischer Signaturen, S. 1822.

lung (§ 86a Abs. 6 AO) derzeit noch zulässige qualifizierte elektronische Signatur mit Einschränkungen (§ 7 StDÜV[52]) hat außerhalb des Steuerrechts keine Bedeutung und wird hier nicht berücksichtigt.

1. (Einfache) elektronische Signatur

§ 2 Nr. 1 SigG definiert die elektronische Signatur als *Daten in elektronischer Form, die anderen elektronischen Daten beigefügt oder logisch mit ihnen verknüpft sind und die zur Authentifizierung dienen.* Diese Definition entspricht Art. 2 Nr. 1 der Signatur-Richtlinie und ist sehr weit gefasst. Der im deutschen Recht zuvor nicht verwendete Begriff der „Authentifizierung" im SigG und der deutschen Fassung der Signatur-Richtlinie ist eine wörtliche Übertragung des englischen „authentication", welches bedeutet „Zuordnung einer Aufzeichnung zu ihrem Urheber"[53]. In technischem Kontext wird unter „Authentifizierung" hingegen üblicherweise der *Nachweis* der Identität einer Person verstanden[54], während nach § 2 Abs. 1 SigG auch eine durch nichts untermauerte schlichte *Behauptung* ausreicht, man sei der, der man zu sein vorgibt. Folglich muss die Signatur keinerlei Schutz gegen Fälschungen bieten[55]. Bereits eine eingescannte Unterschrift[56] oder eine einfache Namensangabe[57] unter einem digital vorliegenden Text stellen eine elektronische Signatur dar. Die Signatur entspricht damit etwa dem maschinenschriftlichen Namenszug oder dem Unterschriftsstempel bei auf Papier ausgefertigten Urkunden. Sie bietet keinerlei Schutz gegen Manipulation und unerlaubte Reproduktion, weil sie sich beliebig vervielfältigen lässt.

Die einfache elektronische Signatur kann zwar die Anforderungen der Textform gem. § 126b BGB erfüllen und genügt grundsätzlich auch zur Erfüllung der gewillkürten elektronischen Form gem. § 127 Abs. 3 BGB; da sie jedoch keine technische Sicherheit bietet, kommt ihr im Prozess – falls der Beweisgegner die Authentizität, Integrität oder Autorisierung bestreitet – lediglich Indizwirkung zu[58].

---

[52]Verordnung zur elektronischen Übermittlung von Steuererklärungen und sonstigen für das Besteuerungsverfahren erforderlichen Daten (Steuerdaten-Übermittlungsverordnung) vom 28. Januar 2003, BGBl. I 2003, 139.

[53]*Borges*, Verträge im elektronischen Geschäftsverkehr, S. 103 f.

[54]Der *Duden Informatik* definiert Authentifizierung als den „eindeutigen Nachweis einer Person, wer sie ist". Sie erfordert „some kind of proof", *Pieprzyk/Hardjono/Seberry*, S. 307. Die schlichte Behauptung einer bestimmten Identität reicht nicht aus. Vgl. auch *Pohl*, S. 680.

[55]*Roßnagel*, Das neue Recht elektronischer Signaturen, S. 1819.

[56]Gesetzesbegründung zum SigG, BT-Drucks. 14/4662, S. 18.

[57]*Blaurock/Adam*, S. 95.

[58]*Bergfelder*, Kapitel 3, unter D. II. 3 b.

2. Fortgeschrittene elektronische Signatur

Fortgeschrittene elektronische Signaturen nach § 2 Nr. 2 SigG unterscheiden sich von einfachen Signaturen nach Nr. 1 dadurch, dass sie folgende weitere Voraussetzungen erfüllen müssen:

- Sie sind ausschließlich dem Signaturschlüssel-Inhaber zugeordnet,
- sie ermöglichen die Identifizierung des Signaturschlüssel-Inhabers,
- sie werden mit Mitteln erzeugt, die der Signaturschlüssel-Inhaber unter seiner alleinigen Kontrolle halten kann, und
- sie sind mit den Daten, auf die sie sich beziehen, so verknüpft, dass eine nachträgliche Veränderung der Daten erkannt werden kann.

Der Begriff der *Identifizierung* wird weder im SigG noch in der Signatur-Richtlinie definiert. Identifizierung soll die Authentizität der Daten sicherstellen, also die – im Vergleich zur einfachen Signatur – zuverlässigere Identifizierung der natürlichen oder juristischen Person ermöglichen, die diese erzeugt hat. Im Umkehrschluss aus den Regelungen zur qualifizierten Signatur folgt, dass diese Identifizierung nicht durch einen unabhängigen Dritten vermittels eines qualifizierten Zertifikates im Rahmen eines definierten Verfahrens vorgenommen werden muss[59]. Fortgeschrittene Signaturen unterliegen höheren Anforderungen als (schlichte) elektronische Signaturen und unterscheiden sich im Hinblick auf die Prüfung der Integrität der Daten nicht von den höherstufigen qualifizierten Signaturen, da sie die gleiche Technik nutzen können. Weil eine sichere, nachprüfbare Identifizierung des Schlüsselinhabers jedoch nicht gewährleistet ist, entspricht die fortgeschrittene Signatur nicht dem Sicherheitsniveau der „digitalen" Signatur[60] und ist rechtlich nicht der eigenhändigen Unterschrift gleichgestellt[61]. Wie die einfache Signatur genügt sie den Anforderungen der §§ 126b, 127 Abs. 3 BGB, erfüllt jedoch nicht die Anforderungen an die elektronische Form gem. § 126a BGB. Ebensowenig kommen elektronische Dokumente, die mit einer fortgeschrittenen Signatur versehen sind, in den Genuss des Anscheinsbeweises des § 371a Abs. 1 S. 2 ZPO[62].

[59] *Bergfelder*, Kapitel 3, unter D. III. 3 b iii.
[60] Vgl. BT-Drucks. 14/4662, S. 18.
[61] *Brisch/Brisch* in Hoeren/Sieber, Nr. 13.3, Rdn. 65; *Roßnagel*, Das neue Recht elektronischer Signaturen, S. 1819; *Roßnagel*, Hoffnungen und Herausforderungen, S. 34; *Rapp*, S. 81.
[62] *Bergfelder*, Kapitel 3, unter D. III. 5.

3. Qualifizierte elektronische Signatur

Qualifizierte elektronische Signaturen sind fortgeschrittene elektronische Signaturen, die den Anforderungen nach Nummer 2 genügen, jedoch darüber hinausgehend

- auf einem zum Zeitpunkt ihrer Erzeugung gültigen qualifizierten Zertifikat beruhen und
- mit einer sicheren Signaturerstellungseinheit erzeugt werden.

Die Signatur-Richtlinie kennt für diese Signaturform keine eigene Bezeichnung, sondern umschreibt diese Signaturen als „fortgeschrittenen Signaturen, die auf einem qualifizierten Zertifikat beruhen und die von einer sicheren Signaturerstellungseinheit erstellt werden" (Art. 5 Abs. 1 der Richtlinie).

Wesentliches Merkmal der qualifizierten elektronischen Signatur ist das qualifizierte *Zertifikat*, auf dem die Signatur basiert. Nach § 2 Nr. 6 SigG sind Zertifikate „elektronische Bescheinigungen", mit denen Signaturprüfschlüssel einer Person zugeordnet werden und die Identität dieser Person bestätigt wird. Die Definition entspricht damit derjenigen in Art. 2 Nr. 9 der Signatur-Richtlinie. Ein wesentlicher Unterschied zwischen der Richtlinie und der deutschen Umsetzung besteht allerdings darin, dass nach Art. 2 Nr. 10 der Richtlinie jede „Person" Inhaber des Zertifikats sein kann, während nach § 2 Nr. 7 SigG Zertifikate nur für *natürliche* Personen ausgestellt werden können. Juristische Personen können nach deutschem Recht also nicht als solche Inhaber eines Signaturprüfschlüssels sein, sondern müssen sich – wie auch sonst beim Handeln im Rechtsverkehr – natürlicher Personen bedienen, die für sie zeichnen und für die eigene Zertifikate ausgestellt werden. In diesen kann die Funktion und eine etwa bestehende Handlungsvollmacht der Vertreter angegeben werden.

Eine juristische Person kann auch eigene Zertifikate für ihre Mitarbeiter ausstellen und sich mit ihrer eigenen Zertifizierungsinstanz auf eine übergeordnete Instanz berufen. Auf diese Weise entsteht eine hierarchische Zertifizierungsstruktur[63].

4. „Akkreditierte" elektronische Signatur

Basiert die Signatur auf dem qualifizierten Zertifikat eines Zertifizierungsdiensteanbieters, der sich nach § 15 SigG bei der hierfür zuständigen *Bundesnetzagentur* freiwillig akkreditiert hat, liegt eine „*akkreditierte*" Signatur vor (die korrekte, aber umständliche Bezeichnung ist „qualifizierte elektronische Signaturen mit Anbieter-Akkreditierung"). Im Rahmen des Akkreditierungsprozesses wird das Sicherheitskonzept des Anbieters umfassend auf seine Eignung und praktische Umsetzung

[63] *Niesing/Schmeh*, S. 225 f.

geprüft und bestätigt, § 15 Abs. 2 S. 1 SigG. Dies rechtfertigt die gesetzliche Vermutung ihrer technischen und administrativen Sicherheit, die aus § 15 Abs. 1 S. 4 SigG folgt. Alle derzeit in Deutschland tätigen Zertifizierungsdiensteanbieter haben ihren Betrieb unter der Geltung des SigG 1997 aufgenommen, welches eine obligatorische Akkreditierung vorsah. Daher sind alle inländischen Zertifizierungsdiensteanbieter akkreditiert im Sinne von § 15 SigG.

Akkreditierte Anbieter sind nach § 4 II SigV verpflichtet, die von ihnen ausgestellten qualifizierten Zertifikate mindestens 30 Jahre nach Ablauf ihrer Gültigkeit über einen Verzeichnisdienst öffentlich abrufbar zu halten, während es bei lediglich angezeigten Anbietern nur 5 Jahre sind. Der Empfänger einer mit akkreditierter Signatur versehenen elektronischen Erklärung kann diese daher auch weit nach Zugang der Nachricht noch prüfen. Im Rahmen eines Vergabeverfahrens spielt dieser längere Prüfzeitraum nur eine geringe Rolle, da das Interesse an der Prüfung einer Signatur geknüpft ist an die Rechtsmittel- bzw. Verjährungsfristen des Vergabeverfahrens und der im Rahmen des Verfahrens geschlossenen Verträge, die deutlich unter der 30-Jahres-Frist liegen.

III. Die Signatur im Vergabeverfahren

Eine Überleitungsvorschrift, die bestimmen würde, welche der modernen Signaturvarianten an die Stelle der „digitalen" Signatur alten Rechts tritt, fehlt. Es gibt jedoch sowohl für das öffentliche wie auch für das bürgerliche Recht Regelungen dazu, welche Anforderungen an die elektronische Form und insbesondere die hinzugefügte Signatur zu stellen sind, damit dadurch die Schriftform ersetzt werden kann (hierzu sogleich). Diese Normen sind jedoch nicht geeignet, alle Lücken der vergaberechtlichen Formvorschriften zu schließen. Daher soll anschließend untersucht werden, welche der modernen Signaturvarianten am ehesten der alten „digitalen" Signatur entspricht. Dazu sollen die Funktionen von Unterschrift und Signatur sowie die technischen Grundlagen der verschiedenen Signaturvarianten verglichen werden (unten, S. 39).

1. Anwendbarkeit der §§ 126, 126a BGB und § 3a VwVfG

Für das Verwaltungsverfahren bestimmt § 3a Abs. 1 VwVfG, dass eine durch Rechtsvorschrift angeordnete Schriftform durch die elektronische Form mit qualifizierter elektronischer Signatur ersetzt werden kann, soweit nicht ein anderes bestimmt ist. Im Zivilrecht wird die durch Art. 5 Abs. 1 lit. a Signatur-Richtlinie und Art. 9 Abs. 1 E-Commerce-Richtlinie[64] geforderte weitgehende Gleichstellung

[64] Richtlinie 2000/31/EG des Europäischen Parlaments und des Rates vom 8. Juni 2000 über bestimmte rechtliche Aspekte der Dienste der Informationsgesellschaft, insbesondere des elektronischen Geschäftsverkehrs, im Binnenmarkt („Richtlinie über den elektronischen Geschäfts-

von Unterschrift und (qualifizierter) Signatur durch §§ 126, 126a BGB umgesetzt. Auch nach diesen Vorschriften kann die gesetzlich vorgeschriebene schriftliche Form durch die elektronische Form mit einer qualifizierten elektronischen Signatur ersetzt werden[65].

Unabhängig von der umstrittenen Frage, ob das materielle Vergaberecht dem öffentlichen oder dem privaten Recht zuzuordnen ist[66], hängt die Anwendung von § 3a VwVfG bzw. der insoweit entsprechenden §§ 126, 126a BGB (und damit die Möglichkeit, die Schriftform durch die mit einer qualifizierten Signatur versehene elektronische Form zu ersetzen) davon ab, ob die Formvorgaben in VOB/A und VOL/A solche „durch Rechtsvorschrift" bzw. „durch Gesetz" sind. § 126 BGB gilt nur für die „gesetzliche", also für die *durch Gesetz* (im BGB oder eine andere Vorschrift des Privatrechts[67] bestimmte Schriftform; entsprechend setzt § 3a VwVfG eine gesetzliche Formvorschrift voraus[68]. VOB/A und VOL/A sind jedoch keine Gesetze, auch nicht solche im materiellen Sinne:

VOB und VOL, die Verdingungsordnungen für (Bau-)Leistungen, werden oft – unzutreffend – als Vergabe*ver*ordnungen bezeichnet und damit in die Nähe von Rechtsverordnungen gerückt. Die Verdingungsordnungen sind jedoch keine „(Rechts-) Verordnungen" im rechtstechnischen Sinne; dies sind nur solche materiellen Rechtssätze, die aufgrund einer formellgesetzlichen Ermächtigung von Stellen der Exekutive erlassen werden und allgemeinverbindliche Wirkung erzeugen[69]. Die Verdingungsordnungen werden jedoch von privaten Ausschüssen verabschiedet, die VOB durch den *Deutschen Vergabe- und Vertragsausschuss für Bauleistungen* (DVA), die VOL durch den *Deutschen Verdingungsausschuss für Leistungen* (DVAL). VOB und VOL haben daher keinen Rechtsnormcharakter, sondern sind teils Dienstanweisungen an die Beschaffungsstellen, teils Allgemeine Geschäftsbedingungen[70]. Durch die (statische[71]) Verweisung in §§ 4-7 VgV erhalten die Ver-

---

verkehr"), im folgenden: E-Commerce-Richtlinie.

[65] Aus den unterschiedlichen Formulierung „durch Rechtsvorschrift" in § 3a VwVfG bzw. „durch Gesetz" in § 126 BGB ergeben sich keine Unterschiede, vgl. Knack-*Meyer*, § 3a Rdn. 22.

[66] Die h.M. ordnet das Vergaberecht – teils ohne nähere Begründung – grundsätzlich dem Privatrecht zu, vgl. etwa *Vygen* in Ingenstau/Korbion, Einleitung, Rdn. 12; *Rittner*, Rechtsgrundlagen und Rechtsgrundsätze, S. 27; Dauses-*Seidel*, H.IV, Rdn. 6; *Gröning* in Motzke/Pietzcker/Prieß, Syst IV, Rdn. 13; *Schäfer*, Grundzüge, S. 2; **a.A.** (Zuordnung zum öffentlichen Recht) etwa *Schlette*, S. 152; *Boesen*, Rechtsschutz des Bieters, S. 350; *Hermes*, S. 915; *Killmann*, S. 481.

[67] Palandt-*Heinrichs*, § 126 Rdn. 1; *Wendtland* in Bamberger/Roth, § 126 Rdn. 1.

[68] *Kopp/Ramsauer*, § 3a Rdn. 15.

[69] *Ossenbühl* in Isensee/Kirchhof, S. 388; *Maurer*, S. 69.

[70] *Rittner*, Abschied vom „Öffentlichen Auftragswesen", S. 42.

[71] *Motzke* in Motzke/Pietzcker/Prieß, Syst III, Rdn. 75. Zum Problem der statischen und dyna-

VOB/A	1. Abschnitt	„digitale“ Signatur	keine Regelung
	2. Abschnitt		gesetzliche Schriftform → qual. Sig.
	3. Abschnitt		
VOL/A	1. Abschnitt	„digitale“ Signatur	keine Regelung
	2. Abschnitt	keine Regelung	§ 15 VgV anwendbar → qual. Sig.
	3. Abschnitt		

Tabelle 1: Signaturanforderungen in VOB/A und VOL/A

dingungsordnungen zwar durch Inkorporation Verordnungsrang[72], allerdings nur im Anwendungsbereich der verweisenden Rechtsnorm[73]. Die VgV verweist nur auf den jeweils zweiten (in §§ 4 und 6 VgV) bzw. dritten Abschnitt der VOL/A und der VOB/A (in § 7 VgV für Aufträge im Sektorenbereich), nicht jedoch auf den jeweils ersten Abschnitt dieser Verdingungsordnungen. Die in deren ersten Abschnitt enthaltenen Formvorschriften sind damit keine Rechtsnormen und statuieren kein „gesetzliches“ Schriftformerfordernis im Sinne von §§ 126, 126a BGB, 3a VwVfG. Die sich hieraus ergebenden Signaturanforderungen[74] sind in Tabelle 1 auf dieser Seite dargestellt.

Auf der Grundlage der vergabe- und signaturrechtlichen Vorschriften bleibt damit zunächst offen, welche der nach dem modernen SigG möglichen Signaturvarianten im ersten Abschnitt von VOB/A und VOL/A an die Stelle der obsoleten „digitalen“ Signatur des SigG 1997 treten soll. Im folgenden soll daher untersucht werden, welche der modernen Signaturvarianten dem Sicherheits- und Funktionsniveau der digitalen Signatur am besten entspricht.

2. Funktionsäquivalenz elektronischer Signaturen

a) Vergleich der Funktionen von Unterschrift und Signatur. Je nach Kontext steht bei der eigenhändigen Unterschrift eine bestimmte Funktion im Vordergrund, die von der Bestätigung des Inhalts bis dahin reichen kann, dem Unterzeichnenden deutlich vor Augen zu führen, dass er sich anschickt, ein verbindliches Rechtsgeschäft abzuschließen[75]. Im Vergaberecht hat die Unterschrift vornehmlich die Funktion, das Angebot für den Bieter verbindlich zu machen[76]. Dies kam in

mischen Verweisungen *Clemens*, S. 93f., 118; ferner BVerfGE 47, 285, 311 und 64, 208, 214; BVerwGE 55, 250, 259.

[72] *Pietzcker*, Verdingungsordnung und Kaskadenprinzip, S. 65.

[73] *Clemens*, S. 65; *Motzke* in Motzke/Pietzcker/Prieß, Syst III, Rdn. 74.

[74] So auch *Reidt* in Reidt/Stickler/Glahs, § 15 VgV Rdn. 1.

[75] Hierzu statt vieler *Borges*, Verträge im elektronischen Geschäftsverkehr, S. 580 ff.

[76] *Prieß* in Motzke/Pietzcker/Prieß, VOB/A § 21 Rdn. 5; *Eberstein* in Daub/Eberstein, VOL/A, § 21 Rdn. 18.

der alten Fassung der VOB/A noch deutlicher zum Ausdruck, die eine „rechtsverbindliche Unterschrift" verlangte[77]. Mit seiner Unterschrift macht sich der Unterzeichner das gesamte Angebot als verbindlich zu eigen[78] und grenzt es vom unverbindlichen Entwurf ab (*Abschlussfunktion*). Zugleich erklärt er, dass das Angebot von ihm bzw. von der von ihm vertretenen (juristischen oder natürlichen) Person herrührt (*Echtheitsfunktion*). Verbindlich, also bindend wirkt die Unterschrift aber nur dann, wenn der Bieter sich an ihr festhalten lassen muss und nicht abstreiten kann, das zugehörige Dokument unterzeichnet zu haben. Die Unterschrift muss dem Rechtsverkehr daher weiter die Identifizierung des Ausstellers (*Identitätsfunktion*) sowie die Prüfung der Echtheit des Inhalts ermöglichen (*Verifikationsfunktion*) und damit Schutz gegen Fälschungen durch Dritte bieten[79]. Dies vermag die eigenhändige Unterschrift gut zu gewährleisten, da die Individualität des Schriftzuges Fälschungen erschwert[80].

Abhängig von der jeweils verwendeten Technik ist auch eine elektronische Signatur grundsätzlich geeignet, die verschiedenen Funktionen der eigenhändigen Unterschrift im digitalen Umfeld nachzubilden. Der entscheidende Unterschied zur Papierform liegt jedoch darin, dass das Sicherheitsniveau der elektronischen Signatur *skalierbar* ist, weil mehrere abgestufte Sicherheitsstufen bestehen[81]. Es ist daher zu prüfen, welche Variante der elektronischen Signatur den spezifischen Anforderungen des Vergabeverfahrens an die Unterschrift gerecht wird.

b) Vergleich der Technik elektronischer Signaturen. Um die eigene Identität in einem elektronischen Dokuments erkennbar zu machen, reicht es aus, dass der Aussteller seinen Namen hinzufügt. Hierdurch kann neben der Identifizierung des Ausstellers (Identitätsfunktion) zugleich deutlich werden, dass der Aussteller die Erklärung als seine eigene anerkennt (Echtheitsfunktion). Bereits mit dem hinzugefügten Namen des Ausstellers liegt eine (einfache) elektronische Signatur nach § 2 Nr. 1 SigG vor. Eine sichere Bestätigung dieser beiden Informationen ist bei der einfachen Signatur jedoch noch nicht möglich, weil keine Verknüpfung zwischen Erklärung und Namensangabe erforderlich ist und die Namensangabe selbst nicht fälschungssicher ausgestaltet sein muss. So sieht das SigG erst für die fortgeschrittene Signatur vor, dass eine nachträgliche Veränderung der signierten Daten erkannt werden muss (§ 2 Nr. 2 SigG).

[77] Diese Formulierung wurde später gestrichen, weil der Eindruck vermieden werden sollte, die VOB/A stelle über die Anforderungen des BGB hinausgehende Anforderungen an die Form der Unterschrift; vgl. *Kratzenberg* in Ingenstau/Korbion, § 21 VOB/A Rdn. 3.

[78] *Prieß* in Motzke/Pietzcker/Prieß, § 21 VOB/A Rdn. 7.

[79] *Köhler*, S. 148; *Einsele* in Münchener Kommentar, BGB, § 126 Rdn. 9.

[80] *Köhler*, S. 148.

[81] *Eifert*, S. 15.

Um die Identität des Ausstellers sicher nachprüfen zu können, reicht es nicht aus, wenn aus dem Dokument ein Aussteller erkennbar ist und die Erklärung seit Abgabe nicht verändert worden ist – schließlich könnte bereits der ursprüngliche Aussteller der Erklärung unter falschem Namen gehandelt haben. Dies wird erst verhindert, wenn die Erklärung eindeutig einer bestimmten Person zugeordnet werden kann. Hierzu dienen Zertifikate im Sinne von § 2 Nr. 6 SigG. Ein solches Zertifikat ist weder bei der einfachen noch bei der fortgeschrittenen Signatur erforderlich – so dass beide Formen eine sichere Verifikation im Sinne einer Authentizitätsprüfung nicht gestatten –, sondern ist erst bei der qualifizierten Signatur vorhanden. Diese basiert auf einem qualifizierten Zertifikat, das von einem vertrauenswürdigen Dritten (einem Zertifizierungsdiensteanbieter) ausgestellt wurde und das die Zugehörigkeit des Prüfschlüssels zu einer Person bestätigt. Die im Vergabeverfahren zentralen Identitäts-, Echtheits- und Verifikationsfunktionen erfordern daher mindestens die qualifizierte Signatur, die damit insoweit der eigenhändigen Unterschrift entspricht. In technischer Hinsicht kann man die qualifizierte Signatur insoweit als zur digitalen Signatur des SigG 1997 äquivalent betrachten[82].

Allerdings weist die digitale Signatur nach dem SigG 1997 Eigenschaften auf, die (nach heutigem Recht) erst in der akkreditierten Signatur ihre Entsprechung finden. Anders als das heutige SigG sah das SigG 1997 nämlich noch eine *Genehmigungspflicht* für den Betrieb von Zertifizierungsstellen vor (§ 4 SigG 1997); die Genehmigung war unter anderem dann zu versagen, wenn Tatsachen die Annahme rechtfertigten, dass die Stelle nicht die erforderliche Sicherheit besaß (§ 4 Abs. 2 SigG 1997). Die Anforderungen, von denen die Erteilung einer Genehmigung abhing, waren daher prägend für die Struktur und die Qualität der durch die Zertifizierungsstellen geschaffenen Sicherheitsinfrastruktur[83]. Diese obligatorische Genehmigung ist im heutigen SigG ersetzt worden durch die Möglichkeit der freiwilligen Akkreditierung, bei der die technischen und organisatorischen Sicherheitsvorkehrungen der Zertifizierungsstelle geprüft werden[84].

[82]So etwa *Malmendier*, S. 184.

[83]*Roßnagel*, SigG, § 4 Rdn. 3.

[84]Hintergrund war der Umstand, dass nach den Vorstellungen des Gesetzgebers der Europäischen Gemeinschaft diese Genehmigungspflicht die angestrebte, möglichst große Verbreitung elektronischer Signaturen behinderte, weil Anbietern von Zertifizierungsdiensten untersagt werden konnte, ohne Akkreditierung tätig zu werden (Signatur-Richtlinie, Erwägungsgrund 12). Dennoch war sich der europäische Gesetzgeber des Umstands bewusst, dass ungeprüfte Zertifizierungsdienste weniger Vertrauen genießen als geprüfte Instanzen (vgl. *Roßnagel*, Das neue Recht elektronischer Signaturen, S. 1821). Art. 3 Abs. 2 der Signatur-Richtlinie räumt den Mitgliedstaaten daher die Möglichkeit ein, freiwillige Akkreditierungssysteme einzuführen bzw. beizubehalten, die auf die Steigerung des Niveaus der erbrachten Zertifizierungsdienste abzielen. Von dieser Möglichkeit hat der deutsche Gesetzgeber in § 15 SigG Gebrauch gemacht.

Eine vollständige Abbildung aller Funktionen der eigenhändigen Unterschrift durch elektronische Verfahren ist nicht immer möglich[85], im Vergabeverfahren jedoch auch nicht erforderlich. Die hier wesentlichen Funktionen lassen sich durch elektronische Signaturen umsetzen. Unter Sicherheitsaspekten entsprechen dabei weder die einfache noch die fortgeschrittene Signatur des modernen SigG der früheren digitalen Signatur, vielmehr müsste diese durch die qualifizierte oder – sofern man die Sicherheitseinstufung der zertifizierenden Stelle mit in den Vergleich einbezieht – gar durch die akkreditierte Signatur ersetzt werden.

c) Beweisaspekte. Nach § 126a BGB genügen qualifizierte elektronische Signaturen den Anforderungen an die gesetzlich vorgeschriebene schriftliche Form. Im Zivilprozess werden elektronische Dokumente als Augenscheinsobjekte eingeführt[86]. Mit einer qualifizierten Signatur versehene elektronische Dokumente sind nach § 371a Abs. 1 ZPO privaten Urkunden gleichgestellt. Der Anschein der Echtheit einer solchen Erklärung kann daher nur durch Tatsachen erschüttert werden, die ernstliche Zweifel daran begründen, dass die Erklärung vom Signaturschlüssel-Inhaber abgegeben worden ist. Der Empfänger eines mit qualifizierter Signatur versehenen Angebotes kann den Absender an diesem festhalten, solange dieser nicht schlüssig Tatsachen vorträgt, die einen abweichenden Geschehensablauf ernsthaft als möglich erscheinen lassen[87]. Allerdings muss der Empfänger zuvor nachweisen, dass die als Beweismittel vorgelegte Signatur alle Voraussetzungen nach § 2 Nr. 3 und 3 SigG erfüllt und nach dem SigG prüfbar ist[88]. Dieses Nachweisproblem tritt bei „akkreditierten“ Signaturen nicht auf, denn bei diesen greift die Sicherheitsvermutung des § 15 Abs. 1 S. 4 SigG. Weil im Akkreditierungsverfahren geprüft wird, ob die Anforderungen aus §§ 126a BGB, 3a VwVfG eingehalten werden, können Signator, Empfänger und Dritter sicher sein, dass die Signatur formgerecht und damit rechtswirksam ist[89]; die akkreditierte Signatur entspricht daher am besten der Unterschrift[90]. Dagegen spielt die längere Prüfbarkeit der Zertifikate, auf denen akkreditierte Signaturen basieren, im Vergabeverfahren keine Rolle.

[85] Beispielhaft sei die Warnfunktion der eigenhändigen Unterschrift genannt – relevant z.B. bei der Bürgschaft, § 766 BGB – die im elektronischen Verkehr mitunter nur schwer ersetzt werden kann; hierzu *Bergfelder*, Kapitel 4, Abschnitt B III 2 g. Im Vergabeverfahren spielt die Warnfunktion der Unterschrift keine Rolle, vgl. *Kratzenberg* in Ingenstau/Korbion, § 21 VOB/A Rdn. 2.

[86] *Berger*, S. 1016.

[87] *Viefhues*, S. 1014.

[88] *Roßnagel*, Hoffnungen und Herausforderungen, S. 36.

[89] *Roßnagel*, Hoffnungen und Herausforderungen, S. 34.

[90] *Roßnagel*, Rechtliche Unterschiede, S. 218.

d) Gemeinschaftsrechtliche Aspekte. § 23 SigG regelt die Anerkennung ausländischer Signaturen und Produkte in Deutschland. Nach Abs. 1 sind elektronische Signaturen, für die ein ausländisches qualifiziertes Zertifikat aus einem anderen Mitgliedstaat der Europäischen Union oder aus einem anderen Vertragsstaat des Abkommens über den Europäischen Wirtschaftsraum vorliegt, qualifizierten elektronischen Signaturen gleichgestellt, soweit sie Art. 5 Abs. 1 der Signatur-Richtlinie entsprechen. Während ausländische *qualifizierte* Signaturen damit automatisch und ohne jegliche Prüfung inländischen qualifizierten Signaturen gleichgestellt sind, ist das bei *akkreditierten* Signaturen aus dem Ausland nicht der Fall: Nach § 23 Abs. 2 SigG sind ausländische elektronische Signaturen „akkreditierten" Signaturen nur dann gleichgestellt, wenn sie *nachweislich* eine gleichwertige Sicherheit aufweisen. Hierzu ist eine positive Feststellung der Bundesnetzagentur erforderlich[91]. Qualifizierte Signaturen sind daher einfacher zwischen den Mitgliedstaaten austauschbar und stellen geringere Hürden für ausländische Bewerber dar[92].

3. Folgerung

Das Sicherheitsniveau der akkreditierten Signatur entspricht demjenigen der früheren, „digitalen" Signatur. Allerdings bietet das heutige SigG nicht nur eine einzige Signaturvariante, sondern deren vier, die sich nicht nur in ihrer Sicherheit, sondern auch durch den mit ihnen verbunden technischen, organisatorischen und nicht zuletzt auch finanziellen Aufwand für den Benutzer unterscheiden. Die „höherwertigen" Signaturformen haben sich auch deshalb auf dem Markt noch nicht durchsetzen können[93]. Hinzu kommt, dass nicht bei jedem rechtsgeschäftlichen Kontakt die maximal mögliche Sicherheit erforderlich ist; oft genügt ein System mit geringerer Sicherheit, aber zugleich niedrigeren technischen Anforderungen. Damit die elektronische Verfahrensabwicklung möglichst vielen interessierten Unternehmen offensteht, dürfen keine überhöhten technischen Anforderungen vorgeschrieben werden. Unter dem Gesichtspunkt der Verhältnismäßigkeit und Angemessenheit[94] ist daher zu prüfen, inwieweit im Vergabeverfahren tatsächlich die akkreditierte Signatur erforderlich ist.

Nach Art. 5 Abs. 2 der Signatur-Richtlinie dürfen elektronische Signaturen nicht allein deshalb diskriminiert werden, weil sie nicht auf einem qualifizierten Zertifikat beruhen oder nicht von einer sicheren Signaturerstellungseinheit erstellt wurden. Dies trifft für einfache und fortgeschrittene elektronische Signaturen zu, die mit-

---

[91] *Roßnagel*, Hoffnungen und Herausforderungen, S. 41.
[92] So im Ergebnis auch *Kratzenberg* in Ingenstau/Korbion, § 15 VgV Rdn. 7.
[93] *Forgó*, S. 43.
[94] *Eifert/Schreiber*, S. 344 nennen dies anschaulich die „Justierung des Sicherheitsniveaus".

hin nicht allein aufgrund ihrer geringeren Sicherheit diskriminiert werden dürfen. Unter Berufung auf dieses Diskriminierungsverbot könnte man aus dem Umstand, dass eine Überleitungsvorschrift vom SigG 1997 zum heutigen SigG fehlt, folgern, dass die digitale Signatur durch jede der modernen Signaturformen ersetzt werden kann, also auch durch die einfache und die fortgeschrittene elektronische Signatur. Diese letzteren Signaturvariaten stellen nur geringe technische Anforderungen an den Verwender und erscheinen wegen der geringen Verbreitung höherwertiger Signaturformen besonders geeignet, der Angebotsabgabe in elektronischer Form zum Durchbruch zu verhelfen. Bei teleologischer Reduktion der – nicht an den Wortlaut des SigG angepassten – Formvorschriften der VOB/A und VOL/A könnte man daher als Ersatz für die „digitale“ Signatur die einfache oder die fortgeschrittene elektronische Signatur des heutigen SigG ansehen.

Dagegen spricht jedoch, dass sich im Vergabeverfahren viele Bieter um einen zu vergebenden Auftrag bewerben. Der Zuschlag auf ein Angebot ist mit der Ablehnung aller übrigen, nicht zum Zuge kommenden Angebote verbunden. Der Auftraggeber hat daher ein besonderes Interesse daran, jeden Bieter an seinem Angebot festhalten zu können; die Unterschrift hat die Funktion, das Angebot für den Bieter verbindlich zu machen[95]. Andernfalls könnte die Situation eintreten, dass dem Bieter, dessen Angebot den Zuschlag erhielt, sein angebotener Preis nachträglich zu niedrig erscheint und er sich daher von ihm lösen möchte. Hierzu könnte er behaupten, das fragliche Angebot stamme nicht von ihm. Eine neuerliche Durchführung des Verfahrens wäre erforderlich, was nicht nur mit Kosten für alle Beteiligten verbunden wäre, sondern auch die Bedarfsdeckung des Auftraggebers wesentlich verzögern würde. Um diesem Risiko vorzubeugen, muss eine Signaturvariante gewählt werden, die eine sichere Zuweisung eines Angebots zu einem Absender ermöglicht. Gerade dies ist jedoch bei der einfachen und der fortgeschrittenen Signatur nicht möglich.

Diese Zuordnung kann unterhalb der akkreditierten Signatur jedoch auch durch die qualifizierte Signatur gewährleistet werden. Diese stellt geringere technische und organisatorische Anforderungen an den Zertifizierungsdiensteanbieter, da dieser keine aufwendige Akkreditierung durchführen muss. Qualifizierte Signaturen werden für den Signator daher vermutlich billiger sein. Weil die elektronische Vergabe aus Gründen des Diskriminierungsverbots[96] möglichst geringe technische Anforderungen stellen sollte, ist die qualifizierte Signatur daher vorzuziehen.

Zudem muss berücksichtigt werden, dass das SigG 1997 nur eine einzige „Sicherheitsstufe“ kannte, während das heutige SigG deren vier vorsieht. Die an das

[95] *Kratzenberg* in Ingenstau/Korbion, VOB/A § 21 Rdn. 2.
[96] Vgl. oben, S. 13.

neue Signaturrecht angepassten Vorschriften zur elektronischen Form im Zivilrecht (§ 126a BGB) und im Verwaltungsrecht (etwa § 3a Abs. 2 VwVfG) verlangen nicht die höchste Sicherheitsstufe der akkreditierten Signatur, sondern lassen die qualifizierte Signatur ausreichen. Auch § 15 VgV, die bislang einzige an das moderne SigG angepasste Norm des Vergaberechts, verlangt lediglich die qualifizierte Signatur. Angesichts dessen ist davon auszugehen, dass bei einer Anpassung auch der übrigen Vergabevorschriften an das neue Signaturgesetz wohl nicht die höchste Sicherheitsstufe verlangt würde, dies auch vor folgendem Hintergrund:

Würde man die maximal mögliche Sicherheit verlangen, würde die folgende, unbefriedigende Situation eintreten. Im Rahmen der VOL/A genügt für Aufträge oberhalb des Schwellenwertes die qualifizierte Signatur (§ 15 VgV). Unterhalb des Schwellenwertes (im 1. Abschnitt) wäre als Ersatz für die digitale Signatur die akkreditierte Signatur zu verlangen. In der VOB/A reichte im 2. und 3. Abschnitt wegen §§ 126, 126a BGB die qualifizierte Signatur aus, im 1. Abschnitt – mangels Vorliegen einer „gesetzlichen“ Schriftform – wäre wiederum die akkreditierte Signatur zu verwenden. Folge wäre, dass bei Aufträgen mit hohem Auftragswert (bei denen also ein größeres Sicherheitsinteresse besteht) die – weniger sichere – qualifizierte Signatur ausreichte, während bei Auftragsvolumina unterhalb der Schwellenwerte die sicherere, aber aufwendigere akkreditierte Signatur verlangt würde. Hierin liegt ein Missverhältnis, weil einerseits das Sicherheitsbedürfnis auf den Kopf gestellt würde, andererseits aber bei kleineren Aufträgen, um die sich verstärkt kleinere und damit weniger finanzstarke Unternehmen bewerben werden, kostenintensivere akkreditierte Signaturen verwendet werden müssten.

Zur Harmonisierung der Anforderungen ist es daher sinnvoll, einheitlich in allen Fällen die qualifizierte Signatur ausreichen zu lassen[97]. Selbstverständlich steht es Anwendern und Nutzern frei, statt eines bestimmten geforderten oder erlaubten Signaturverfahrens ein höherwertiges Verfahren einzusetzen[98], also ihre Angebote mit akkreditierter Signatur einzureichen. Auf Empfängerseite ist die Prüfung solcher Daten nicht mit einem erhöhten Aufwand verbunden. Bestreitet der Absender eines elektronischen, mit qualifizierter Signatur versehenen Angebotes die Echtheit der Erklärung, muss der Empfänger nachweisen, dass die Signatur alle Voraussetzungen nach § 2 Nr. 3 und 3 SigG erfüllt und nach dem SigG prüfbar ist. Es ist dann am Absender der Erklärung, Tatsachen vorzutragen, aus denen sich schlüssig ergibt, dass er die Erklärung nicht abgegeben hat[99]. Gelingt ihm dies nicht, bleibt er an sein Angebot gebunden.

[97] So auch *Heiermann* et al., Teil A § 21 Rdn. 5c; *Marbaise*, S. 122; im Ergebnis auch *Denk* et al., S. 135.

[98] *Roßnagel*, Rechtliche Unterschiede, S. 221.

[99] Vgl. oben, S. 42.

C. Vorschriften zur Vertraulichkeit

Bieter, die im Rahmen eines Vergabeverfahrens Angebote ausarbeiten und beim Auftraggeber einreichen, haben ein Interesse daran, dass die Details ihres Angebots Dritten nicht bekannt werden. Denn mit dem Angebot geben die Bieter notwendig auch Einblick in ihre internen Kalkulationsgrundlagen, ihre Geschäftsgeheimnisse und ihr Know-how[100]. Darüber hinaus hat auch der Auftraggeber ein Interesse daran, dass abgegebene Angebote geheim bleiben, damit im Rahmen eines unverfälschten Wettbewerbs das wirtschaftlich günstigste Angebot gefunden werden kann. Die Verpflichtung des Auftraggebers zur vertraulichen Behandlung der ihm überlassenen Angebote und Anträge auf Teilnahme ergibt sich in erster Linie aus den Verdingungsordnungen, weiter auch aus sonstigen Gesetzen.

I. Vertraulichkeit nach vergaberechtlichen Vorschriften

Nach § 22 Nr. 6 Abs. 1 VOL/A, § 22 Nr. 8 VOB/A besteht bis zum Ablauf der Angebotsfrist und dem Beginn des Eröffnungstermins bzw. der Verhandlung zur Öffnung der Angebote eine absolute Geheimhaltungspflicht hinsichtlich des Inhalts der eingereichten Angebote. Die Angebote müssen nicht nur vor Dritten geheimgehalten werden, auch der Auftraggeber selbst darf von ihrem Inhalt nicht verfrüht Kenntnis nehmen.

Neben der ausdrücklichen Nennung in den zitierten Vorschriften folgt die Verpflichtung zur vertraulichen Behandlung der eingereichten Unterlagen auch aus dem Wettbewerbsprinzip, weil echter Wettbewerb nur dann entstehen kann, wenn die einzelnen Bieter ihre Angebote in Unkenntnis der Angebote ihrer Konkurrenten ausarbeiten.

II. Datenschutzrechtliche Vorschriften

1. Anwendbarkeit des BDSG

Das Vergaberecht enthält keine spezifischen Datenschutzvorschriften. Nach § 1 Abs. 3 S. 2 BDSG bleibt die Verpflichtung zur Wahrung gesetzlicher Geheimhaltungspflichten neben den Vorschriften des BDSG unberührt, Datenschutzrecht kann daher neben dem Vergaberecht zur Anwendung kommen, soweit der persönliche und sachliche Anwendungsbereich des BDSG eröffnet ist. Dies ist nicht offensichtlich der Fall, da im Rahmen des Vergabeverfahrens in erster Linie nicht personenbezogene Daten, sondern Betriebs- und Geschäftsgeheimnisse betroffen sind[101].

---

[100] *Jasper* in Motzke/Pietzcker/Prieß, § 24 VOB/A Rdn. 38; *Schäfer* in Motzke/Pietzcker/Prieß, § 22 VOB/A Rdn. 1; *Reidt* in Reidt/Stickler/Glahs, § 111 GWB Rdn. 12.

[101] *Gröning* in Motzke/Pietzcker/Prieß, § 111 GWB Rdn. 15.

2. Sachlicher Anwendungsbereich

Die Bestimmungen des Vergaberechts zum Umgang mit vertraulichen Angeboten der Bieter sind auf den Schutz von Firmen- und Geschäftsgeheimnisse der Unternehmen ausgerichtet, während datenschutzrechtliche Vorschriften in Deutschland bislang ausschließlich *personenbezogene* Daten schützen. Dies sind allein solche Daten, die sich auf natürliche Personen beziehen. In der Regel beanspruchen juristische Personen – im Gegensatz zu natürlichen Personen – keinen „persönlichen" Lebens- und Entfaltungsbereich für sich und müssen nicht befürchten, dass „persönliche Lebenssachverhalte" offenbart werden[102]. Zwar sind als „personenbezogen" auch solche Daten anerkannt, die über den Bereich des menschenwürdebezogenen Geheimnisbereichs hinausgehen und die etwa das Konsumverhalten oder die wirtschaftliche Leistungsfähigkeit betreffen[103]. Das Bundesverfassungsgericht hat in einer Reihe von Entscheidungen das Interesse juristischer Personen am Schutz gegen unbegrenzte Erhebung, Speicherung, Verwendung oder Weitergabe der auf sie bezogenen, individualisierten oder individualisierbaren Daten anerkannt[104]. Eine Gleichstellung von Betriebs- und Geschäftsgeheimnissen mit personenbezogenen Daten besteht dennoch nur in einigen Spezialgesetzen[105], die hier nicht einschlägig sind.

Allerdings ist denkbar, dass Angebote auch Einzelangaben über persönliche oder sachliche Verhältnisse einer bestimmten oder bestimmbaren *natürlichen* Person enthalten, die nach § 3 Abs. 1 BDSG als personenbezogene Daten besonderen Schutz genießen. Angebote enthalten neben den Preisen – je nach Verlangen des Auftraggebers – auch Angaben zum Nachweis der Eignung des Bieters[106]. Hierbei handelt es sich namentlich um folgende Angaben (§ 8 Nr. 3 Abs. 1 VOB/A):

- Angaben über den Umsatz des Unternehmers, soweit er Leistungen betrifft, die mit der zu vergebenden Leistung vergleichbar sind (lit. a),
- Angaben über die Ausführung von solchen vergleichbaren Leistungen (lit. b),
- die Zahl der vom Bieter beschäftigten Arbeitskräfte, gegliedert nach Berufsgruppen (lit. c),

[102] Hierauf stellte das BVerfG bei der Verankerung des Datenschutzes ursprünglich ab: BVerfGE 65, 1, 42.
[103] *Roßnagel/Pfitzmann/Garstka*, S. 64.
[104] BVerfGE 67, 100, 142f.; BVerfGE 77, 1, 47f. (Neue Heimat).
[105] § 35 Abs. 4 SGB I, § 30 AO.
[106] § 8 Nr. 3 VOB/A; die VOL/A enthält keinen vergleichbaren Katalog, es gelten jedoch die gleichen Grundsätze, vgl. *Schaller*, § 7 VOL/A Rdn. 52.

- Angaben zur technischen Ausrüstung, die dem Bieter zur Ausführung der zu vergebenden Leistung zur Verfügung steht (lit. d),
- Angaben über das für die Leitung und Aufsicht vorgesehene technische Personal (lit. e),
- die Eintragung in das Berufsregister (lit. f).

Bei diesen Angaben ist ein personeller Bezug ausgeschlossen mit Ausnahme von lit. a und e: Bei den nach lit. a erforderlichen Umsatzangaben mag ein Rückschluss auf die Einkommensverhältnisse des Unternehmers nicht ausgeschlossen sein, insbesondere bei Einzelkaufleuten, Gewerbetreibenden oder der Ein-Mann-GmbH[107]. Die Angaben zu dem vom Unternehmer eingesetzten technischen Personal (lit. e) umfassen auch Angaben zur Fachkunde des Leistungs- und Aufsichtspersonals, deren Ausbildung und Erfahrung[108]. Bei einer hinreichend kleinen Belegschaft des Bieters sind damit Rückschlüsse auf die von ihm Beschäftigten möglich, ein Personenbezug ist dann auch ohne namentliche Nennung der Betroffenen gegeben[109].

Enthalten Angebote mit den Nachweisen der Eignung des Bieters damit auch personenbezogene Daten, sind bei der Einholung, Speicherung, Verarbeitung und einer möglichen Weitergabe der vertraulichen Angebote auch die Vorschriften des BDSG zu berücksichtigen.

3. Datenschutzrechtliche Schranken

Soweit ein Angebot Angaben zum Umsatz eines Unternehmers enthält (§ 8 Nr. 3 Abs. 1 lit. a VOB/A), mögen personenbezogene Daten des Bieters bzw. des hinter diesem stehenden Kaufmannes betroffen sein. Die Erstellung des Angebots und dessen Übertragung an den Auftraggeber fallen allerdings aus dem Schutzbereich des Datenschutzrechts heraus, weil die Daten des Betroffenen insoweit von diesem selbst bzw. durch von ihm – im Rahmen des Beschäftigungsverhältnisses – ermächtigte Personen verarbeitet werden.

Bei der Verwahrung des (elektronischen) Angebotes bis zum Öffnungszeitpunkt und der anschließenden Wertung des Angebotes hat der Auftraggeber spezifisch datenschutzrechtliche Vorschriften zu beachten. Das BDSG gilt für öffentliche Auftraggeber insbesondere, soweit diese öffentliche Stellen des Bundes (§ 1 Abs. 2 Nr. 1 BDSG) oder nicht-öffentliche Stellen sind[110]. Für öffentliche Stellen der Länder

[107] *Duhr* in Roßnagel, Handbuch Datenschutzrecht, S. 1171.

[108] *Prieß/Hausmann* in Motzke/Pietzcker/Prieß, § 8 VOB/A Rdn. 81.

[109] *Tinnefeld* in Roßnagel, Handbuch Datenschutzrecht, S. 491.

[110] Nach § 98 GWB sind öffentliche Auftraggeber nicht zwingend öffentliche Stellen; auch juristische Personen des privaten Rechts sind unter bestimmten Voraussetzungen an das Vergaberecht gebunden.

ist das BDSG nur anwendbar, soweit diese Stellen Bundesrecht ausführen oder sie – außerhalb der internen Verwaltung – als Organe der Rechtspflege tätig werden (§ 1 Abs. 2 Nr. 2 a und b BDSG); andernfalls gilt das jeweilige Landesrecht. Im folgenden sollen nur die Vorschriften des BDSG dargestellt werden:

Abhängig davon, ob der Auftraggeber eine öffentliche oder nicht-öffentliche Stelle im Sinne von § 1 Abs. 2 BDSG ist, sind danach die §§ 12-26 oder §§ 27-38a BDSG anwendbar.

Eine Speicherung, Veränderung und Nutzung personenbezogener Daten durch öffentliche Stellen ist gem. § 14 BDSG zulässig, wenn diese Verarbeitung zur Erfüllung der in der Zuständigkeit der verantwortlichen Stelle liegenden Aufgaben erforderlich ist und es für die Zwecke erfolgt, für die die Daten erhoben worden sind. Im Regelfall wird die Vergabe von Aufträgen nicht Aufgabe des Auftraggebers sein[111], die Vergabe dient aber dazu, dem Auftraggeber die Erfüllung der ihm zugewiesenen Aufgaben zu ermöglichen, indem sein Bedarf an Leistungen oder Gütern gedeckt wird. Die Verarbeitung der Daten ist im Rahmen der Wertung der Angebote damit erforderlich und zulässig.

Gegenüber der öffentlichen Stelle kann der Betroffene nach § 19 BDSG Auskunft verlangen über die zu seiner Person gespeicherten Daten, im Falle einer Weitergabe die Empfänger der Daten und den Zweck der Speicherung. Ein Interesse des Bieters, diese Auskünfte zu verlangen, ist kaum denkbar; schließlich ist ihm der Inhalt des von ihm selbst eingereichten Angebotes ebenso bekannt wie der Zweck der Speicherung. Sollte er dennoch Auskunft verlangen, könnte der Auftraggeber die Auskunft unter Berufung auf § 14 Abs. 4 Nr. 1 BDSG verweigern, da sie für ihn mit erheblichem Aufwand verbunden wäre und zudem die – fristgebundene – Abwicklung des Vergabeverfahrens vereiteln könnte. Auch eine Pflicht zur Benachrichtigung des Betroffenen besteht nach § 19a Abs. 1 BDSG nicht, da die Daten mit Kenntnis des Betroffenen erhoben, nämlich von diesem selbst übermittelt werden.

Für öffentliche Auftraggeber nach § 98 GWB, die nicht-öffentliche Stellen im Sinne von § 1 Abs. 2 Nr. 3 BDSG sind (etwa Auftraggeber im Sektorenbereich oder bei der Vergabe vo Baukonzessionen), gelten die §§ 27-38a BDSG. Vergleichbar § 14 gestattet § 28 Abs. 1 Nr. 2 BDSG die Verarbeitung personenbezogener Daten, soweit dies zur Erfüllung eigener Geschäftszwecke und zur Wahrung *berechtigter Interessen* der verarbeitenden Stelle erforderlich ist und kein überwiegendes Ausschlussinteresse des Betroffenen besteht. Ein solches berechtigtes Interesse wird insbesondere bei der Verarbeitung von Kundendaten durch Unternehmen angenommen[112]. Die im Vergabeverfahren verarbeiteten Daten dienen der Beurteilung

[111] Etwas anderes gilt für zentrale Beschaffungsstellen.

[112] *Gola/Schomerus*, § 28 Rdn. 39.

der Leistungsfähigkeit der Bieter und damit den berechtigten Interessen des Auftraggebers; ihre Verarbeitung ist zulässig.

Wie bei öffentlichen Stellen besteht auch bei nicht-öffentlichen Stellen keine Benachrichtigungspflicht gegenüber den Bietern, § 34 Abs. 4 i.V.m. § 33 Abs. 2 S. 1 Nr. 7b BDSG. Die fristgerechte Abwicklung des Vergabeverfahrens wäre durch von Bietern geltend gemachte Auskunftsansprüche gefährdet. Ein rechtlich schützenswertes Interesse des Bieters auf Auskunftserteilung besteht ohnehin nicht, da die Daten bei ihm erhoben wurden.

Soweit das Angebot personenbezogene Daten von Beschäftigten des Bieters enthält (§ 8 Nr. 3 Abs. 1 lit. e VOB/A), ist deren Erhebung, Verarbeitung und Übertragung durch den Bieter, der zugleich Arbeitgeber der Betroffenen ist, durch dessen Direktionsrecht gedeckt. Es ist wesentlicher Bestandteil eines Anstellungsverhältnisses, dass der Arbeitgeber Dritten gegenüber die Identität seiner Arbeitnehmer enthüllen darf, insbesondere wenn es darum geht, potentiellen Kunden Ansprechpartner für bestimmte Anliegen zu nennen. Die Erhebung der Daten – die meist vor der Angebotserstellung abgeschlossen sein wird – dient der Zweckbestimmung des Arbeitsvertrages und ist damit zulässig nach § 28 Abs. 1 S. 1 Nr. 1 BDSG[113]. Das gleiche gilt für die Verarbeitung dieser Daten im Rahmen der Angebotserstellung und für deren Weitergabe an den Empfänger des Angebotes, den Auftraggeber.

Der Auftraggeber wiederum verarbeitet mit den Angeboten zugleich auch die darin enthaltenen personenbezogenen Daten der Mitarbeiter des Bieters. Die obigen Ausführungen zur Verarbeitung der Daten des Unternehmers gelten auch hier; die Speicherung und Nutzung der Daten ist zur Erfüllung der in der Zuständigkeit des Auftraggebers liegenden Aufgaben erforderlich und gerechtfertigt nach § 14 Abs. 1 S. 1 bzw. von seinem berechtigten Interesse im Sinne von § 28 Abs. 1 Nr. 2 BDSG gedeckt. Ein Unterschied zur Interessenlage des Bieters besteht darin, dass im Angebot auch Daten über Personen enthalten sein können, die das Angebot nicht selbst erstellt und übermittelt haben, nämlich sonstige Mitarbeiter des Bieters. Diese haben möglicherweise ein Interesse daran zu erfahren, welche Angaben das Angebot über sie enthält. Eine Auskunftserteilung kann dennoch unterbleiben, weil eine solche das Erreichen des Zwecks des Vergabeverfahrens zu vereiteln drohte, § 19 Abs. 4 Nr. 1 bzw. §§ 34 Abs. 4, 33 Abs. 2 S. 1 Nr. 7b BDSG. Die Betroffenen müssen nicht benachrichtigt werden, weil dies einen – im Verhältnis zur Intensität des Eingriffs – unverhältnismäßigen Aufwand erforderte. Das Informationsinteresse der Betroffenen ist nur marginal[114].

[113] Vgl. *Büllesbach* in Roßnagel, Handbuch Datenschutzrecht, S. 953.

[114] *Gola/Schomerus*, § 19a Rdn. 8.

Der Auftraggeber hat nach dem BDSG auch organisatorische Anforderungen an die Sicherheit seiner Verarbeitungsvorgänge zu erfüllen. Zu nennen sind hier die Bestellung eines Beauftragten für den Datenschutz (§ 4f BDSG), die Einhaltung des Datengeheimnisses (§ 5) und weitere technische und organisatorische Maßnahmen (§ 9 BDSG). Diese Anforderungen treffen den Auftraggeber allerdings nicht nur, soweit er ein Vergabeverfahren durchführt, sondern sie gelten für jeden Auftraggeber, der personenbezogene Daten verarbeitet.

Es ist daher festzuhalten, dass sich aus datenschutzrechtlichen Vorschriften keine besonderen, gesteigerten Anforderungen ergeben, die über das hinausgingen, was nach anderen Vorschriften zur Sicherung der Betriebs- und Geschäftsgeheimnisse erforderlich ist.

III. Strafrechtlicher Geheimnisschutz

Einzelne Normen sowohl des StGB als auch des UWG stellen die unbefugte Weitergabe und Verwertung fremder Geheimnisse unter Strafe. Gemein ist diesen Vorschriften das Tatobjekt, nämlich das *Betriebs- oder Geschäftsgeheimnis* (§ 203 StGB, § 17 UWG). Hierunter sind alle Tatsachen zu verstehen, die im Zusammenhang mit einem Geschäftsbetrieb stehen, nicht offenkundig sind und nach dem bekundeten Willen des Inhabers geheimgehalten werden sollen, sofern ein berechtigtes wirtschaftliches Interesse an der Geheimhaltung besteht[115].

Im Rahmen einer öffentlichen Ausschreibung ist insbesondere der Inhalt des Angebots als ein solches Geheimnis zu behandeln[116]. Es ist nur dem jeweiligen Anbieter und – nach dessen berechtigter Kenntnisnahme – dem Auftraggeber bekannt; damit ist es noch nicht offenkundig, weil es weder jedermann bekannt noch ohne weiteres zugänglich ist[117]. Untersagt ist die Weitergabe des Geheimwissens an Dritte (das „Offenbaren“ im Sinne von § 203 StGB bzw. das „Mitteilen“ im Sinne von § 17 UWG).

Die vertraulichen Angebotsunterlagen enthalten Betriebs- bzw. Geschäftsgeheimnisse sowohl des Auftraggebers als auch des Bieters. Wegen des erforderlichen Zusammenhangs zwischen Dienstverhältnis und Kenntniserlangung wird in der Praxis meist auf den Umstand abgestellt, dass der Täter Geheimnisse seines *eigenen* Betriebes verrät. Auch beim Geheimnisverrat im Zusammenhang mit öffentlichen Ausschreibungen sieht die Rechtsprechung die Angebotsunterlagen in der Regel (ausschließlich) als Geheimnis der *ausschreibenden Stelle* an, weil sie zum

[115] BGH GRUR 55, 424, 425 (Möbelwachspaste); GRUR 61, 40, 43 (Wurftaubenpresse); *Baumbach/Hefermehl*, UWG § 17 Rdn. 2; *Köhler/Piper*, § 17 Rdn. 4.

[116] So auch BGH GRUR 1976, 367, 368 (Ausschreibungsunterlagen); NJW 1995, 2301 und *Harte-Bavendamm/Henning-Bodewig*, § 17 Rdn. 7.

[117] *Köhler/Piper*, § 17 Rdn. 6.

einen nach den Vorgaben der Ausschreibung (Leistungsverzeichnis) errechnet, zum anderen allein aufgrund einer kaufmännischen Initiative dieser Dienststellen, nämlich der in der Ausschreibung zum Ausdruck gebrachten Nachfrage, entstanden sind[118].

Es erscheint daneben aber zumindest nicht ausgeschlossen, die unbefugte Weitergabe von Angebotsunterlagen oder darin enthaltenen Informationen durch Sachbearbeiter des Auftraggebers – auch – als Verrat von Geheimnissen eines *fremden* Betriebes, nämlich des jeweiligen *Bieters* anzusehen[119]. § 17 UWG und § 203 StGB verlangen nicht, dass der Täter Geheimnisse „seines" Geschäftsbetriebes weitergeben muss. „Anvertraut" sind dem Sachbearbeiter eines öffentlichen Auftraggebers auch die Angebotsunterlagen im Vergabeverfahren; die Geheimhaltungspflicht ergibt sich aus den Umständen, aber auch aus den Verdingungsordnungen. Daraus folgte auch für die Zeit nach Abschluss des Vergabeverfahrens eine strafrechtlich sanktionierte Verpflichtung des Auftraggebers, die Angebotsunterlagen vertraulich zu behandeln: Während ein Geheimhaltungsinteresse des Auftraggebers nach Abschluss des Vergabeverfahrens nicht mehr zwingend gegeben ist – er hat sein Ziel, in einem Wettbewerbsverfahren das wirtschaftlichste Angebot zu finden, bereits erreicht[120] – besteht das Geheimhaltungsinteresse des einzelnen Bieters über den Zuschlag hinaus fort. Dies fällt jedoch zeitlich aus dem vorliegend untersuchten Ausschnitt des Vergabeverfahrens heraus.

D. Zentrale Grundsätze des Vergaberechts

In Deutschland hat die Rechtsprechung aus dem GWB und den Verdingungsordnungen, soweit diese Rechtsnormqualität haben[121], Anforderungen abgeleitet, die mit dem Prinzipienkanon des europäischen Vergaberechts übereinstimmen: dem *Diskriminierungsverbot* (dieses schließt die Verpflichtung zur *Transparenz* ein, damit festgestellt werden kann, ob das Verbot befolgt worden ist); und dem *Wettbewerb durch Öffentlichkeit*, die den Markt öffnet und die Nachprüfung ermöglicht, ob das Verfahren unparteiisch durchgeführt wurde[122]. Die drei Prinzipien lassen sich in ihren Auswirkungen nicht trennscharf voneinander abgrenzen, sondern durchdringen und bedingen einander gegenseitig[123].

Im noch geltenden deutschen Recht stellt § 97 GWB Grundregeln auf, die für

[118]BGH NJW 1995, 2301.
[119]So auch *Meyer*, S. 571.
[120]*Meyer*, S. 571.
[121]Vgl. dazu oben, S. 39.
[122]EuGH, Urt. v. 7.12.2000 – Rs. C-324/98 – Slg. 2000, I-10745 (*Teleaustria*), Rdn. 60 f.
[123]So etwa das OLG Brandenburg, NVwZ 1999, 1142 (enger und unauflöslicher Zusammenhang).

das gesamte öffentliche Beschaffungswesen gelten[124]. Die zentralen Maximen sind diese: Das Vergabeverfahren wird vom Wettbewerbsprinzip beherrscht; der Wettbewerb wird durch transparente Verfahren umgesetzt, bei denen die Marktteilnehmer gleich zu behandeln sind, Diskriminierungen sind grundsätzlich verboten[125].

I. Wettbewerbsprinzip

Die Aufgabe des Vergaberechts besteht darin, den Wettbewerb vor wettbewerbsbeschränkenden Vereinbarungen und anderen Praktiken zu schützen, die die wirtschaftliche Betätigungsfreiheit einengen[126]. Wettbewerbsfreiheit ist die Freiheit zum Wettbewerb und im Wettbewerb[127]. Essentieller Bestandteil des Wettbewerbs – und damit auch der öffentlichen Auftragsvergabe – ist der freie Marktzugang für alle potentiellen Bewerber[128].

§ 97 Abs. 1 GWB bestimmt, dass öffentliche Auftraggeber Leistungen im Wettbewerb zu beschaffen haben. Das Wettbewerbsprinzip ist danach das Kernprinzip des deutschen Vergaberechts[129]; es beinhaltet zugleich die weiteren Forderungen des transparenten und diskriminierungsfreien Verfahrens, weil nur unter diesen Bedingungen echter Wettbewerb zustande kommt, der Voraussetzung ist für preislich angemessene Angebote.

Der Wettbewerb um einen öffentlichen Auftrag ist dabei um so intensiver (und die Wahrscheinlichkeit, dass ein Angebot mit angemessenem Preis den Zuschlag erhält, um so größer), je mehr Unternehmen sich an der Ausschreibung beteiligen. Voraussetzung hierfür ist, dass sie von der geplanten Ausschreibung informiert werden. Hierzu dienen die Bekanntmachungsvorschriften der Verdingungsordnungen und die Vergabe im Offenen Verfahren, das nach § 105 Abs. 5 GWB vorrangig anzuwenden ist[130].

Um einen möglichst unbehinderten, chancengleichen Wettbewerb bei der Vergabe zu verwirklichen, muss der Auftraggeber auf solche Bedingungen für den Wettbewerb um den einzelnen Auftrag verzichten, die die Teilnahme erschweren[131]. Hierunter fallen auch die Rahmenbedingungen des Vergabeverfahrens als solchem.

Ausfluss des Wettbewerbsprinzips ist auch die Verpflichtung des Auftraggebers, die ihm übermittelten Informationen vertraulich zu behandeln (dazu unten, S. 46),

[124] *Korbion*, § 97 Rdn. 2.
[125] *Motzke* in Motzke/Pietzcker/Prieß, Syst III, Rdn. 179; Niebuhr et al.-*Niebuhr*, § 97 Rdn. 2.
[126] Niebuhr et al.-*Niebuhr*, § 97 Rdn. 8.
[127] *Schliesky*, S. 82.
[128] *Rittner*, Rechtsgrundlagen und Rechtsgrundsätze, S. 43.
[129] *Thieme* in Langen/Bunte, § 97 GWB Rdn. 2; *Ax/Schneider/Nette*, S. 11; Niebuhr et al.-*Niebuhr*, § 97 Rdn. 2.
[130] *Ax/Schneider/Nette*, S. 13. Die Richtlinien sehen eine solche Rangfolge nicht vor.
[131] Niebuhr et al.-*Niebuhr*, § 97 Rdn. 23.

weil das Vergabeverfahren so zu gestalten ist, dass Wettbewerbsverstöße der Bieter durch Absprachen untereinander verhindert werden[132]. Die Geheimhaltung nicht nur der Angebote an sich, sondern bereits der Namen der Bieter soll Preisabsprachen der Bieter untereinander verhindern[133]. Gleichzeitig soll so verhindert werden, dass Konkurrenten Kenntnis von internen Kalkulationen ihrer Mitbewerber erhalten. Die Geheimhaltung schützt daher sowohl den Auftraggeber als auch die Bieter[134]. Diesem Geheimhaltungsinteresse muss in allen Verfahrensschritten möglichst weit Rechnung getragen werden.

II. Transparenzgebot

Zur Gewährleistung des freien Wettbewerbs stellt § 97 Abs. 1 GWB weiter klar, dass das Vergabeverfahren transparent zu organisieren ist[135]. Nur ein transparentes Verfahren ermöglicht echten Wettbewerb[136] und ermöglicht die Prüfung, ob der Gleichbehandlungsgrundsatz (dazu sogleich) beachtet wurde[137].

Das Transparenzgebot bezieht sich zunächst auf das Vergabeverfahren selbst; dieses muss möglichst übersichtlich und nachvollziehbar ausgestaltet werden[138]. Das Transparenzgebot kommt weiterhin in den Bekanntmachungsvorschriften der Verdingungsordnungen zum Ausdruck[139]. Bereits im Vorfeld einer einzelnen Vergabe muss der Auftraggeber – abhängig vom Auftragsvolumen – in geeigneter Art und Weise seine Absicht bekannt machen, einen Auftrag vergeben zu wollen (§ 17a Nr. 1 VOB/A, § 17a Nr. 2 VOL/A, § 9 Abs. 1 VOF). Die zentrale Bedeutung der Bekanntmachung für ein transparentes Verfahren ist auch in der Rechtsprechung des EuGH immer wieder herausgestellt worden, denn die Bekanntmachungen sollen den in der Gemeinschaft ansässigen Unternehmern ein Urteil darüber ermöglichen, ob ein Auftrag für sie von Interesse ist[140].

Ein transparentes Verfahren erfordert es, dass auch der Entscheidungsprozess und die abschließend getroffene Vergabeentscheidung selbst transparent, d.h. für

[132] *Götz*, S. 38.
[133] Niebuhr et al.-*Niebuhr*, § 97 Rdn. 34.
[134] *Reus*, S. 392.
[135] Niebuhr et al.-*Niebuhr*, § 97 Rdn. 82.
[136] *Ax/Schneider/Nette*, S. 15.
[137] EuGH, Urt. v. 18.10.2001 – Rs. C-19/00 – Slg. 2001, I-7725 (*SIAC Construction*), Rdn. 41.
[138] Niebuhr et al.-*Niebuhr*, § 97 Rdn. 88..
[139] Niebuhr et al.-*Niebuhr*, § 97 Rdn. 84.
[140] EuGH, Urt. v. 20.9.1988 – Rs. 31/87 – Slg. 1988, 4635 (*Beentjes*), Rdn. 34. Die Bekanntmachungen müssen dabei den in den Richtlinien enthaltenen, verbindlichen Bekanntmachungsmustern entsprechen, vgl. EuGH, Urt. v. 24.1.1995 – Rs. C-359/93 – Slg. 1995, I-157 (*Wetterwarte*), Rdn. 20.

den Bieter nachvollziehbar sind[141]. Sowohl das GWB (in § 111) als auch die Vergabeverordnung sowie die Verdingungsordnungen sehen Informationspflichten des Auftraggebers und Auskunfts- und Akteneinsichtsrechte Dritter vor. Dabei kann das Transparenzgebot, das grundsätzlich Ausfluss des Wettbewerbsprinzips ist, mit diesem übergeordneten Prinzip jedoch auch in Konflikt geraten, nämlich beim Widerstreit zwischen Auskunfts- und Akteneinsichtsrechten der Bieter einerseits und dem Geheimhaltungsinteresse anderer Bieter andererseits, die die Sicherheit ihrer wertvollen Geschäftsgeheimnisse gewahrt wissen wollen[142]. Die Transparenz des Verfahrens wird daher begrenzt durch den Grundsatz der Vertraulichkeit: Damit Wettbewerb stattfinden kann, muss verhindert werden, dass die Bieter sich untereinander absprechen. Dies ist nur möglich, wenn die jeweiligen Daten unter Verschluss gehalten werden. Gleichzeitig gewährleistet Vertraulichkeit auch Bieterschutz, weil Konkurrenten bei Einsichtnahme in ein Angebot zugleich in die Firmenstruktur und die internen Kalkulationen der Konkurrenz Einsicht erhalten würden[143].

Ein transparentes, elektronisches Vergabeverfahren muss auf einer Technik basieren, die in ihrer Funktionsweise nachvollziehbar und möglichst einfach zu bedienen ist. Sie muss einfachen Zugang zu allen die Bieter interessierenden Informationen ermöglichen. Dies setzt Suchfunktionen voraus, über die die Unternehmen nach für sie interessanten Aufträgen recherchieren können, die also etwa durch den Leistungsort, den Leistungsgegenstand, den Auftragswert, die Ausführungszeit und andere Umstände bestimmt sind. Auch der Abschluss des Verfahrens – die Vergabeentscheidung – muss nachvollziehbar und im Wege des Rechtsschutzes überprüfbar sein. Hierzu gehört die nachvollziehbare Protokollierung aller wesentlichen Verfahrensschritte.

III. Gleichheitsgebot und Diskriminierungsverbot

Nach § 97 Abs. 2 GWB sind alle Bieter gleich zu behandeln, soweit nicht eine Benachteiligung aufgrund des GWB ausdrücklich geboten oder gestattet ist. Dieses Diskriminierungsverbot bezieht sich dabei nicht nur auf die Zuschlagsentscheidung als solche, sondern ist in allen Phasen des Vergabeverfahrens zu beachten[144]. Es verlangt unter anderem die Gleichbehandlung aller Bieter bei der Weitergabe von Informationen[145]; die relevanten Angaben müssen an alle interessierten Unternehmen abgegeben werden, die als Bieter in Betracht kommen.

---

[141] Niebuhr et al.-*Niebuhr*, § 97 Rdn. 101.
[142] *Gröning* in Motzke/Pietzcker/Prieß, § 111 GWB Rdn. 5.
[143] *Schäfer* in Motzke/Pietzcker/Prieß, § 22 VOB/A Rdn. 2.
[144] *Ax/Schneider/Nette*, S. 18.
[145] *Ax/Schneider/Nette*, S. 21.

Dies bedeutet für die elektronische Auftragsvergabe, dass nicht so hohe technische Anforderungen an die Teilnehmer gestellt werden dürfen, dass nur eine kleine Zahl von Bietern mit Aussicht auf Erfolg am Wettbewerb teilnehmen kann. Ideal erscheint daher die Verwendung offener Standards und plattformübergreifender Technologien, weil auf diese Weise möglichst vielen Interessenten die Teilnahme am Verfahren ermöglicht werden kann. Die verwendete Technik muss in allen Mitgliedstaaten zugänglich sein, Anforderungen der Auftraggeber an das Verfahren müssen möglichst technologieneutral formuliert sein.

2. Kapitel: Die Koordinierungs-Richtlinie 2004/18/EG

§ 4. Das Gesetzgebungsverfahren

Am 29.01.2004 beschloß das Europäische Parlament die Annahme des Richtlinienvorschlags der Kommission, nachdem dieser zuvor vom Vermittlungsausschuss geändert worden war. Die Richtlinie 2004/18/EG des Europäischen Parlaments und des Rates über die Koordinierung der Verfahren zur Vergabe öffentlicher Bauaufträge, Lieferaufträge und Dienstleistungsaufträge (im folgenden: BLD-Richtlinie oder Richtlinie) wurde am 31. März 2004 im Amtsblatt veröffentlicht[1].

Zum besseren Verständnis soll im folgenden die Entwicklung der BLD-Richtlinie seit 1996 kurz dargestellt werden. Dabei sollen die Vorschriften zur elektronischen Kommunikation im engeren Sinne im Vordergrund stehen.

A. Grünbuch von 1996

In ihrem Grünbuch zum öffentlichen Auftragswesen benannte die Kommission folgende Hauptziele der Gemeinschaft bei der Gestaltung des öffentlichen Auftragswesens[2]:

- Schaffung der erforderlichen Wettbewerbsbedingungen, um zu gewährleisten, dass öffentliche Aufträge ohne Diskriminierung vergeben werden und das Ziel der rationellen Verwendung öffentlicher Mittel durch die Wahl des besten Angebots erreicht wird;
- Zugang der Unternehmen zu einem gemeinsamen Markt mit großen Absatzmärkten;
- Stärkung der Wettbewerbsfähigkeit der europäischen Unternehmen.

Diese Ziele waren nach Auffassung der Kommission mit den bisherigen Harmonisierungsbemühungen bis 1996 nur unvollständig erreicht worden. Mit ursächlich hierfür seien neben einer nur unvollständigen oder mangelhaften Umsetzung der Richtlinien der Gemeinschaft in den Mitgliedstaaten auch die Komplexität der Vorschriften.

Neben allgemeinen Überlegungen, das Verfahren flexibler zu machen, geht das Grünbuch detailliert auf die Möglichkeiten der Informationstechnologie für das

[1] Amtsblatt Nr. L 134 vom 30.04.2004, S. 114-240.
[2] *Europäische Kommission*, Grünbuch, unter 2.3.

Vergabeverfahren ein. Zunächst sollten diese neuen Technologien dazu genutzt werden, die Bekanntmachung öffentlicher Aufträge und die Weitergabe von Informationen an die Interessenten auf elektronische Medien zu verbessern[3]; statt in Papierform sollten die Informationen etwa als CD-ROM oder insbesondere über das Internet zugänglich gemacht werden. Dadurch würden sich vermutlich auch mehr Unternehmen erreichen lassen als bislang mit der Papierform des Supplements mit einem Umfang (im Jahre 1996) von ca. 300 Druckseiten *pro Tag*[4]. Später sollten alle Möglichkeiten evaluiert werden, die der Einsatz von Computersystemen und Telekommunikationsnetzen in der Auftragsvergabe biete. Die Kommission nannte insbesondere einen „elektronischen Markt", in dem Anbieter ihre Waren und Dienstleistungen in elektronischen Katalogen auflisten, zwischen denen die Auftraggeber einfacher vergleichen können[5]. Ziel sollte also ein „vollelektronisches Ausschreibungssystem" sein, das den gesamten Informationsaustausch (auch während der Laufzeit eines Vertrages) in elektronischer Form ermöglicht[6]. Die Kommission beobachte vergleichbare Projekte im Ausland, bei denen Private in den Informationsvorgang einbezogen würden.

Bereits zu diesem Zeitpunkt wurde die Gefahr erkannt, dass es zu einer Etablierung inkompatibler Standards kommen könnte, was der Verbreitung der elektronischen Vergabe schaden würde. Ursache für solche inkompatible Standards könnten insbesondere innenpolitische Zwänge und einzelstaatliche Interessen sein[7]. Um dem vorzubeugen, sollten die Möglichkeiten einer Standardisierung innerhalb der Unterzeichnerstaaten des GPA untersucht werden.

Besonderes Augenmerk legte die Kommission auf die Rolle der kleineren und mittelgroßen Unternehmen (KMU). Sie stellt fest, bislang werde nur ein vergleichsweise geringer Teil der öffentlichen Aufträge an diese Unternehmen vergeben, obgleich auf diese Unternehmen der größte Teil des im privaten Sektor erwirtschafteten Umsatzes entfalle. Daher sollten die Rahmenbedingungen für die KMU verbessert werden. Hiervon erhoffte sich die Kommission, dass ein „Kern" solcher Unternehmen entstehen solle, der die besonderen Marktchancen nicht nur innerhalb der Gemeinschaft, sondern auch außerhalb nutzen könnte[8]. Die Schwierigkeiten der KMU seien zum Teil deren interner Struktur zuzuschreiben sowie der Diskrepanz zwischen ihrer Leistungsfähigkeit und der Größenordnung der vergebenen Aufträge. Jedoch litten insbesondere die KMU unter unzureichender oder verspäteter

[3] *Europäische Kommission*, Grünbuch, unter 4.13.
[4] *Europäische Kommission*, Grünbuch, unter 4.20.
[5] *Europäische Kommission*, Grünbuch, unter 4.13.
[6] *Europäische Kommission*, Grünbuch, unter 4.23.
[7] *Europäische Kommission*, Grünbuch, unter 4.28.
[8] *Europäische Kommission*, Grünbuch, unter 5.2.

Information durch die Auftraggeber, weil sie wegen kleinerer Personalstärke mehr Zeit brauchen, um Angebote zu erstellen. Zur Verbesserung dieser Situation sah die Kommission - nicht nur hier - Schulungen und spezielles Informationsmaterial dazu vor, wie Angebote zu erstellen sind[9].

Ein erster Schritt in diese aufgezeigte Richtung zur „Elektrifizierung" des Vergabeverfahrens war 1996 die Umsetzung des GPA-Abkommens der Welthandelsorganisation (vgl. dazu oben, S. 20) und die damit verbundene Öffnungsklausel für die Angebotsabgabe in elektronischer Form.

B. Mitteilung der Kommission von 1998

In einer Mitteilung von 1998 zeigte die Kommission die Richtung auf, in der sich nach ihrer Vorstellung die Politik des öffentlichen Auftragswesens in den folgenden fünf Jahren entwickeln sollte[10]. Sie erkannte an, dass das vorhandene Instrumentarium dem sich verändernden wirtschaftlichen Umfeld angepasst werden musste. Insbesondere sollte der Rechtsrahmen vereinfacht und dem neuen „elektronischen Zeitalter" angepasst werden. Von einem vollständig auf elektronischer Basis abgewickelten Auftragswesen erhoffte man sich eine Beschleunigung des Vergabeprozesses und eine Reduzierung der Transaktionskosten[11] über die gesamte Lebensdauer der beschafften Waren oder Dienstleistungen[12]. Durch verstärkte Information, Verbesserung der Transparenz und den Zugang zu allgemeinen Informationen zur Marktanalyse sollten mehr Anbieter als bisher für die Auftragsvergabe interessiert werden[13].

Als ehrgeizige Zielvorgabe wurde als Größenordnung genannt, bis zum Jahre 2003 sollte „ein erheblicher Teil" (beispielsweise 25 %) aller Beschaffungstransaktionen elektronisch abgewickelt werden[14]. Dieser Umfang elektronischer Vergabevorgänge ist bis heute nicht erreicht; die Vorgabe führte aber zur verstärkten Entwicklung von Pilotprojekten und zur verstärkten Befassung mit den Rechtsfragen der elektronischen Auftragsvergabe[15].

Konkret sollten folgende Maßnahmen ergriffen werden: Durch verbesserte Informationen sollte das Verfahren transparenter abgewickelt werden. Das bisherige Veröffentlichungssystem sollte durch eine Internet-gestützte Lösung ersetzt werden, um den freien und ungehinderten Zugang zu Informationen zu ermöglichen.

[9] *Europäische Kommission*, Grünbuch, unter 5.12.
[10] *Europäische Kommission*, Mitteilung, S. 2.
[11] Hierzu eingehend unten, S. 103f.
[12] *Europäische Kommission*, Mitteilung, S. 3.
[13] *Europäische Kommission*, Mitteilung, S. 4.
[14] *Europäische Kommission*, Mitteilung, S. 26.
[15] *Schäfer*, EU-Legislativpaket, S. 767.

Die dabei eingesetzten Informationsdienstleistungen sollten „,von hohem Qualitätsniveau“ und dabei nach Möglichkeit mit den bereits bestehenden Systemen des Privatsektors kompatibel sein. Als besonders benutzerfreundlich wurde erkannt, wenn alle Bekanntmachungen über eine einzige zentrale Stelle abgerufen werden könnten. Weil die Bieter jedoch nicht nur die Vorabinformationen, sondern auch die Leistungsbeschreibung als solche benötigten, sollten die Auftraggeber alle Informationen auf eigenen Webseiten in sogenannten „Auftraggeberprofilen“ oder Beschafferprofilen präsentieren. Daneben sollte der bereits eingeschlagene Weg der Gleichstellung von elektronischer Kommunikation mit herkömmlichen Kommunikationsmitteln weiter fortgeführt werden[16].

C. Richtlinienentwurf von 2000

Das Grünbuch und die Mitteilung stießen eine Reformdiskussion an, die schließlich in ein umfangreiches Reformpaket („Legislativpaket“) mündete. Im August 2000 stellte die Kommission einen ersten Vorschlag einer „Richtlinie über die Koordinierung der Verfahren zur Vergabe öffentlicher Lieferaufträge, Dienstleistungsaufträge und Bauaufträge“ mit Begründung vor[17]. Der Vorschlag präsentierte einen einzigen Text, der die bisherigen Richtlinien zur Vergabe von Dienst-, Bau- und Lieferaufträgen zusammenfassen sollte. Auf diese Weise sollte die Kohärenz während des Gesetzgebungsverfahrens sichergestellt und die Anwendung der Vorschriften für die von ihnen betroffenen Auftraggeber und Bieter vereinfacht werden.

I. Inhalt des Entwurfs

Der Entwurf verfolgt drei Ziele: Durch die Anpassung an die neuen Technologien und Veränderungen des wirtschaftlichen Umfelds sollten die geltenden Vorschriften modernisiert werden; die detaillierten und komplexen Vorschriften sollten vereinfacht werden; und als Reaktion auf die Beobachtungen in der Praxis, die geltenden Vergabeverfahren seien zu starr und würden den Bedürfnissen der Auftraggeber nicht gerecht, sollten die Vorschriften flexibler gemacht werden[18]. Der Entwurf sah daher insbesondere vor, elektronische Kommunikationsmittel und speziell die auf diese gestützten Verfahrensabläufe verstärkt zu nutzen. Die Zulassung elektronischer Kommunikation war nach dem bis dahin geltenden Reglement (in der Fassung der GPA-Richtlinie) in das Ermessen der Mitgliedstaaten gestellt. Der Richtlinienentwurf beabsichtigte hier, dieses Ermessen von den Mitgliedstaaten auf die Auftraggeber zu verlagern; diese sollten sich zudem dafür entscheiden können, *ausschließlich* elektronische Kommunikation zuzulassen (statt wie bislang nur

[16] *Europäische Kommission*, Mitteilung, S. 21 ff.
[17] KOM(2000) 275 endgültig, ABl. Nr. C 029 E vom 30.01.2001, S. 11 ff.
[18] KOM(2000) 275 endgültig, Begründung, II. 1.1.

kumulativ neben der traditionellen Übertragung). Die elektronische Kommunikation sollte den herkömmlichen Kommunikationsmitteln gleichgestellt werden, um eine stärkere Verwendung der elektronischen Mittel in der Zukunft zu fördern[19].

Die elektronische Kommunikation wurde jedoch denkbar knapp abgehandelt. Art. 42 Abs. 1 S. 1 des Entwurfs bestimmte:

> Jede Mitteilung sowie jede in diesem Titel genannte Übermittlung von Informationen kann nach Wahl des Auftraggebers per Brief, per Fax oder auf elektronischem Wege erfolgen.

Nach S. 2 sollten für die elektronische Übermittlung von Informationen die Signatur-Richtlinie und die E-Commerce-Richtlinie gelten. Dieser Verweis war wenig geglückt: Der Richtlinienentwurf enthielt keine konkreten Vorgaben zu einer zu verwendenden Signatur, daher half der Verweis auf die Signatur-Richtlinie mit ihren verschiedenen Signaturvarianten nicht weiter. Ein weiterer pauschaler Verweis, diesmal auf die E-Commerce-Richtlinie, trug mit zu dem Streit bei, ob sich aus dieser Richtlinie mit ihrem Verbot der Diskriminierung elektronischer Kommunikation ein *Anspruch* der Bieter auf Zulassung elektronischer Kommunikation ergebe. Der überwiegende Teil des Schrifttums lehnte dies ab. Hintergrund des Streites war auch, dass zum damaligen Zeitpunkt beim ganz überwiegenden Teil der Auftraggeber noch nicht die erforderliche technische Ausstattung zur Entgegennahme und Auswertung solcher elektronischer Angebote vorhanden war[20]. Ein Anspruch auf elektronische Angebotsentgegennahme wäre daher praktisch wertlos gewesen.

Art. 42 Abs. 2 des Entwurfs regelte folgendes zur Vertraulichkeit:

> Bei der Mitteilung bzw. Übermittlung von Informationen ist die Integrität der Daten und die Vertraulichkeit der Angebote sowie aller von den Wirtschaftsteilnehmern übermittelten Informationen zu gewährleisten und der Auftraggeber darf vom Inhalt der Angebote erst nach Ablauf der Frist für ihre Einreichung Kenntnis erhalten.

Die Geheimhaltungsvorschrift des Art. 42 Abs. 2 wurde durch Art. 5 des Entwurfs ergänzt. Danach hatte der Auftraggeber – unbeschadet seiner Verpflichtung zur Veröffentlichung von Bekanntmachungen – alle ihm von den Wirtschaftsteilnehmern mitgeteilten Informationen vertraulich zu behandeln. Diese Verschwiegenheitspflicht, die ursprünglich nur in Art. 15 Abs. 2 der Lieferkoordinierungs-Richtlinie ausdrücklich geregelt war („Der öffentliche Auftraggeber muss den vertraulichen Charakter aller von den Lieferanten gemachten Angaben wahren"), sollte

[19] KOM(2000) 275 endgültig, Begründung, II. 2.2.
[20] *Schäfer*, Public E-Procurement, S. 63.

damit einheitlich für alle Vergabearten gelten[21]. Dies war jedoch nur eine Klarstellung, da die Pflicht zur vertraulichen Behandlung der Vergabeunterlagen zuvor unmittelbar aus dem Wettbewerbsprinzip abgeleitet wurde[22].

Das zur Übermittlung von Informationen eingesetzte Verfahren sollte diskriminierungsfrei ausgestaltet werden: Nach Abs. 4 des Entwurfs durfte das für die Übermittlung der Angebote gewählte Verfahren das Funktionieren des Binnenmarktes nicht behindern.

Die Möglichkeit der elektronischen Übermittlung von Informationen sollte dabei nicht nur für die Bieterseite gelten, sondern auch für die Auftraggeberseite, namentlich bei der Veröffentlichung der Bekanntmachungen. Soweit die Kommission dabei das Ziel verfolgte, mit einem verstärkten Einsatz elektronischer Mittel die Transparenz des Verfahrens zu erhöhen, war der Entwurf dabei jedoch kontraproduktiv: Nach alter Rechtslage mussten die Bekanntmachungen im Amtsblatt und in der zentralen Datenbank TED veröffentlicht werden (Art. 11 Abs. 8 und 9 der Bau-Koordinierungs-Richtlinie). Der Entwurf von 2000 enthielt dagegen keine Vorgaben zum Ort der Veröffentlichung; Art. 35 des Entwurfs regelte nur Zeit und wesentlichen Inhalt der Veröffentlichung. Angesichts der großen Zahl veröffentlichter Bekanntmachungen – um das Jahr 2000 bereits zwischen 3000 und 4000 Bekanntmachungen pro Woche – bot die Veröffentlichung in einer zentralen Datenbank, wie das bislang erforderlich war, für die Bieter den Vorteil, alle für sie interessanten Bekanntmachungen durch die Abfrage lediglich einer Informationsquelle finden zu können. Die insoweit unklare Fassung des Entwurfs drohte in dieser Hinsicht einen Rückschritt darzustellen, weil nun mehrere Veröffentlichungsorgane möglich waren.

Als Anreiz für die öffentlichen Auftraggeber, das Verfahren elektronisch abzuwickeln, sah der Entwurf die Möglichkeit vor, die Fristen für den Eingang der Angebote bzw. der Teilnahmeanträge um 7 Tage zu verkürzen, wenn die Bekanntmachungen mit elektronischen Mitteln erstellt und übermittelt wurden (Art. 37 Abs. 5). Eine Fristverkürzung um weitere 5 Tage war möglich, wenn der Auftraggeber gemäß Anhang VIII ab dem Tag der Absendung der Bekanntmachung die gesamten Verdingungs- und etwaigen zusätzlichen Unterlagen frei und direkt elektronisch verfügbar machte (Art. 37 Abs. 6).

[21] KOM(2000) 275 endgültig, Begründung, III., zu Art. 5.
[22] Vgl. oben, S. 53.

II. Stellungnahmen zum Entwurf

1. Wirtschafts- und Sozialausschuss

Der Wirtschafts- und Sozialausschuss begrüßte in seiner Stellungnahme[23] im Wesentlichen den Entwurf und seine inhaltliche Ausgestaltung, insbesondere auch hinsichtlich der Einführung elektronischer Beschaffungsmechanismen, die eine Notwendigkeit sei. Er übte jedoch deutliche Kritik an einzelnen Punkten des Richtlinienentwurfs. So wird in der Stellungnahme die Frage aufgeworfen, inwieweit sich die Geheimhaltung und Vertraulichkeit der elektronischen Informationen der Anbieter im Vergabeverfahren würden sicherstellen lassen angesichts des Umstandes, dass Computerkriminalität selbst in den am besten geschützten Netzwerken an der Tagesordnung zu sein scheine[24]. Die Entwicklung elektronischer Beschaffungsmechanismen unterstützte der Ausschuss daher nur unter dem Vorbehalt, dass die Sicherheit der elektronischen Kommunikation und der Datenspeicherung wesentlich verbessert würden, insbesondere für die elektronische Unterschrift und die Verschlüsselung[25].

Der Ausschuss begrüßte die Ausdehnung des Grundsatzes der Vertraulichkeit durch Art. 5 des Entwurfs über den Anwendungsbereich der Lieferkoordinierungs-Richtlinie hinaus, wünschte jedoch eine noch weitergehende Ausdehnung der Vertraulichkeit auf alle dem Auftraggeber übermittelten Informationen, darunter Alternativangebote und Informationen über den Bieter sowie alle gewerblichen oder sonstigen Informationen zu dem Vorgang oder über sonstige Unternehmen. Zudem sollte der Anwendungsbereich des Vertraulichkeitsgrundsatzes deutlicher bestimmt werden, insbesondere bezüglich der Art der vertraulichen Informationen und der Dauer ihrer Vertraulichkeit[26]. Die Sicherheit der elektronischen Kommunikation und der Datenspeicherung sollte wesentlich verbessert werden. Die Staaten könnten nicht das Risiko eingehen, dass sensible Informationen von Außenstehenden aufgefangen oder illegal veröffentlicht würden; die Sicherung der elektronischen Übermittlung und Annahme von Angeboten sei daher eine äußerst wichtige Voraussetzung. Die Mechanismen für die elektronische Unterschrift und die Verschlüsselung sollten verstärkt werden[27].

[23] Stellungnahme des Wirtschafts- und Sozialausschusses zu dem „Vorschlag für eine Richtlinie des Europäischen Parlaments und des Rates über die Koordinierung der Verfahren zur Vergabe öffentlicher Lieferaufträge, Dienstleistungsaufträge und Bauaufträge", Amtsblatt Nr. C 193 vom 10.07. 2001, S. 7.

[24] Stellungnahme, 2.9.

[25] Stellungnahme, 4.2.

[26] Stellungnahme, 4.1.

[27] Stellungnahme, 4.2.

2. Stellungnahmen aus der Wirtschaft

Die europäische Wirtschaft, die die Reformdiskussion von Beginn an aktiv begleitet hatte, begrüßte grundsätzlich die geplanten Neuerungen, insbesondere die beabsichtigte Neustrukturierung der Richtlinien und die beabsichtigte Vereinfachung der gesetzlichen Vorgaben. Die neuen Methoden einer elektronischen Abwicklung des Vergabeverfahrens wurden jedoch kritisch beobachtet. So warf der Dachverband der europäischen Industrie UNICE ebenso wie der Wirtschafts- und Sozialausschuss in einer Stellungnahmedie Frage auf, inwieweit sich beim elektronischen Datenaustausch die Vertraulichkeit der übertragenen Informationen überhaupt gewährleisten lasse. Während der Datenübertragung ließen sich die Daten zwar durch Verschlüsselung sichern, solange insbesondere das Problem der zeitgebundenen Entschlüsselung gelöst werden könne. Größere Sorge bereite hingegen die Sicherung der Daten im Besitz der öffentlichen Auftraggeber: Während diese über sichere und vertraute Maßnahmen zum Schutz papiergebundener Informationen verfügten, seien computerbasierte Informationen stärker verletzbar. Die Bieter müssten aber Vertrauen in die Fähigkeit der Auftraggeberseite haben können, die Vertraulichkeit ihrer Daten zu gewährleisten[28]. Dieses Vertrauen bestehe bislang nicht. Als „vertrauensbildende Maßnahme“ schlug UNICE vor, die Sicherungsmaßnahmen der Auftraggeber von neutralen Instanzen prüfen und zertifizieren zu lassen[29].

Kritisch wurde auch die Regelung des Entwurfs beurteilt, nach der die – durch die schnellere elektronische Abwicklung erzielbaren – Zeitersparnisse lediglich der Auftraggeberseite zugute kommen sollten, indem diese die Eingangsfristen sollte verkürzen dürfen. Die Stellungnahme wies darauf hin, die Bearbeitungsfristen für die Wirtschaft seien ohnehin knapp bemessen[30]. Besser sei es, beide Parteien von der beschleunigten Abwicklung profitieren zu lassen[31], also auch längere Bearbeitungszeiten für die Unternehmen vorzusehen.

3. Standpunkt des Europäischen Parlaments

Der zuständige Ausschuss für Recht und Binnenmarkt des Europäischen Parlaments schlug in seiner Stellungnahme[32] vor, die Richtlinie dahingehend zu ändern, dass eine elektronische Angebotsabgabe nur unter Verwendung einer fortgeschritte-

[28] *UNICE*, unter 10.6 f.
[29] *UNICE*, nach 10.10.
[30] *UNICE*, unter 10.9.
[31] *Schäfer*, Public E-Procurement, S. 66.
[32] Bericht über den Vorschlag für eine Richtlinie des Europäischen Parlaments und des Rates über die Koordinierung der Verfahren zur Vergabe öffentlicher Lieferaufträge, Dienstleistungsaufträge und Bauaufträge vom 05. November 2001, A5-0378/2001.

nen elektronischen Signatur im Sinne der Signaturrichtlinie und einer zuverlässigen Verschlüsselung des Inhalts des Angebots erfolgen könne (Abänderungsantrag 73). Damit sollte eine angemessene Datensicherheit bei der elektronischen Angebotsabgabe sichergestellt werden.

Der neu gefasste Abs. 2 sollte vorsehen, dass die Vertraulichkeit der Informationen auch während der Phasen der Speicherung, Haltung und Verarbeitung zu gewährleisten wäre (Abänderungsantrag 74).

Wie auch aus der Wirtschaft verlangt, schlug das Europäische Parlament vor, der Auftraggeber solle seine Sicherungsmaßnahmen zertifizieren lassen. Dazu sollte folgende Vorschrift in den die Kommunikationsmittel regelnden Artikel eingefügt werden:

> Der Auftraggeber übermittelt den Bietern auf Antrag eine Bescheinigung eines zugelassenen Dritten, durch die bescheinigt wird, dass der Auftraggeber die für die Gewährleistung der Vertraulichkeit der Bieterinformationen während der Übermittlung und nach Eingang notwendigen Maßnahmen ergriffen hat.

Das System werde nämlich nur funktionieren, wenn die Vertraulichkeit zu keinem Zeitpunkt in Frage gestellt würde (Abänderungsantrag 75).

D. Richtlinienentwurf von 2002

Auf der Grundlage der Diskussionsbeiträge legte die Kommission am 6. Mai 2002 eine in weiten Teilen überarbeitete Entwurfsfassung vor[33]. Die Vorgaben zur Nichtdiskriminierung und zur Vertraulichkeit waren darin wesentlich abgeändert worden.

Hatte sich der erste Entwurf von 2000 noch auf die Feststellung beschränkt, das für die Übermittlung von Angebote gewählte Verfahren dürfe „das Funktionieren des Binnenmarktes nicht behindern", wurde im neuen Entwurf das Diskriminierungsverbot deutlich hervorgehoben; Art. 42 widmete sich in gleich zwei Absätzen Fragen der Technik und des Zugangs zu deren Schnittstelleninformationen:

> (2) Die gewählten Kommunikationsmittel müssen allgemein verfügbar sein und dürfen den Zugang der Wirtschaftsteilnehmer zum Vergabeverfahren nicht einschränken.
>
> (4) Die eingesetzten elektronischen Kommunikationswerkzeuge und ihre technischen Merkmale dürfen nicht diskriminierend wirken, müssen für die

[33] Geänderter Vorschlag für eine Richtlinie des Europäischen Parlaments und des Rates über die Koordinierung der Verfahren zur Vergabe öffentlicher Lieferaufträge, Dienstleistungsaufträge und Bauaufträge - KOM (2002) 236 endg., ABl. Teil C 203, S. 210 ff.

> Öffentlichkeit normalerweise zur Verfügung stehen und mit den allgemein genutzten Informations- und Kommunikationstechnologien kompatibel sein.

Unklar war dabei die Formulierung „*normalerweise* zur Verfügung stehen“ in der deutschen Fassung. Sie beruhte vermutlich auf einem Übersetzungsfehler, weil die anderen Sprachvarianten auf die entstehenden *Kosten* der eingesetzten Technik abstellten: Die englische Fassung verlangte, die Technik müsse „*reasonably* available to the public“ sein, entsprechend auch der französische Text („doivent [...] être *raisonnablement* à la disposition du public“). Beide Sprachfassungen stellten also auf „preiswerte“ Technik, auf einen angemessenen, annehmbaren Preis ab.

Eine Verbesserung gegenüber der früheren Fassung waren die Regelungen zu den „Geräten für den elektronischen Empfang von Angeboten und Teilnahmeanträgen“. Für diese bestimmte Art. 42 Abs. 5 lit. a S. 1:

> Die Informationen über die Spezifikationen, die für die Einreichung der Angebote und Teilnahmeanträge auf elektronischem Wege erforderlich sind, einschließlich der Verschlüsselung, müssen den interessierten Parteien zur Verfügung stehen.

Der pauschale Verweis auf die Signatur- und die E-Commerce-Richtlinie aus der ersten Entwurfsfassung wurde durch einen neu geschaffenen Anhang X ersetzt, auf den Art. 42 Abs. 5 lit. a S. 2 verwies und der detaillierte Vorgaben zu den technischen Empfangsgeräten enthielt.

Art. 42 Abs. 3 des neuen Entwurfs (vormals Abs. 2) lautete wie folgt (Änderungen gegenüber dem Entwurf von 2000 kursiv hervorgehoben):

> Bei der Mitteilung, dem Austausch *und der Speicherung* von Informationen ist die Integrität der Daten und die Vertraulichkeit der Angebote und Teilnahmeanträge zu gewährleisten und *sicherzustellen*, dass der Auftraggeber vom Inhalt der Angebote erst nach Ablauf der Frist für ihre Einreichung Kenntnis erhält.

Wie von der Wirtschaft gefordert, wurde damit die Verantwortlichkeit der Auftraggeber für die Integrität und Vertraulichkeit der Angebote und der Anträge auf Teilnahme auch auf die Phase der Informationsspeicherung ausgedehnt. Geändert wurde zugleich die Formulierung der Zielvorgabe, der Auftraggeber dürfe vor Ablauf der Frist nicht Kenntnis vom Inhalt der Angebote erlangen. Die erste Fassung des Entwurfs von 2000 hatte noch gelautet, der Auftraggeber dürfe von diesem Inhalt nicht verfrüht Kenntnis erhalten. Nach der neuen Entwurfsfassung sollte dies nunmehr *sicherzustellen* sein. Zumindest nach dem Wortlaut war damit eine Steigerung der Sicherheit und Vertraulichkeit verbunden. Diese sollte nach Auffassung der Kommission ohne Verschlüsselung der Angebote erreicht werden können, denn eine solche war nicht zwingend vorgeschrieben. Die Kommission hatte den entsprechenden Änderungsvorschlag 73 des Europäischen Parlaments[34] mit der Begründung zurückgewiesen, eine solche zwingende Verschlüsselung der Angebote sei nicht erforderlich, denn die Unverletzlichkeit der Angebote lasse sich auch auf anderem Wege ohne Verschlüsselung sicherstellen[35].

Hieran ist richtig, dass eine gesonderte Verschlüsselung der Angebote dann nicht erforderlich ist, wenn diese während der Übertragung zum Empfänger – für den Absender transparent – verschlüsselt werden. Ganz ohne Verschlüsselung lässt sich eine vollständige Sicherung vor unbefugtem Zugriff jedoch nicht gewährleisten, wenn die vertraulichen Daten in elektronischer Form über öffentliche Kommunikationsnetze übertragen werden[36]. Zumindest gestatte es der Entwurf von 2002 dem Auftraggeber, ausschließlich verschlüsselte Informationen zu akzeptieren, sofern die Spezifikationen des Verschlüsselungsverfahrens den interessierten Parteien zur Verfügung standen (Art. 42 Abs. 5 lit. a).

Die Kommission begründete die Ablehnung des Änderungsvorschlags 73 (neben der angeblich fehlenden Erforderlichkeit) damit, die Verschlüsselung verursache weitere Kosten für die Auftraggeber- und Bieterseite. Dies ist insofern konsequent, als der Entwurf auch davon absah, zwingend eine Signierung der Angebote vorzuschreiben. Als Begründung hierfür wurde angeführt, eine solche Vorgabe müsse sich am Stand der Technik orientieren, der sich fortlaufend ändere mit der Folge, dass auch die Richtlinie an jede Weiterentwicklung angepasst werden müsse. Die Sicherheit, die durch Signaturen zu erreichen sei, könne auch dadurch erreicht werden, dass auf die nationalen Bestimmungen für elektronische Signaturen abgestellt werde; auf diese Weise seien Änderungen der Richtlinie bei späteren Änderungen der Signaturrichtlinie vermeidbar[37]. Diese Begründung ist wenig überzeugend: Die Signatur-Richtlinie schreibt keineswegs die Verwendung eines bestimmten Algorithmus vor, der sich möglicherweise später als unsicher herausstellen könnte[38]. Sie verzichtet vielmehr bewusst auf eine solche Beschreibung, um die Anwendbarkeit neuer Methoden der Sicherheitstechnik nicht zu hindern[39], wenngleich sie – wegen der Festlegung auf asymmetrische Verschlüsselung – auch nicht technologieneutral

[34] Vgl. oben, S. 67.
[35] Geänderter Vorschlag (vgl. Fn. 33 auf Seite 67), S. 237.
[36] Hierzu im einzelnen unten, S. 143.
[37] Geänderter Vorschlag (vgl. Fn. 33 auf Seite 67), S. 237.
[38] Ebensowenig das deutsche SigG, vgl. *Brisch/Brisch* in Hoeren/Sieber, Nr. 13.3, Rdn. 41.
[39] *Kilian*, EG-Richtlinie, S. 734.

ist[40]. Die Signatur wird definiert als „Daten in elektronischer Form, die anderen elektronischen Daten beigefügt oder logisch mit ihnen verknüpft sind und die zur Authentifizierung dienen" (Art. 2 Nr. 1). Abgesehen von dem – in absehbarer Zukunft nicht zu erwartenden[41] – Fall, dass sich die Grundlagen der heutigen Signaturtechnik insgesamt als unsicher erweisen, ist ein Anpassungsbedarf der Signatur-Richtlinie nicht zu erwarten, vielmehr müssen allein die Umsetzungsvorschriften der Mitgliedstaaten (in Deutschland die SigVO) angepasst werden.

Dem Vorschlag, die Sicherheitsvorkehrungen der Auftraggeber durch vertrauenswürdige Dritte zertifizieren zu lassen (Änderungsvorschlag 75), folgte der Entwurf nicht. Zur Begründung wies die Kommission darauf hin, die Gemeinschaft habe bislang stets Abstand genommen von zwingenden Akkreditierungssystemen, weil diese zu Wettbewerbsverzerrungen führen und die Disparitäten zwischen den Mitgliedstaaten verstärken könnten[42] – eine wenig überzeugende Begründung: Die „Akkreditierungspflicht" hätte hier nicht Wirtschaftsunternehmen getroffen, sondern öffentliche Auftraggeber, also die öffentliche Hand. Es ist nicht ersichtlich, dass hieraus Wettbewerbsverzerrungen hätten entstehen können. Immerhin sah die Entwurfsfassung von 2002 vor, dass die Mitgliedstaaten freiwillige Akkreditierungssysteme einführen oder beibehalten konnten, mit denen die Zertifizierung der für den elektronischen Empfang von Angeboten und Teilnahmeanträgen bestimmten Geräten verbessert werden sollten. Im Gegensatz zum Vorschlag aus der Wirtschaft (Zertifizierung der „Sicherheitsmaßnahmen") beschränkte sich der Entwurf dabei auf eine rein technische Zertifizierung der „Geräte". Ein solcher Vorschlag musste unbefriedigend erscheinen, da auch – für sich genommen – sichere Geräte keine Sicherheit garantieren, wenn sie in einer unsicheren Arbeitsumgebung eingesetzt werden. Ein derart isoliertes „Zertifikat" hätte daher wohl kaum die erhoffte vertrauensbildende Wirkung gehabt.

[40] *Borges*, Verträge im elektronischen Geschäftsverkehr, S. 109.

[41] Die Quanten-Kryptographie, die die Sicherheit auch asymmetrischer Verfahren bedroht, ist noch Jahre von einem Einsatz in der Praxis entfernt. Vgl. auch unten, S. 145.

[42] Geänderter Vorschlag (vgl. Fn. 33 auf Seite 67), S. 237.

§ 5. Inhalt der BLD-Richtlinie

Mit einigen kleineren sprachlichen Änderungen gegenüber der letzten Entwurfsfassung wurde die BLD-Richtlinie im Januar 2004 beschlossen und Ende März im Amtsblatt veröffentlicht. Den Zielen der Reform entsprechend wurde das gesamte europäische Vergaberecht damit auf eine neue Grundlage gestellt (dazu A.). Die elektronische Angebotsabgabe wurde umfassend geregelt (B.), zudem wurden einige neue Verfahrensvarianten eingeführt, die in besonderer Weise die technischen Möglichkeiten elektronischer Kommunikation nutzbar machen sollen (C.).

Auf die entsprechenden Vorschriften der Sektoren-Richtlinie[1] wird im Folgenden jeweils verwiesen.

A. Ziele und allgemeine Änderungen

Erklärtes Ziel der Neuregelung ist die Vereinfachung und Modernisierung der Vorschriften über die öffentliche Vergabe[2]. Die Richtlinie hebt die bisherige Dreiteilung des Vergaberechts (Dienstleistungs-, Bau- und Liefer-Koordinierungsrichtlinie) zumindest im Bereich des Gemeinschaftsrechts auf und fasst die drei Richtlinien in einer einheitlichen Regelung zusammen. Neben Änderungen allgemeiner Natur wie neu gefassten Definitionen wird insbesondere der Anwendungsbereich elektronischer Kommunikation wesentlich erweitert. Zudem führt die Richtlinie einige neue Verfahrensvarianten ein, die unter Einsatz elektronischer Kommunikation eine beschleunigte und flexiblere Abwicklung des Beschaffungsverfahrens ermöglichen sollen.

Die Richtlinie trägt der lange geäußerten Forderung nach einer Erweiterung des starren Rahmens der möglichen Verfahrensvarianten Rechnung: Eine neue Form der Beschaffung stellt das – in Art. 32 BLD-Richtlinie (Art. 14 Sektoren-Richtlinie) geregelte – optionale Verfahren der *Rahmenvereinbarung*[3] dar, das insbesondere bei der Beschaffung von Standardartikeln im technischen Bereich Vorteile verspricht: Der Auftraggeber kann dabei (gewissermaßen im Rahmen eines „verkürzten" Ver-

[1] Richtlinie 2004/17/EG des Europäischen Parlaments und des Rates vom 31. März 2004 zur Koordinierung der Zuschlagserteilung durch Auftraggeber im Bereich der Wasser-, Energie- und Verkehrsversorgung sowie der Postdienste, ABl. Nr. L 134 vom 30.04.2004, S. 1 - 113, im folgenden: Sektoren-Richtlinie.

[2] Erwägungsgrund 1 BLD-Richtlinie und Sektoren-Richtlinie.

[3] Dazu näher *Knauff*, S. 143.

gabeverfahrens) eine Anzahl Bieter als feste Partner auswählen, mit denen er eine Rahmenvereinbarung abschließt. Im Rahmen dieser Vereinbarung können die Bieter auf Aufforderung durch den Auftraggeber für bestimmte Standardprodukte jeweils aktualisierte Angebote unterbreiten und dabei kurzfristigen Verbesserungen oder Preisänderungen Rechnung tragen; „substantielle" Änderungen der Angebote sind jedoch ausgeschlossen (Abs. 2, Unterabsatz 3). Als Partner einer Rahmenvereinbarung kommen neben dem Auftraggeber ein oder mehrere Bieter in Frage. Um andere Bieter nicht dauerhaft auszuschließen, dürfen Rahmenvereinbarungen im Regelfall nur mit einer Laufzeit bis zu vier Jahren abgeschlossen werden (Abs. 2, Unterabsatz 4).

Die Einführung des *wettbewerblichen Dialogs*[4] in Art. 29 BLD-Richtlinie trägt weiter dem Umstand Rechnung, dass der Auftraggeber bei besonders komplexen Vorhaben mitunter Schwierigkeiten hat, seinen Bedarf hinreichend konkret zu formulieren, wie das für die Ausfertigung von Verdingungsunterlagen jedoch erforderlich ist. In solchen Fällen sieht Art. 29 vor, dass der Auftraggeber seine Bedürfnisse und Anforderungen zunächst abstrakt formulieren kann (Abs. 2). Mit geeigneten Bietern führt er anschließend einen Dialog, in dessen Verlauf die Mittel, mit denen diese Bedürfnisse am besten erfüllt werden können, ermittelt und festgelegt werden. Auf der Grundlage des so ermittelten und beschriebenen Bedarfs können die Bieter erneut Angebote einreichen (Abs. 6). Dabei ist nicht ausdrücklich geregelt, ob sich an dieser „zweiten Runde" nur diejenigen Bieter beteiligen können, die sich auch am Dialog beteiligt haben, oder ob die Teilnahme – anders als bei der Rahmenvereinbarung, Art. 32 Abs. 1 – allen Bietern offensteht. Art. 29 Abs. 6 nennt als Kommunikationspartner des Auftraggebers „die Teilnehmer" des Dialogs; daraus ist wohl zu schließen, dass nur diese auch ein endgültiges Angebot abgeben dürfen. Es verwirrt allerdings, dass die Richtlinie dieses in Art. 29 geregelte Verfahren teils „technischen" (in Erwägungsgrund 8), teils „wettbewerblichen" Dialog (Art. 29) nennt[5].

B. Vorgaben zum elektronischen Vergabeverfahren

Art. 42 der Koordinations-Richtlinie enthält Vorgaben zu „Mitteilungen" in elektronischer Form; der entsprechende Art. 48 der Sektorenrichtlinie unterscheidet sich hiervon sprachlich nur in einzelnen Punkten, auf die unten eingegangen wird. Art. 42 (Vorschriften über Mitteilungen) lautet:

[4] Näher *Knauff*, S. 142. Die Sektoren-Richtlinie sieht diese Verfahrensvariante nicht vor.

[5] In der engl. Fassung „technical dialogue" (EG 8) bzw. „competitive dialogue" (Art. 29), frz. „dialogue technique" bzw. „dialogue compétitif".

(1) Jede Mitteilung sowie jede in diesem Titel genannte Übermittlung von Informationen kann nach Wahl des öffentlichen Auftraggebers per Post, per Fax, auf elektronischem Wege gemäß den Absätzen 4 und 5, auf telefonischem Wege in den in Absatz 6 genannten Fällen und unter den dort aufgeführten Bedingungen oder durch eine Kombination dieser Kommunikationsmittel erfolgen.

(2) Die gewählten Kommunikationsmittel müssen allgemein verfügbar sein; sie dürfen daher nicht dazu führen, dass der Zugang der Wirtschaftsteilnehmer zum Vergabeverfahren beschränkt wird.

(3) Bei der Mitteilung bzw. Übermittlung und Speicherung von Informationen sind die Integrität der Daten und die Vertraulichkeit der Angebote und der Anträge auf Teilnahme zu gewährleisten; der öffentliche Auftraggeber darf vom Inhalt der Angebote und der Anträge auf Teilnahme erst nach Ablauf der Frist für ihre Einreichung Kenntnis erhalten.

(4) Die für die elektronische Übermittlung zu verwendenden Mittel und ihre technischen Merkmale dürfen keinen diskriminierenden Charakter haben und müssen allgemein zugänglich sowie mit den allgemein verbreiteten Erzeugnissen der Informations- und Kommunikationstechnologie kompatibel sein.

(5) Für die Vorrichtungen zur Übermittlung und für den elektronischen Eingang von Angeboten sowie für die Vorrichtungen für den elektronischen Eingang der Anträge auf Teilnahme gelten die folgenden Bestimmungen:

a) Die Informationen über die Spezifikationen, die für die elektronische Übermittlung der Angebote und Anträge auf Teilnahme erforderlich sind, einschließlich der Verschlüsselung, müssen den interessierten Parteien zugänglich sein. Außerdem müssen die Vorrichtungen, die für den elektronischen Eingang der Angebote und Anträge auf Teilnahme verwendet werden, den Anforderungen des Anhangs X genügen.

b) Die Mitgliedstaaten können unter Beachtung des Artikels 5 der Richtlinie 1999/93/EG verlangen, dass elektronisch übermittelte Angebote mit einer fortgeschrittenen elektronischen Signatur gemäß Artikel 5 Absatz 1 der genannten Richtlinie zu versehen sind.

c) Die Mitgliedstaaten können Systeme der freiwilligen Akkreditierung einführen oder beibehalten, die zu einem verbesserten Angebot von Zertifizierungsdiensten für diese Vorrichtungen führen sollen.

d) Bieter und Bewerber sind verpflichtet, vor Ablauf der vorgeschriebenen Frist für die Vorlage der Angebote und Anträge auf Teilnahme die in den Artikeln 45 bis 50 und 52 genannten Unterlagen, Bescheinigungen und Erklärungen einzureichen, wenn diese nicht auf elektronischem Wege verfügbar sind.

(6) Die nachfolgenden Bestimmungen gelten für die Übermittlung der Anträge auf Teilnahme:

a) Anträge auf Teilnahme am Vergabeverfahren können schriftlich oder telefonisch gestellt werden.

b) Werden Anträge auf Teilnahme telefonisch gestellt, sind diese vor Ablauf der Frist für den Eingang der Anträge schriftlich zu bestätigen.

c) Die öffentlichen Auftraggeber können verlangen, dass per Fax gestellte Anträge auf Teilnahme per Post oder auf elektronischem Wege bestätigt werden, sofern dies für das Vorliegen eines gesetzlich gültigen Nachweises erforderlich ist. In diesem Fall geben die öffentlichen Auftraggeber in der Bekanntmachung diese Anforderung zusammen mit der Frist für die Übermittlung der Bestätigung an.

I. Gleichsetzung elektronischer Kommunikationsmittel

Die Richtlinie setzt erstmals elektronische Kommunikationsmittel den „klassischen" Mitteln wie insbesondere der Postsendung gleich[6]. Art. 1 Abs. 12 BLD-Richtlinie (Art. 1 Abs. 11 Sektoren-Richtlinie) definiert als „schriftlich" alle aus Wörtern oder Ziffern bestehenden (auch elektronisch übermittelten) Informationen, sofern ihre Darstellung gelesen, reproduziert und „mitgeteilt", also weitergegeben[7] werden kann.

Nach dem Wortlaut scheint Art. 42 Abs. 1 BLD-Richtlinie (Art. 48 Abs. 1 Sektoren-Richtlinie) zu unterscheiden zwischen allgemeinen „Mitteilungen" einerseits sowie „*in diesem Titel* genannter Informationsübermittlung" andererseits. Die anderen Sprachfassungen[8] legen jedoch nahe, dass Art. 42 bzw. 48 insgesamt nur für den 2. Titel der Richtlinie gelten soll (Vorschriften für öffentliche Aufträge, Art. 4-55 BLD-Richtlinie).

Im Umkehrschluss daraus, dass der Auftraggeber „auch eine Kombination dieser Kommunikationsmittel" zulassen kann, folgt, dass er im Rahmen der Vergabe öffentlicher Aufträge (2. Titel der Richtlinie) jetzt auch eine Übermittlung *ausschließlich* in elektronischer Form verlangen kann. Damit muss Bietern jetzt nicht mehr stets auch die Möglichkeit der Angebotsabgabe auf dem Postwege eingeräumt werden. Als weitere Neuerung liegt die Entscheidung, welche Kommunikationsform gewählt wird, jetzt beim einzelnen Auftraggeber, während nach der bisherigen Rechtslage die Mitgliedstaaten entscheiden konnten, die elektronische Kommunikation (fakultativ) zuzulassen[9]. Diese Änderung ist vor folgendem Hintergrund

[6] Vgl. Erwägungsgrund 35.
[7] Im engl. Text „subsequently communicated".
[8] Im engl. Text „all communication and information exchange referred to in this Title"; entspr. die frz. Fassung.
[9] Vgl. oben, S. 21.

zu sehen: Eine Zeitersparnis durch die – angeblich – schnellere Bearbeitung des Vergabevorganges durch elektronische Kommunikation war bisher auch deshalb ausgeblieben, weil die elektronische Vergabe stets nur *neben* der herkömmlichen Vergabe möglich war und die Auftraggeber daher im Vergabeverfahren die für das herkömmliche Verfahren geltenden Fristen einhalten mussten. Dies hatte andererseits den positiven Effekt, dass sich auch Bieter, die nicht über eine moderne PC-Ausstattung nebst Zugang zum Internet verfügten, an allen Ausschreibungen beteiligen konnten, weil die elektronische Kommunikation stets nur optional war. Eine *obligatorische* elektronische Angebotsabgabe bedroht hingegen potentiell die Chancengleichheit der Bieter, weil sich an einer rein elektronischen Ausschreibung nur solche Unternehmen erfolgreich beteiligen können, die über die technische und personelle Infrastruktur verfügen, um elektronische Angebote erstellen und versenden zu können. Im Ausschluss „herkömmlicher“ Kommunikation kann daher eine Diskriminierung von Anbietern liegen, die nicht über die erforderliche Hard- und Softwareausstattung verfügen, um an einem rein elektronischen Verfahren teilnehmen zu können.

Die Kommission sieht hierin mittlerweile kein unüberwindbares Problem mehr: Selbst wenn Unternehmen aufgrund ihres informationstechnischen Rückstandes von im elektronischen Verfahren vergebenen Aufträgen ausgeschlossen würden, sei die Entwicklung hin zum elektronischen Geschäftsverkehr doch nicht mehr aufzuhalten. Daher sei bei der Umsetzung der Richtlinie auch ein Übergangszeitraum entbehrlich, in dem auch herkömmliche Kommunikationsmittel noch zwingend zuzulassen wären; dies gelte um so mehr, als den Unternehmen bis zur Verabschiedung und der Umsetzung der Richtlinie faktisch noch ein Übergangszeitraum verbleibe[10] – so die Kommission im Jahre 2000. Heute, vier Jahre später, lässt sich jedoch noch immer nicht feststellen, dass der elektronische *formgebundene* Datenaustausch einen ähnlichen Umfang angenommen hätte wie die Übertragung per Post, geschweige denn die herkömmlichen Kommunikationsmittel verdrängt hätte. Eine obligatorische elektronische Kommunikation kann daher durchaus eine für kleinere und mittlere Unternehmen nur schwer zu überwindende Hürde darstellen, ist nach den Richtlinien jedoch zulässig.

Für den Auftraggeber ist die rein elektronische Ausschreibung mit weiteren Anreizen verbunden: Er darf die einzuhaltenden Fristen für den Eingang der Angebote bzw. der Anträge auf Teilnahme im Nichtoffenen Verfahren deutlich verkürzen, wenn er selbst die Bekanntmachung und die Ausschreibungsunterlagen elektronisch überträgt und publiziert. So konnte nach der Baukoordinierungs-Richtlinie die Frist für den Eingang der Angebote (regulär 52 Tage) nur bei Vorliegen beson-

[10]KOM(2000) 275 endgültig (vgl. oben, Fn. 17 auf Seite 62), Begründung, II. 2. 2.

derer Dringlichkeitsgründe auf 22 Tage verkürzt werden, gerechnet ab Absendung der Bekanntmachung. Art. 38 BLD-Richtlinie (Art. 45 Sektoren-Richtlinie) ermöglicht bei Ausschöpfung aller Sondertatbestände eine Verkürzung dieser Frist auf bis zu 15 Tagen; dabei muss die Frist jedoch immer abhängig von der Komplexität des Auftrages und der Zeit festgesetzt werden, die zur Ausarbeitung der Angebot erforderlich ist, Art. 38 Abs. 1 BLD-Richtlinie (Art. 45 Abs. 1 Sektoren-Richtlinie). Die Kommission sieht diese Möglichkeit einer Verkürzung der einzuhaltenden Fristen dadurch gerechtfertigt, dass sich durch den Einsatz elektronischer Mittel Zeit sparen lasse[11]. Allerdings kommt diese mögliche Zeitersparnis nur dem Auftraggeber zugute, was bereits im Gesetzgebungsverfahren von der Wirtschaft zu Recht kritisiert worden war[12].

II. Art. 42: Anforderungen an die elektronische Form

1. Transparenz und Diskriminierungsverbot

Art. 2 BLD-Richtlinie (Art. 10 Sektoren-Richtlinie) verpflichtet die Auftraggeber, alle Wirtschaftsteilnehmer gleich zu behandeln sowie in nichtdiskriminierender und transparenter Weise vorzugehen. Art. 42 Abs. 2 und 4 BLD-Richtlinie (Art. 48 Abs. 2 und 4 Sektoren-Richtlinie) konkretisieren diesen allgemeinen Grundsatz speziell für die elektronische Kommunikation. Art. 42 Abs. 2 BLD-Richtlinie bestimmt:

> Die gewählten Kommunikationsmittel müssen allgemein verfügbar sein; sie dürfen daher nicht dazu führen, dass der Zugang der Wirtschaftsteilnehmer zum Vergabeverfahren beschränkt wird.

Art. 48 Abs. 2 Sektoren-Richtlinie verwendet „Kommunikationsmittel" im Singular, entspricht inhaltlich jedoch der BLD-Richtlinie. Deren Abs. 4 regelt weiter:

> Die für die elektronische Übermittlung zu verwendenden Mittel und ihre technischen Merkmale dürfen keinen diskriminierenden Charakter haben und müssen allgemein zugänglich sowie mit den allgemein verbreiteten Erzeugnissen der Informations- und Kommunikationstechnologie kompatibel sein.

Abs. 4 ersetzt damit die unklare Formulierung im Entwurf von 2002 („normalerweise zur Verfügung stehen") durch den Begriff der „allgemeinen Zugänglichkeit". Abs. 4 soll sicherstellen, dass keine diskriminierenden (technisch aufwendigen oder gar geheimgehaltenen) Verfahren verwendet werden. Unvereinbar hiermit

[11] Erwägungsgrund 38 BLD-Richtlinie.
[12] Vgl. oben, S. 66.

wäre nicht nur ein proprietäres Kommunikationssystem, sondern auch jedes andere System, das nicht über einen hinreichenden Verbreitungsgrad verfügt[13]. Derzeit kommt als Übertragungskanal daher nur das Internet in Betracht[14].

Abs. 5 trifft nähere Regelungen für die „Vorrichtungen" zur Übermittlung (die frühere Fassung verwendete den Terminus „Geräte") und für den elektronischen Eingang von Angeboten sowie für die Vorrichtungen für den elektronischen Eingang der Anträge auf Teilnahme. Abs. 5 lit. a S. 1 lautet:

> Die Informationen über die Spezifikationen, die für die elektronische Übermittlung der Angebote und Anträge auf Teilnahme erforderlich sind, einschließlich der Verschlüsselung, müssen den interessierten Parteien zugänglich sein.

Ein elektronischer Informationsaustausch zwischen Auftraggeber- und Bieterseite kann nur dann erfolgreich stattfinden, wenn beide Seiten kompatible „Vorrichtungen zur Übermittlung" einsetzen. Da die Initiative zur Kommunikation im Vergabeverfahren vom Auftraggeber ausgeht, muss dieser seinen (potentiellen) Kommunikationspartnern mitteilen, welche Vorrichtungen (Hardware, Software und Austauschprotokolle) er zur Informationsübermittlung einsetzt. Handelt es sich um weit verbreitete Vorrichtungen, genügt es, diese zu benennen. So ist etwa eine detaillierte Beschreibung der Internet- und E-Mail-Protokolle entbehrlich, da es für beide Protokolle eine große Zahl von Software gibt, mit denen beide Medien genutzt werden können. Anders jedoch bei wenig verbreiteten oder gar selbst entwickelten Lösungen, die der Auftraggeber einsetzen möchte: Hier müssen die Kommunikationspartner die Funktionsweise der Technik kennen, um sie ebenfalls nutzen zu können. Dies setzt voraus, dass sie die technischen Eigenschaften, nämlich die Spezifikationen der Vorrichtung selbst kennen. Nach den Richtlinien müssen jedoch die Spezifikationen als solche nicht offengelegt werden; es reicht aus, wenn lediglich Informationen *über* diese Spezifikationen zugänglich sind[15]. Da jedoch alle eingesetzten Vorrichtungen nach Abs. 2 und 4 allgemein verfügbar sein müssen und keinen diskriminierenden Charakter haben dürfen, kommen solche kaum verbreiteten „Insellösungen" ohnehin nicht in Betracht.

---

[13] *Schäfer*, EU-Legislativpaket, S. 772; *Schäfer*, Das Legislativpaket, Rdn. 24.

[14] Die Richtlinie nennt das Internet nicht ausdrücklich als Kommunikationsweg, doch wird es stillschweigend vorausgesetzt. Ausdrücklich auf das Internet bzw. auf Internet-Adressen wird lediglich in Art. 33 Abs. 3 lit. c und Art. 39 Abs. 6 BLD-Richtlinie (Art. 15 Abs. 3 lit. c und Art. 45 Abs. 6 Sektoren-Richtlinie) verwiesen.

[15] engl. „information regarding the specifications", frz. „informations relatives aux spécifications".

2. Vertraulichkeit

Bis zur Änderung durch die GPA-Richtlinie enthielten die bisherigen materiellen Vergaberichtlinien keinerlei Vorgaben zum Schutz der Vertraulichkeit[16]. Die neue Richtlinie widmet sich jetzt gleich mehrfach diesem Aspekt. Art. 6 BLD-Richtlinie regelt als „vor die Klammer gezogener" Grundsatz allgemein die Verpflichtung des Auftraggebers zur vertraulichen Behandlung der ihm übergebenen Informationen:

> Unbeschadet der Bestimmungen dieser Richtlinie – insbesondere der Artikel 35 Absatz 4 und Artikel 41, die die Pflichten im Zusammenhang mit der Bekanntmachung vergebener Aufträge und der Unterrichtung der Bewerber und Bieter regeln – gibt ein öffentlicher Auftraggeber nach Maßgabe des innerstaatlichen Rechts, dem er unterliegt, keine ihm von den Wirtschaftsteilnehmern übermittelten und von diesen als vertraulich eingestuften Informationen weiter, wozu insbesondere technische und Betriebsgeheimnisse sowie die vertraulichen Aspekte der Angebote selbst gehören.

Die Sektoren-Richtlinie enthält in Art. 13 Abs. 2 eine entsprechende Vorschrift, nimmt in Abs. 1 jedoch auch Rücksicht auf mögliche Geheimhaltungsinteressen auf Auftraggeberseite. Art. 13 Abs. 1 der Sektoren-Richtlinie lautet:

> Die Auftraggeber können die Übermittlung technischer Spezifikationen an interessierte Wirtschaftsteilnehmer, die Prüfung und die Auswahl von Wirtschaftsteilnehmern und die Zuschlagserteilung mit Auflagen zum Schutz der Vertraulichkeit der von ihnen zur Verfügung gestellten Informationen verbinden.

Art. 6 BLD-Richtlinie (Art. 13 Abs. 2 Sektoren-Richtlinie) stellt auf „vom Bieter als vertraulich eingestufte" Informationen ab. Über den Wortlaut hinaus wird man als Voraussetzung für die Verpflichtung des Auftraggebers zur vertraulichen Behandlung ihm überlassener Daten verlangen müssen, dass der Bieter dem Empfänger der Daten seine „Einstufung" auch mitteilt[17]. Dies legt der Vergleich mit den anderen Sprachfassungen nahe, nach denen es nicht auf eine (rein interne) „Einstufung", sondern auf eine (nach außen gerichtete) „Kennzeichnung" oder „Bekanntgabe" ankommt[18]. Der Verweis auf das „innerstaatliche Recht" stellt klar,

[16] Erst durch die GPA-Richtlinie (oben, S. 20) wurde für elektronisch einzureichende Angebote bestimmt, die Vertraulichkeit der Angebote müsse bis zu ihrer Bewertung gewahrt bleiben.

[17] Auch nach der gängigen Definition des „Betriebs- oder Geschäftsgeheimnisses" (oben, S. 51) ist der *bekundete Wille* des Inhabers maßgeblich.

[18] Vgl. engl. „designated as confidential", frz. „communiqués à titre confidentiel", schwed. „förklarats sekretessbelagda".

dass der Schutz der Vertraulichkeit nach nationalem Recht durch die Richtlinie nicht eingeschränkt werden soll[19].

Der soeben dargestellte allgemeine Vertraulichkeitsgrundsatz wird durch Art. 42 Abs. 3 BLD-Richtlinie (Art. 48 Abs. 3 Sektoren-Richtlinie) speziell für die elektronische Kommunikation konkretisiert:

> Bei der Mitteilung bzw. Übermittlung (Sektoren-Richtlinie: Austausch) und Speicherung von Informationen sind die Integrität (Sektoren-Richtlinie: Vollständigkeit) der Daten und die Vertraulichkeit der Angebote und der Anträge auf Teilnahme zu gewährleisten; der öffentliche Auftraggeber darf vom Inhalt der Angebote und der Anträge auf Teilnahme erst nach Ablauf der Frist für ihre Einreichung Kenntnis erhalten.

In Bezug auf die Vertraulichkeit enthält Abs. 3 damit zwei voneinander zu unterscheidende Vorgaben: Einerseits die Verpflichtung des Auftraggebers, die eingereichten Angebote und Anträge während der Mitteilung, Übermittlung und Speicherung vertraulich zu behandeln, also vor dem Zugriff unbefugter Dritter zu schützen; andererseits auch das Verbot, selbst vor Ablauf der Einreichungsfrist vom Inhalt der Nachrichten Kenntnis zu nehmen. Abs. 3 trifft damit zwei Zielvorgaben, legt aber nicht fest, wie diese Ziele erreicht werden sollen. Zulässig sind daher technische Vorrichtungen ebenso wie organisatorische Maßnahmen sowie eine Kombination aus beiden. Im Gegensatz hierzu enthält Anhang X BLD-Richtlinie (Anhang XXIV Sektoren-Richtlinie), auf den Abs. 5 lit. a verweist, Vorgaben nur zu den technischen Empfangsvorrichtungen (dazu unten, S. 83 ff.), ohne organisatorische Maßnahmen zu nennen.

Der Vertraulichkeitsgrundsatz als Verpflichtung zur Geheimhaltung der Identität der Bieter und Antragsteller sowie des Inhalts der von diesen eingereichten Angebote und Anträge wird durch Informationspflichten des Auftraggebers gegenüber Dritten berührt[20]. Nach Art. 43 BLD-Richtlinie hat der Auftraggeber über jeden vergebenen Auftrag, jede Rahmenvereinbarung und jede Einrichtung eines dynamischen Beschaffungssystems einen Vergabevermerk anzufertigen, der der Kommission auf deren Ersuchen hin mitzuteilen ist. Der Umfang der im Vermerk anzugebenden Pflichtangaben wurde gegenüber dem alten Recht in seinem Umfang erweitert und umfasst unter anderem den Namen und die Anschrift des öffentlichen Auftraggebers sowie Gegenstand und Wert des Auftrags. Konkrete Angaben zum Angebotsinhalt müssen nicht gemacht werden. Unbedenklich sind

[19] *Kullack/Terner*, EU-Legislativpaket, Teil 1, S. 247.

[20] Zu den weitergehenden Informationspflichten im Rahmen einer elektronischen Auktion vgl. unten, S. 94.

ebenso die anonymisierten Angaben zur Statistik, die der Auftraggeber nach Art. 75, 76 BLD-Richtlinie (Art. 67 Sektoren-Richtlinie) machen muss.

Trotz der hervorgehobenen Bedeutung der Vertraulichkeit enthält die Richtlinie allerdings keine konkreten Vorgaben dazu, wie diese Vertraulichkeit gewährleistet werden soll; insbesondere schreibt sie nicht die zwingende Verschlüsselung der Angebote vor. Dies überrascht auch deshalb, weil Erwägungsgrund 37 BLD-Richtlinie (Erwägungsgrund 48 Sektoren-Richtlinie) – aus dem sich Rückschlüsse auf die Motivation des Gesetzgebers ziehen lassen – für die Auftragsvergabe ein besonderes Sicherheitsbedürfnis anerkennt, das über dem der Signatur-Richtlinie und der E-Commerce-Richtlinie liegt (Hervorhebung durch Verfasser):

> Die [Signatur-Richtlinie] und die [E-Commerce-Richtlinie] sollten für die elektronische Übermittlung von Informationen im Rahmen der vorliegenden Richtlinie gelten. Die Verfahren zur Vergabe öffentlicher Aufträge und die für Wettbewerbe geltenden Vorschriften erfordern *einen höheren Grad an Sicherheit und Vertraulichkeit* als in den genannten Richtlinien vorgesehen ist. Daher sollten die Vorrichtungen für den elektronischen Eingang von Angeboten, Anträgen auf Teilnahme und von Plänen und Vorhaben besonderen zusätzlichen Anforderungen genügen. Zu diesem Zweck sollte die Verwendung elektronischer Signaturen, insbesondere fortgeschrittener elektronischer Signaturen, so [w]eit wie möglich gefördert werden. Ferner könnten Systeme der freiwilligen Akkreditierung günstige Rahmenbedingungen dafür bieten, dass sich das Niveau der Zertifizierungsdienste für diese Vorrichtungen erhöht.

Der Gesetzgeber geht zwar auch davon aus, dass die Übermittlung von Informationen im Rahmen eines Vergabeverfahrens einen höheren Grad von Sicherheit und Vertraulichkeit erfordert als sonst im elektronischen Geschäftsverkehr üblich. Als „zusätzliche Anforderungen" nennt Erwägungsgrund 37 (bzw. 48) dann aber nur die Signierung der Angebote, die zur Sicherung der Vertraulichkeit ungeeignet ist. Diese Zurückhaltung erklärt sich vermutlich durch den Umstand, dass ein europaweiter Standard für Verschlüsselung noch nicht verfügbar ist[21]. Sie ist jedoch unbefriedigend, weil ohne Verschlüsselung insbesondere während der Übertragung der Daten deren Vertraulichkeit nicht gewährleistet werden kann[22].

Allerdings untersagt die Richtlinie den Auftraggebern nicht, bei der elektronischen Übermittlung der Angebote Verschlüsselung einzusetzen, wie sich aus Art. 42 Abs. 5 lit. a BLD-Richtlinie (Art. 48 Abs. 5 lit. a Sektoren-Richtlinie) ergibt („Spezifikationen... einschließlich der Verschlüsselung").

[21] *Schäfer*, EU-Legislativpaket, S. 775.

[22] Hierzu im näheren unten, S. 139.

3. Integrität und Authentizität

Neben dem Schutz der Vertraulichkeit der Angebote ist für Erfolg oder Misserfolg elektronischer Vergabeverfahren entscheidend, ob es gelingen wird, die Integrität und Authentizität der eingereichten Angebote zu gewährleisten[23]. Der Auftraggeber muss in der Lage sein nachzuprüfen, ob ein eingegangenes Angebot tatsächlich von demjenigen Bieter stammt, der aus ihm als Absender hervorgeht; er muss weiter auch in der Lage sein, den Bieter an seinem Angebot festzuhalten. Angesichts dieser zentralen Bedeutung der beiden Anforderungen überrascht, dass sie in der Richtlinie nur unvollständigen Niederschlag gefunden haben: Die Richtlinie schreibt zwar vor, die Integrität der Angebote müsse gewährleistet werden, auf die Authentizität der Angebote geht der Richtlinientext jedoch nicht ein.

Dies ist nur vor dem Hintergrund verständlich, dass im Gesetzgebungsverfahren – neben vielen anderen Details[24] – umstritten war, ob die Verwendung einer bestimmten Form elektronischer Signaturen zwingend vorgeschrieben oder die Entscheidung hierüber dem Auftraggeber überlassen werden sollte. Die jetzt verabschiedete Fassung ist damit eine Kompromisslösung, die unbefriedigend ist und erhebliche rechtliche Unsicherheiten und Schwierigkeiten bei der praktischen Anwendung mit sich bringen wird.

Nach Art. 42 Abs. 3 BLD-Richtlinie (Art. 48 Abs. 3 Sektoren-Richtlinie) ist „bei der Mitteilung bzw. Übermittlung und Speicherung von Informationen die Integrität der Daten [...] zu gewährleisten“. Damit ist eine Signierung der Daten nicht zwingend vorgeschrieben, weil eine Integritätsprüfung auch auf andere Weise erfolgen kann, etwa durch Prüfsummen[25]. Allerdings „können“ nach Abs. 5 lit. b die Mitgliedstaaten

> unter Beachtung des Artikels 5 der [Signatur-Richtlinie] verlangen, dass elektronisch übermittelte Angebote mit einer fortgeschrittenen elektronischen Signatur gemäß Artikel 5 Absatz 1 der genannten Richtlinie versehen sind.

Diese „fortgeschrittenen“ Signaturen nach Art. 5 der Signatur-Richtlinie sind solche fortgeschrittenen Signaturen im Sinne des deutschen SigG, die auf einem qualifizierten Zertifikat beruhen und die mit einer sicheren Signaturerstellungsein-

[23] Ein Dokument ist integer, wenn es nicht verändert worden ist; es ist authentisch, wenn es von dem Urheber stammt, der als solcher bezeichnet ist. Zu beiden Begriffen vgl. oben, S. 41.

[24] *Knauff*, S. 141.

[25] Ein Beispiel hierfür ist die Prüfziffer bei dem zur Identifikation von Büchern verwendeten ISBN-Code.

heit erstellt werden. Sie entsprechen nach deutscher Terminologie der qualifizierten Signatur[26].

Angebote sind nach der Richtlinie nicht zwingend zu signieren, sondern nur dann, wenn die Mitgliedstaaten dies bei der nationalen Umsetzung verlangen. Die Mitgliedstaaten können statt der fortgeschrittenen auch eine der einfacheren Signaturformen nach der Signatur-Richtlinie wie die (schlichte) elektronische Signatur oder die fortgeschrittene Signatur ohne qualifiziertes Zertifikat vorschreiben oder auf eine Signatur gänzlich verzichten[27]. Umgekehrt eine höherstufige Signatur, namentlich die (nach deutschem Recht) akkreditierte Signatur zu verlangen, gestattet die Richtlinie nicht, weil hiermit ein noch gesteigerter technischer und finanzieller Aufwand verbunden wäre.

4. Angebot von Zertifizierungsdiensten

Art. 42 Abs. 5 lit. c BLD-Richtlinie (Art. 48 Abs. 5 lit. c Sektoren-Richtlinie) sieht vor, dass die Mitgliedstaaten freiwillige Akkreditierungssysteme einführen oder beibehalten können, die zu einem verbesserten Angebot von Zertifizierungsdiensten für die Vorrichtungen zur Übermittlung und für den Empfang von elektronischen Erklärungen (Angebote, Anträge auf Teilnahme) führen sollen. Wie bereits dargelegt, war die Kommission nicht den Forderungen aus der Wirtschaft und dem Änderungsvorschlag 75 des Europäischen Parlaments (vgl. oben, S. 67) gefolgt, die technischen Sicherungsmaßnahmen des Auftraggebers zwingend durch neutrale Instanzen prüfen zu lassen.

Allerdings bleibt es dem Auftraggeber unbenommen, seine Übermittlungs- und Empfangsvorrichtungen freiwillig zertifizieren zu lassen. Sofern noch nicht vorhanden, können die Mitgliedstaaten hierfür jetzt entsprechende Dienstleistungen selbst anbieten oder durch Private anbieten lassen. In Deutschland kommt hierfür möglicherweise das Datenschutzaudit nach § 9a BDSG in Betracht, bei dem (öffentliche und private) datenverarbeitende Stellen ihr Datenschutzkonzept sowie ihre technischen Einrichtungen durch unabhängige Gutachter prüfen und bewerten lassen können. Das Datenschutzkonzept umfasst dabei nicht nur Vorkehrungen zur Gewährleistung des Datenschutzes im engeren Sinne, sondern auch zur Gewährleistung der Datensicherheit[28].

Das in § 9a BDSG angekündigte Umsetzungsgesetz fehlt auf Bundesebene bis heute. Allerdings haben einzelne Bundesländer durch Landesgesetz die Möglich-

---

[26] Vgl. oben, S. 36.

[27] Im Gesetzgebungsverfahren war der vom Europäischen Parlament eingebrachte Änderungsvorschlag 73 (vgl. oben, S. 67), der eine obligatorische fortgeschrittene elektronische Signatur im Sinne der Signaturrichtlinie vorsah, von der Kommission abgelehnt worden.

[28] Simitis-*Bizer*, § 9a Rdn. 59.

keit einer Auditierung für datenverarbeitende öffentliche Stellen des Landes eingeführt[29].

III. Anhang X: Anforderungen an technische Empfangsvorrichtungen

Nach Art. 42 Abs. 5 lit. a S. 2 BLD-Richtlinie (Art. 48 Abs. 5 lit. a S. 2 Sektoren-Richtlinie) müssen die Vorrichtungen, die für den elektronischen Eingang der Angebote und Anträge auf Teilnahme verwendet werden, den Anforderungen des Anhangs X genügen (Anhang XXIV der Sektoren-Richtlinie). Dieser Anhang („Anforderungen an Vorrichtungen für die elektronische Entgegennahme der Angebote, der Anträge auf Teilnahme oder der Pläne und Entwürfe für Wettbewerbe"; Abweichungen in der Sektoren-Richtlinie, soweit im untersuchten Zusammenhang erheblich, sind jeweils kursiv angegeben) lautet:

> Die Geräte (*Vorrichtungen*) für die elektronische Entgegennahme (*den elektronischen Eingang*) der Angebote, der Anträge auf Teilnahme sowie der Pläne und Entwürfe müssen mittels geeigneter technischer Mittel und entsprechender Verfahren gewährleisten, dass
>
> BLD-Richtlinie:
> a) die die Angebote, die Anträge auf Teilnahme und den Versand von Plänen und Entwürfen betreffenden elektronischen Signaturen den einzelstaatlichen Vorschriften gemäß der Richtlinie 1999/93/EG entsprechen,
>
> Sektoren-Richtlinie:
> a) elektronische Signaturen von Angeboten/Anträgen auf Teilnahme, Prüfungsanträgen und betreffend den Versand von Plänen und Entwürfen den einzelstaatlichen Vorschriften gemäß der Richtlinie 1999/93/EG entsprechen;
>
> b) die Uhrzeit und der Tag des Eingangs der Angebote, der Anträge auf Teilnahme und der Pläne und Entwürfe genau bestimmt werden können;
>
> c) es als sicher gelten kann, dass niemand vor den festgesetzten Terminen Zugang zu den gemäß den vorliegenden Anforderungen übermittelten Daten haben kann;
>
> d) es bei einem Verstoß gegen dieses Zugangsverbot als sicher gelten kann, dass der Verstoß sich eindeutig aufdecken lässt;

[29] Nachweise bei *Roßnagel* in Roßnagel, Handbuch Datenschutzrecht, S. 457.

e) die Zeitpunkte der Öffnung der eingegangenen Daten ausschließlich von den ermächtigten Personen festgelegt oder geändert werden können;

f) in den verschiedenen Phasen des Verfahrens der Auftragserteilung bzw. des Wettbewerbs der Zugang zu allen vorgelegten Daten - bzw. zu einem Teil dieser Daten - nur möglich ist, wenn die ermächtigten (*befugten*) Personen gleichzeitig tätig werden;

g) der Zugang zu den übermittelten Daten bei gleichzeitigem Tätigwerden der ermächtigten Personen erst nach dem festgesetzten Zeitpunkt möglich ist;

h) die eingegangenen und gemäß den vorliegenden Anforderungen geöffneten Angaben ausschließlich den zur Kenntnisnahme ermächtigten Personen zugänglich bleiben.

Der Anhang verwendet insgesamt vier verschiedene Begriffe, um das Schutzobjekt der technischen Sicherheitsvorkehrungen zu beschreiben: „übermittelte Daten" (lit. c und g), „eingegangene Daten" (lit. e), „vorgelegte Daten" (lit. f) oder gar „eingegangene Angaben" (lit. h). Die englische und französische Fassung begnügen sich mit immerhin je drei verschiedenen Termini[30]. Gemeint sind jeweils Angebote, Anträge auf Teilnahme sowie Pläne und Entwürfe (Anhang X, S. 1 BLD-Richtlinie) bzw. Angebote, Anträge auf Teilnahme, Prüfungsanträge sowie Pläne und Entwürfe (Sektoren-Richtlinie). Die Anhänge gehen damit über den Rahmen des Art. 42 Abs. 5 lit. a S. 2 BLD-Richtlinie (Art. 48 Abs. 5 lit. a S. 2 Sektoren-Richtlinie) hinaus, weil die Anhänge über diese Vorschriften hinaus auch Anforderungen an Geräte bzw. Vorrichtungen enthält, soweit diese *Pläne und Entwürfe* entgegennehmen. Eine inhaltliche Abweichung gegenüber Art. 42 Abs. 5 lit. a S. 2 BLD-Richtlinie (Art. 48 Abs. 5 lit. a S. 2 Sektoren-Richtlinie) stellt dies aber nicht dar, da im Vergabeverfahren Pläne und Entwürfe nicht isoliert, sondern als Bestandteil eines Angebots eingereicht werden.

Dies ist jedoch nicht die einzige Ungereimtheit: Die deutsche Fassung („entsprechende" Verfahren) ist missverständlich, weil nicht festgelegt ist, wem oder was die Verfahren entsprechen sollen (möglicherweise *technische* Mittel und *entsprechende*, also ebenfalls technische Verfahren?). Nach anderen Sprachfassungen müssen die Verfahren „geeignet" sein (engl. *appropriate*, frz. *appropriés*, schwed. *lämpliga*).

[30] Englisch: „data transmitted" (c, g), „data received" (e, h) und „data submitted" (f), Französisch „données transmises" (c, g), „données reçues" (e, h) und „données soumises" (f). Die deutsche Fassung weicht in lit. h von den anderen Sprachvarianten ab („Angaben" statt „Daten").

Die Anhänge ergänzen Art. 42 Abs. 3 BLD-Richtlinie (Art. 48 Abs. 3 Sektoren-Richtlinie) und regeln unterschiedliche technische Anforderungen an die Übertragungs- und Empfangsgeräte bzw. -vorrichtungen, die im folgenden erörtert werden sollen.

1. Lit. a: Signatur

Wie bereits dargelegt, verlangt die Richtlinie keine obligatorische Signierung eingehender Angebote und Anträge auf Teilnahme, räumt aber in Art. 42 Abs. 5 lit. b BLD-Richtlinie (Art. 48 Abs. 5 lit. b Sektoren-Richtlinie) den Mitgliedstaaten die Möglichkeit ein vorzusehen, dass Angebote (nicht jedoch auch Teilnahmeanträge oder Pläne und Entwürfe) zwingend mit einer „fortgeschrittenen" Signatur im Sinne von Art. 5 Abs. 1 der Signaturrichtlinie zu versehen sind.

Nach lit. a müssen die Empfangsvorrichtungen bzw. -geräte gewährleisten, dass die Signaturen der Angebote, der Anträge auf Teilnahme und sonstiger einzureichender Mitteilungen den einzelstaatlichen Vorschriften gemäß der Signatur-Richtlinie entsprechen. Signaturen für diese genannten Informationen werden jedoch stets vom *Absender* erzeugt. Es ist nicht ersichtlich, auf welche Weise der *Empfänger*, an den sich die Anhänge wenden („Anforderungen an Vorrichtungen für die elektronische *Entgegennahme*"), durch seine *Empfangsvorrichtungen* gewährleisten könnte, dass die vom Absender erzeugten Signaturen den nationalen Vorschriften zur Umsetzung der Signatur-Richtlinie entsprechen. Denn er kann Bieter nicht davon abhalten, Angebote mit einer Signatur zu versehen und einzureichen, die nicht den genannten Vorschriften entspricht, wenngleich der Bieter dies tunlich vermeiden wird, um nicht Gefahr zu laufen, mit seinem Angebot ausgeschlossen zu werden[31]. Sinnvollerweise ist lit. a daher so zu interpretieren, dass die vom Auftraggeber aufgestellten *technischen Anforderungen* hinsichtlich der Signatur den Richtlinien-Vorgaben entsprechen. Der Auftraggeber darf also nur richtlinien- bzw. gesetzeskonforme Signaturen verlangen.

2. Lit. b: Dokumentation des Eingangszeitpunkts

Nach lit. b muss der genaue Zeitpunkt des Eingangs eines Angebots bzw. eines Antrags auf Teilnahme und der dazugehörigen Pläne und Entwürfe dokumentiert werden. Diese Kennzeichnung eingehender Angebote dient der Feststellung, ob das einzelne Angebot rechtzeitig vorgelegen hat. Verspätet eingehende Angebote können von Prüfung und Wertung ausgeschlossen werden.

Im „analogen" Kontext werden eingehende Angebote wie alle einkommenden Postsendungen auf der Poststelle mit einem Eingangsstempel versehen. Lit. b ver-

[31] Die Richtlinie enthält hierzu keine Regelung; nach noch geltendem Recht ist ein Ausschluss zwingend, § 25 Nr. 1 Abs. 1 lit. b VOB/A bzw. VOL/A.

langt eine vergleichbare[32] technische Einrichtung für digitale Angebote; eine gesonderte Vorschrift für papiergebundene Angebote enthält die Richtlinie nicht. Die erforderliche Funktionalität wird als „Zeitstempeldienst" bezeichnet. Durch einen Zeitstempel wird bestätigt, dass ein bestimmtes elektronisches Dokument zu einem bestimmten Zeitpunkt bei der den Zeitstempel ausstellenden Person oder Institution vorgelegen hat. Dazu werden der Hashwert des Dokumentes und eine aktuelle Datums- und Uhrzeitangabe signiert[33]. Entsprechende Hardware- und Softwarelösungen können von der jeweiligen Stelle selbst betrieben werden, alternativ können etablierte Zeitstempeldienste über das Internet genutzt werden, deren Ergebnis von den „Empfangsvorrichtungen" ausgewertet und dem Absender mitgeteilt wird.

3. Lit. c: Schutz vor verfrühter Kenntnisnahme

Lit. c schreibt vor, es müsse als sicher gelten, dass niemand vor den festgesetzten Öffnungsterminen Zugang zu den übermittelten Daten erhalten könne. „Zugang" ist dabei nicht im juristischen Sinne als Eingang der Daten in den Machtbereich des Empfängers zu verstehen, sondern – wie der Vergleich mit der englischen („access") bzw. französischen Fassung („accès") zeigt – im tatsächlichen Sinne als Möglichkeit des Zugriffs bzw. der Kenntnisnahme.

Lit. c stellt keine objektive Bedingung auf (also nicht: „niemand *darf* vor den festgesetzten Terminen... Zugang haben"), sondern gibt ein Sicherheitsniveau vor, bei dem mit ganz überwiegender Wahrscheinlichkeit eine Verletzung des geschützten Rechtsgutes (hier: der Vertraulichkeit) ausgeschlossen werden soll. Bestimmte Maßnahmen, wie dieses Ziel zu erreichen sei, enthält die Richtlinie nicht. Dies trägt dem Umstand Rechnung, dass sich die technischen Anforderungen fortlaufend ändern und eine regelmäßige Anpassung der Richtlinie erforderlich wäre.

Absolute Sicherheit ist nie zu erreichen und wird von lit. c auch nicht verlangt. Allerdings kann es „als sicher gelten", dass das vorgegebene Ziel erreicht wird, wenn bei den Sicherungsmaßnahmen der *aktuelle Stand der Technik* eingehalten wird, an den lit. c somit – wenngleich nicht ausdrücklich – anknüpft. Während beim „Stand der Wissenschaft und Technik" diejenige Vorsorge zu treffen ist, die nach den neuesten wissenschaftlichen Erkenntnissen für erforderlich gehalten wird, unabhängig davon, ob sie technisch zu verwirklichen ist oder nicht[34], verlangt der „Stand der Technik" nicht jedes Mittel gleich zu welchem Preis. Erforderlich ist vielmehr nur ein solcher Aufwand an technischen Maßnahmen, der in angemesse-

[32] Eine „digitale Poststelle" wird nicht ausdrücklich verlangt. Sie wäre auch mit Sicherheitsnachteilen verbunden; vgl. dazu unten, S. 146.

[33] *Meinhold/Luckhard*, S. 114 f.

[34] Zu den verschiedenen Kategorien eingehend *Seibel*, S. 267 f.; ferner *Jarass*, § 3 Rdn. 95.

nem, vernünftigem Verhältnis zum angestrebten Sicherheitsniveau steht[35]. Bei der Beurteilung der Angemessenheit ist damit auch die wirtschaftliche *Vernünftigkeit* der Mittel zu berücksichtigen[36]. In der englischen und französischen Sprachfassung kommt dies auch sprachlich deutlich zum Ausdruck[37].

Die Verwendung der Pluralform „die festgesetzten Termine“ ist dadurch zu erklären, dass die Anhänge Anforderungen an „*Geräte* für Ausschreibungen“ (im Plural) enthalten. Lit. c darf daher nicht etwa so verstanden werden, dass innerhalb eines Vergabeverfahrens mehrere „Termine“ festgesetzt werden könnten, zu denen der Zugang zu den Daten nur möglich sein soll. Die Verwendung des Begriffs „Termin“ ist in diesem Zusammenhang missverständlich, entspricht allerdings der überkommenen deutschen Terminologie. Deutlicher sind etwa die englische, spanische und schwedische Fassung, die statt von „Terminen“ von festgesetzten „Fristen“ sprechen, vor deren Ablauf der „Zugang“ (Zugriff, vgl. oben) nicht möglich sein soll[38]. Diese Fristen müssen dabei jedoch nicht exakt eingehalten werden; sie bestimmen lediglich den Zeitpunkt, ab dem *frühestens* der Inhalt zugänglich sein soll und vor dem ein Zugriff unzulässig ist. Bei der elektronischen Auktion ist der „festgelegte Zeitpunkt“ die erste vollständige Evaluierung der Angebote nach Art. 54 Abs. 4 S. 1 BLD-Richtlinie (Art. 56 Abs. 4 S. 1 Sektoren-Richtlinie).

Inhaltlich geht lit. c über Art. 42 BLD-Richtlinie (Art. 48 Sektoren-Richtlinie) hinaus, dessen Abs. 3 S. 2 eine solche zeitlich gebundene Vertraulichkeit lediglich für Angebote und Anträge auf Teilnahme vorsieht. Nach lit. c sollen entsprechende Fristen auch für Pläne und Entwürfe vorgegeben werden können.

4. Lit. d: Nachweisbarkeit eines Verstoßes

Nach lit. d muss es als sicher gelten, dass ein Verstoß „gegen dieses Zugangsverbot“ eindeutig erkennbar ist. Lit. d bezieht sich auf lit. c, der allerdings selbst gar kein „Zugangsverbot“ aufstellt, sondern – im Rahmen des Anhangs – lediglich bestimmte technische Sicherheitsvorkehrungen festlegt, mit denen an anderer Stelle festgelegte Zugangsregeln durchgesetzt werden sollen. Das „Zugangsverbot“, das nach lit. d mit technischen Mitteln bewehrt sein soll, ist dasjenige aus Art. 42 Abs. 3 S. 2 BLD-Richtlinie (Art. 48 Abs. 3 S. 2 Sektoren-Richtlinie). Folglich soll ein (verbotener) Zugang zu den „übermittelten Daten“ vor dem festgesetzten Zeitpunkt nachweisbar sein. Mit dem – aktiven – *Nachweis* eines Zugangs ist technisch ein völlig anderes Problem angesprochen als die bloße – passive – *Verhinderung*

[35] *Kutscheidt* in Landmann/Rohmer, § 3 BImSchG Rdn. 29 und 32.

[36] *Petersen*, S. 295 ff., insbes. 300 f; *Steinberg/Koepfer*, S. 980.

[37] Engl. „it may be reasonably assured“, frz. „il peut être raisonnablement assuré“.

[38] Im engl. Text „time-limits laid down“, span. „plazos especificados“, schwed. „fastställda tidsfristerna“. Ähnlich die französische Fassung: „dates limites“ (Schlusstermine).

eines solchen Zugriffs; es wird gesondert zu untersuchen sein, inwieweit ein solcher Nachweis technisch möglich ist (dazu unten, S. 172 f.).

5. Lit. e: Zeitpunkt der Öffnung

Nach lit. e dürfen ausschließlich ermächtigte Personen in der Lage sein, die Zeitpunkte der Öffnung der eingegangenen Daten festzulegen oder zu ändern. Dieser „Zeitpunkt der Öffnung" ist nicht zu verwechseln mit dem Zeitpunkt des *Ablaufens der Angebotsfrist*, beide Zeitpunkte sind nach noch geltendem deutschem Vergaberecht voneinander unabhängig: Die VOB/A sieht vor, dass die Angebotsfrist mit dem Beginn der Öffnung der Angebote endet (§ 18 Nr. 2 VOB/A), während im Verfahren nach VOL/A die Öffnung unverzüglich nach Ablauf der Angebotsfrist zu erfolgen hat (§ 22 Nr. 2 Abs. 1 VOL/A). Bis zum Ablauf der Angebotsfrist dürfen die Angebote von niemandem eingesehen werden (Art. 42 Abs. 3), dies ist auch durch technische Maßnahmen sicherzustellen (Anhang, lit. c). Um den Schutz der Vertraulichkeit zu gewährleisten, muss gewährleistet sein, dass niemand – also insbesondere der Auftraggeber nicht – das Ende der festgelegten Angebotsfrist zeitlich nach vorne verlegen kann.

Dieses Problem betrifft lit. c jedoch nicht, denn die „Angebotsfrist" (VOB/A und VOL/A) oder „Frist für die Einreichung der Angebote" (Art. 42 Abs. 3) ist nicht identisch mit dem „Öffnungszeitpunkt" nach lit. e. Vielmehr bestimmt lit. e, dass allein die „ermächtigten Personen" bestimmen dürfen, wann die eingegangenen Daten von ihnen geöffnet werden. Unvereinbar hiermit (und mit lit. f und h) wäre ein Automatismus, der mit Ablauf der „Frist für die Einreichung der Angebote" ohne weiteres menschliches Zutun alle vertraulichen Angebote öffnet und in lesbarer Form darstellt.

6. Lit. f: Vier-Augen-Prinzip

Lit. f bestimmt, dass in den verschiedenen Phasen des Vergabeverfahrens der Zugang zu den vorgelegten Daten insgesamt oder zu einem Teil nur bei gleichzeitigem Tätigwerden der ermächtigten (Anhang XXIV Sektoren-Richtlinie: befugten) Personen zugänglich sein darf. In der Praxis verfahren Auftraggeber bereits heute in der Regel nach dem „Vier-Augen-Prinzip", nach dem die (schriftlich eingegangenen) Angebote vom Sachbearbeiter im Beisein einer weiteren Person geöffnet und inhaltlich festgestellt werden[39]. Dadurch werden Manipulationen bei der Auswertung des Angebotes erschwert.

[39]Die geltende VOL schreibt dies ausdrücklich vor, § 22 Nr. 2 Abs. 2 VOL/A. Nach der VOB ist die Anwesenheit eines zweiten Vertreters des Auftraggebers nicht erforderlich, doch werden hier die Angebote in Anwesenheit der Bieter verlesen (§ 22 Nr. 1 VOB/A), wodurch ebenfalls Öffentlichkeit hergestellt wird.

Lit. f geht nicht näher darauf ein, welcher „Teil" der Daten besonders schützenswert sein soll. Die Vorschrift geht davon aus, dass es innerhalb eines einzelnen elektronischen Dokuments, etwa einem Angebot, geheimhaltungsbedürftige Teile und solche Teile gibt, die nicht der Geheimhaltung unterliegen. Entsprechend kommt dies auch in Art. 6 a. E. BLD-Richtlinie (Art. 13 Abs. 2 a. E. Sektoren-Richtlinie) zum Ausdruck, der „vertrauliche Aspekte" innerhalb des Angebots kennt. In Art. 42 (Art. 48) findet sich diese Aufteilung der Angebote und Anträge in vertrauliche und nicht vertrauliche Teile nicht wieder.

7. Lit. g: Zugang bei gleichzeitigem Tätigwerden

Lit. g schreibt vor, dass der Zugang zu den übermittelten Daten bei gleichzeitigem Tätigwerden der ermächtigten Personen erst nach dem festgesetzten Zeitpunkt möglich sein darf. Einen sinnvollen Gehalt hat lit. g nicht auf den ersten Blick; sicherlich darf nicht im Umkehrschluss gefolgert werden, bei mehreren ermächtigten Personen dürften diese zwar *gemeinsam* erst *nach* dem festgesetzten Zeitpunkt, *einzeln* handelnd aber bereits *vor* diesem Zeitpunkt Zugang zu den Daten erhalten. Die englische Fassung stellt einen anderen Aspekt in den Vordergrund:

> Simultaneous action by authorised persons must give access to data transmitted only after the prescribed date.

Danach darf der Schutz vor verfrühter Kenntnisnahme nicht ausschließlich darauf beruhen, dass mehrere Personen gleichzeitig tätig werden müssen; vielmehr darf auch bei versuchtem kollusivem Zusammenwirken aller ermächtigten Personen die Kenntnisnahme erst nach dem festgelegten Zeitpunkt möglich sein. Lit. g ist daher in Ergänzung zu lit. f so verstehen, dass *auch* bei gleichzeitigem Tätigwerden der ermächtigten Personen der Zugang erst nach dem festgesetzten Zeitpunkt möglich sein darf.

8. Lit. h: Fortdauernder Zugriffsschutz

Lit. h schreibt vor, dass die eingegangenen Informationen auch nach ihrer „Öffnung" ausschließlich den zur Kenntnisnahme befugten Personen zugänglich bleiben dürfen. Angebote und Anträge dürfen danach beim Auftraggeber nicht jedermann zugänglich gespeichert werden.

C. Neue Verfahrensarten

Um den Wettbewerb auszuweiten und die Effizienz des öffentlichen Beschaffungswesens durch eine beschleunigte Verfahrensabwicklung zu verbessern[40], führt die

[40] BLD-Richtlinie, Erwägungsgrund 12.

Richtlinie neue Techniken der Online-Beschaffung ein: Das „dynamische Beschaffungssystem“ in Art. 33 (Art. 15 der Sektoren-Richtlinie) sowie die elektronische Auktion in Art. 54 (Art. 56 der Sektoren-Richtlinie) sind zwei neue, speziell auf elektronischen Datenaustausch hin ausgerichtete Verfahrensvarianten. Die Zulassung beider Neuerungen steht im Ermessen der Mitgliedstaaten (Art. 33 Abs. 1 bzw. 54 Abs. 1).

I. Das dynamische Beschaffungssystem, Art. 33 BLD-Richtlinie

Nach der Legaldefinition in Art. 1 Abs. 6 BLD-Richtlinie (Art. 1 Abs. 5 Sektoren-Richtlinie) ist das „dynamische Beschaffungssystem“ ein vollelektronisch arbeitendes System für die Beschaffung marktüblicher Leistungen. Es soll den öffentlichen Auftraggebern „ermöglichen, durch die Einrichtung eines Verzeichnisses von bereits ausgewählten Bietern und die neuen Bietern eingeräumte Möglichkeit, sich daran zu beteiligen, dank der eingesetzten elektronischen Mittel über ein besonders breites Spektrum von Angeboten zu verfügen, und somit durch Ausweitung des Wettbewerbs eine optimale Verwendung der öffentlichen Mittel zu gewährleisten“[41]. Die „Dynamik“ des Beschaffungssystems besteht darin, dass es nicht nur für einen einmaligen Beschaffungsvorgang, sondern für mehrere Beschaffungen genutzt werden kann[42] und zwischen diesen Vorgängen durch neu eingestellte Angebote und neu hinzukommende Bieter weiterentwickelt wird.

Das dynamische Beschaffungssystem basiert ausschließlich auf elektronischer Kommunikation, Art. 33 (bzw. Art. 15) Abs. 2 S. 3. Da auch bei dieser Verfahrensvariante Angebote zumindest einmalig daraufhin geprüft werden müssen, ob sie den Ausschreibungsvorgaben entsprechen (Art. 33 bzw. Art. 15 Abs. 4: Prüfung, ob ein Anbieter mit einem bestimmten Angebot zum Verfahren zugelassen wird; Abs. 6: Zuschlagserteilung auf „das beste Angebot“), wird das dynamische Beschaffungssystem in der Regel kein „vollelektronisch arbeitendes System“, also kein vollständig automatisierter Entscheidungsprozess sein.

Der Verfahrensablauf in einem dynamischen Beschaffungssystem orientiert sich am Ablauf eines herkömmlichen offenen Verfahrens (Art. 33 bzw. 15 Abs. 2 S. 1). Zur Einrichtung des Systems (Abs. 3) veröffentlicht der Auftraggeber eine Bekanntmachung, in der die Einrichtung angekündigt wird. In den Verdingungsunterlagen wird die Art der geplanten Beschaffungen beschrieben, die technischen Grundlagen des Beschaffungssystems (die „verwendete elektronische Ausrüstung und die technischen Vorkehrungen und Merkmale der Verbindung“) werden mitgeteilt. Ab dem Zeitpunkt der Veröffentlichung der Bekanntmachung erhalten alle Bieter freien Zugang zu den Verdingungsunterlagen und zusätzlichen Dokumenten.

[41] BLD-Richtlinie, Erwägungsgrund 13.
[42] *Stöckli/Zufferey*, S. 13.

Die Bieter reichen zunächst unverbindliche Angebote ein, anhand derer der Auftraggeber prüft, ob sie die Eignungskriterien erfüllen. Alle Bieter, für die dies zutrifft, werden zur Teilnahme am dynamischen System zugelassen (Abs. 2 S. 2). Bieter können auch zur Teilnahme an einem bereits in Gang gesetzten Beschaffungssystem zugelassen werden, wenn sie ein ordnungsgemäßes Angebot vorlegen; der Auftraggeber hat vor jedem zu vergebenden Auftrag alle interessierten Wirtschaftsteilnehmer aufzufordern, ein solches Angebot abzugeben (Abs. 5 S. 2).

Innerhalb des Systems werden Aufträge unter allen zugelassenen Bietern nach folgendem Verfahren vergeben: Für jeden Einzelauftrag erfolgt ein gesonderter Aufruf zum Wettbewerb (Abs. 5 S. 1), auf den hin alle am System beteiligten Bieter Angebote einreichen können. Der Auftrag wird an den Bieter vergeben, der nach den zuvor festgelegten und in der Bekanntmachung zur Einrichtung des Systems publizierten Eignungskriterien das beste Angebot vorgelegt hat (Abs. 6 S. 3).

Das Diskriminierungsverbot und der Grundsatz der Transparenz aus Art. 2 wurde auch in Art. 33 BLD-Richtlinie (Art. 15 Sektoren-Richtlinie) verankert: Nach Abs. 7 S. 1 dürfen die öffentlichen Auftraggeber das dynamische Beschaffungssystem nicht in einer Weise anwenden, durch die der Wettbewerb behindert, eingeschränkt oder verfälscht wird. Um dies zu gewährleisten, enthält Art. 33 (bzw. Art. 15) zahlreiche weitere Vorgaben: Um möglichst vielen Bietern die Teilnahme am System zu ermöglichen, muss der Auftraggeber während der gesamten Laufzeit des Systems jedem Wirtschaftsteilnehmer die Möglichkeit einräumen, ein unverbindliches Angebot zu unterbreiten, um – Erfüllung der Eignungskriterien vorausgesetzt – zur Teilnahme zugelassen zu werden (Abs. 4 S. 1). Über das Ergebnis dieser Prüfung ist der Teilnehmer unverzüglich zu unterrichten (Abs. 4 S. 4). Weiter muss vor jedem zu vergebenden Einzelauftrag ein erneuter Aufruf zum Wettbewerb erfolgen, in dem alle Interessenten aufgefordert werden, sich zur Teilnahme am System zu bewerben (Abs. 5 S. 1). Außer in Sonderfällen, die einer besonderen Begründung bedürfen, darf die Laufzeit eines dynamischen Beschaffungssystems vier Jahre nicht überschreiten (Abs. 7 S. 1).

Nach Abs. 3 lit. b muss der Auftraggeber bereits bei Einrichtung des Beschaffungssystems in den Verdingungsunterlagen „alle erforderlichen Informationen betreffend das Beschaffungssystem" angeben. Wie sich aus Abs. 6 Unterabsatz 2 ergibt, zählen hierzu auch die Kriterien, anhand derer später die Zuschlagsentscheidung getroffen werden soll. Zur Klarstellung hätte sich insoweit ein Verweis auf Art. 53 BLD-Richtlinie (Art. 55 Sektoren-Richtlinie) empfohlen, der den Auftraggeber verpflichtet, in den Verdingungsunterlagen die Zuschlagskriterien anzugeben. Diese Vorschrift ist im Rahmen des dynamischen Beschaffungssystems nicht direkt anwendbar, da sie nach ihrem Abs. 2 nur in Fällen gilt, in denen der Zuschlag auf das „wirtschaftlich günstigste" Angebot erteilt werden soll, während im Rahmen des dynamischen Beschaffungssytems das „beste" Angebotes ermittelt werden soll, Art. 33 (bzw. Art. 15) Abs. 6 Unterabsatz 2.

Für große Auftraggeber kann sich die Einrichtung eines dynamischen Beschaffungssystems lohnen, wenn die Umsetzung in das nationale Recht gelingt. Da nach Abs. 7 S. 3 den betreffenden Wirtschaftsteilnehmern oder den am System teilnehmenden Parteien keine Bearbeitungsgebühren in Rechnung gestellt werden dürfen, ist die Nutzung dieses Systems für Bieter mit nur geringem Risiko verbunden. Ihre Kosten beschränken sich auf den Aufwand, der mit der Erstellung eines Angebotes verbunden ist. Allerdings werden möglicherweise die Auftraggeber von den mit Einrichtung und Betrieb des Systems verbundenen Kosten abgeschreckt: Denn diese Kosten kann der Plattformbetreiber – entweder der Auftraggeber selbst oder ein von diesem beauftragter Dritter – nicht an die Bieter weitergeben, sondern sie sind vom Auftraggeber selbst zu tragen.

II. Die elektronische Auktion, Art. 54 BLD-Richtlinie

Elektronische Auktionen sind im Internet inzwischen weit verbreitet, insbesondere im privaten Bereich (B2C und C2C). Dort dominieren bislang sogenannte *vorwärtsgerichtete* Auktionen, bei denen eine Ware oder Dienstleistung angeboten wird und Interessenten über einen gestreckten Zeitraum jeweils höhere Angebote abgeben. Nach Ablauf einer vorgegebenen Zeit oder wenn eine bestimmte Zeit lang kein weiteres Angebot abgegeben wird, erfolgt der Zuschlag auf das zu diesem Zeitpunkt höchste Gebot.

Neben diesen vorwärtsgerichteten Auktionen gibt es sogenannte *inverse* Auktionen („reverse auctions"), bei denen die Initiative vom *Nachfrager* einer Ware oder Dienstleistung ausgeht. Dieser macht eine genaue Beschreibung der von ihm gewünschten Ware oder Leistung bekannt, Interessenten – hier die Anbieter der Leistung – geben dann in aufeinanderfolgenden Runden jeweils niedrigere Gebote ab. In diesem Verfahren wird der günstigste Anbieter ermittelt, der schließlich den Zuschlag erhält[43].

Nach Schätzungen sollen öffentliche Auftraggeber mit inversen Auktionen allein in Deutschland jährlich rund 1 bis 1,5 Mrd. Euro sparen können[44]. Daher mehren sich die Stimmen, die verlangen, diese für die Nachfragerseite als besonders günstig erscheinende Form der Vertragsanbahnung auch für die öffentlichen Auftraggeber

[43] *KPMG AG*, S. 9 f.

[44] *KPMG AG*, S. 43. Die Schätzung beruht auf einer Übertragung von Erfahrungswerten aus der Privatwirtschaft; für die öffentliche Beschaffung durch Auktionen liegen bislang keine eigenen Erfahrungswerte vor. Skeptisch daher auch *Schäfer*, Das Legislativpaket, Rdn. 34: „erhebliche Ungenauigkeiten bezüglich realistischer Einsparpotentiale".

nutzbar zu machen. Bisher wurde sie in Deutschland jedoch nicht eingesetzt, weil die ältere Rechtsprechung inverse Auktionen für unvereinbar mit den Grundsätzen des Geheimwettbewerbs und des Nachverhandlungsverbotes hielt[45]. Die Richtlinien sollen jetzt die Auftragsvergabe für inverse Auktionen öffnen[46]. Art. 54 BLD-Richtlinie (Art. 56 Sektoren-Richtlinie) enthält zum Verfahrensablauf einer solchen Auktion besondere Regelungen, mit denen sichergestellt werden soll, dass Auktionen unter uneingeschränkter Wahrung der Grundsätze der Gleichbehandlung, der Nichtdiskriminierung und der Transparenz ablaufen.

Nach den Richtlinien ist die Durchführung einer elektronischen Auktion bei offenen und nicht offenen Verfahren sowie Verhandlungsverfahren zur Vergabe solcher Aufträge zulässig, deren Gegenstand sich hinreichend präzise beschreiben lässt (Abs. 2 S. 1). Auch innerhalb einer Rahmenvereinbarung kann eine Auktion durchgeführt werden, sie lässt sich zudem mit einem dynamischen Beschaffungssystem kombinieren (Abs. 2 S. 2). Weil das Verfahren weitgehend automatisiert ablaufen soll, eignen sich nicht alle Aufträge für die Vergabe in elektronischen Aktionen. Im Gesetzgebungsverfahren war insbesondere umstritten, für welche Waren und Leistungen eine Auktion sollte durchgeführt werden können. Nach der Richtlinie können nur solche Komponenten über eine elektronische Auktion beschafft werden, die *quantifizierbar* sind, d.h. in Ziffern oder Prozentzahlen ausgedrückt und dadurch auf elektronischem Wege automatisch beurteilt werden können (Erwägungsgrund 14 BLD-Richtlinie), insbesondere anhand des Preises[47]. Nicht quantifizierbar sind Bau- und Dienstleistungsaufträge, bei denen eine geistige Leistung zu erbringen ist (Art. 1 Abs. 7 BLD-Richtlinie, Art. 1 Abs. 6 Sektoren-Richtlinie). Weiterhin müssen die Komponenten hinreichend präzise beschrieben werden können (Art. 54 Abs. 2 BLD-Richtlinie bzw. Art. 56 Abs. 2 Sektoren-Richtlinie). Eine Auktion kommt damit in erster Linie für standardisierte Massengüter in Betracht[48].

Plant der Auftraggeber, eine Auktion durchzuführen, hat er hierauf bereits in der Bekanntmachung hinzuweisen. Die besonderen Merkmale der Auktion, unter anderem Angaben zu deren Beginn, Ablauf und Laufzeit sowie zu den Informationen, die den anderen Bietern mitgeteilt werden, hat der Auftraggeber in den Verdingungsunterlagen bekanntzumachen (Abs. 3).

Bieter, die sich an der Auktion beteiligen möchten, reichen Angebote ein, deren

[45] Hierzu näher *Sura* in Gramlich/Kröger/Schreibauer, § 22 Rdn. 51 f. Gegenüber Verbrauchern waren umgekehrte Versteigerungen seit BGH GRUR 1986, 622 - „Umgekehrte Versteigerung“ wegen aleatorischer Anreize wettbewerbswidrig; diese Rechtsprechung wurde erst aufgegeben mit BGH GRUR 2003, 626 - „Umgekehrte Versteigerung II“.

[46] BLD-Richtlinie, Erwägungsgrund 14; Erwägungsgrund 22 Sektoren-Richtlinie.

[47] *Stöckli/Zufferey*, S. 13.

[48] *Kullack/Terner*, EU-Legislativpaket, Teil 2, S. 347.

Zulässigkeit der Auftraggeber im Rahmen einer ersten Evaluierung prüft (Abs. 4 S. 1). Diejenigen Bieter, die zulässige Angebote abgegeben haben, werden aufgefordert, neue Preise vorzulegen (Abs. 4 S. 2). Der Auftraggeber teilt dazu den Bietern mindestens mit, welchen Rang das von ihnen abgegebene Angebot innehat (Abs. 6 S. 1); er kann darüber hinaus die Preise der übrigen Angebote und die Zahl der noch beteiligten Konkurrenten mitteilen, sofern er die Bieter hierauf zuvor hingewiesen hat (Abs. 6 S. 2 und 3, vgl. Abs. 3). Die Identität der Konkurrenten darf nicht mitgeteilt werden (Abs. 6 S. 4), damit die Bieter keine Absprachen treffen können. Eine derartige Bieterinformation wäre nach bisher geltendem Recht unzulässig, weil sie gegen den Grundsatz des Geheimwettbewerbs verstoßen würde[49].

In der Folge legen die Bieter in aufeinanderfolgenden Runden jeweils neue Preise oder Werte vor (Abs. 4 S. 2). Nach einer bestimmten Zeit beendet der Auftraggeber die Auktion. Er hat dabei die Wahl zwischen mehreren Möglichkeiten, das Verfahren zu beenden (Abs. 7): Er kann von vornherein einen Endzeitpunkt festlegen. Weiter kann er Fristen vorgeben, innerhalb derer nach Beendigung einer Runde neue Angebote vorgelegt werden müssen. Gehen dann bis Fristablauf keine neuen Angebote ein, wird die Auktion beendet. Alternativ kann der Auftraggeber auch eine Anzahl von Angebotsrunden vorgeben, die durchgeführt werden. Den Zuschlag erhält entweder das niedrigste oder das wirtschaftlich günstigste Angebot; in letzterem Fall erfolgt die Bewertung anhand einer Formel, die den Bewerbern mitgeteilt werden muss (Abs. 5, Unterabsatz 2).

Welches Angebot das „beste“ ist, hängt von den Vorgaben des Auftraggebers ab. Nach Abs. 2, Unterabsatz 3 kann sich die Auktion entweder erstrecken auf die *Preise*, wenn der Zuschlag für den Auftrag zum niedrigsten Preis erteilt wird, oder auf die *Preise und/oder die Werte* der in den Verdingungsunterlagen genannten Angebotskomponenten, wenn das wirtschaftlich günstigste Angebot den Zuschlag für den Auftrag erhält. Art. 54 Abs. 8 BLD-Richtlinie (Art. 56 Abs. 8 Sektoren-Richtlinie) verweist für den Zuschlag auf Art. 53 (Art. 55). Dieser Verweis ist irreführend, denn nach Art. 53 (55) Abs. 1 lit. a sollen bei dem Kriterium des „wirtschaftlich günstigsten Angebotes“ maßgeblich sein „verschiedene mit dem Auftragsgegenstand zusammenhängende Kriterien, z.B. Qualität, Preis, technischer Wert, Ästhetik, Zweckmäßigkeit, Umwelteigenschaften, Betriebskosten, Rentabilität, Kundendienst und technische Hilfe, Lieferzeitpunkt und Lieferungs- oder Ausführungsfrist“, während sich die elektronische Auktion nach Abs. 2 Unterabsatz 3 von Art. 54 BLD-Richtlinie (Art. 56 Sektoren-Richtlinie) nur auf die Preise bzw. die Preise und/oder die Werte der Angebotskomponenten erstrecken darf. Der Verweis könnte sich auf Art. 53 (55) *Abs. 2* beziehen, nach dem der Auftraggeber in

[49] *Probst*, S. 248; vgl. hierzu auch unten, S. 97.

der Bekanntmachung oder den Verdingungsunterlagen mitteilen muss, wie er (bei mehreren Kriterien, vornehmlich Preis und Wert) diese gewichtet, um das wirtschaftlich günstigste Angebot zu ermitteln. Hiergegen spricht, dass Art. 54 Abs. 8 BLD-Richtlinie (Art. 56 Abs. 8 Sektoren-Richtlinie) nicht auf den Inhalt der Bekanntmachung, sondern ausdrücklich für die *Vergabeentscheidung nach Abschluss der elektronischen Auktion* auf Art. 53 (bzw. 55) verweist. Zudem legt bereits Art. 54 (bzw. 56) Abs. 6 Unterabsatz 2 dem Auftraggeber eine noch weitergehende Informationspflicht auf.

Im Gegensatz zum dynamischen Beschaffungssystem (Art. 33 bzw. 15) ergibt sich aus dem Wortlaut von Art. 54 (56) nicht ausdrücklich, dass Bieter ihre Angebote nur in elektronischer Form einreichen dürfen. Sie werden vom Auftraggeber zwar „auf elektronischem Wege" aufgefordert, neue Angebote vorzulegen (Abs. 4, Unterabsatz 2); eine Beschränkung auf elektronisch eingereichte Angebote folgt allerdings wohl nur aus den Verdingungsunterlagen, in denen der Auftraggeber auf die elektronische Auktion besonders hinzuweisen hat (Abs. 3 S. 1). Auch die Definition in Art. 1 Abs. 7 BLD-Richtlinie (Art. 1 Abs. 6 Sektoren-Richtlinie) hilft nicht weiter:

> Eine „elektronische Auktion" ist ein iteratives Verfahren, bei dem mittels einer elektronischen Vorrichtung nach einer ersten vollständigen Bewertung der Angebote jeweils neue, nach unten korrigierte Preise und/oder neue, auf bestimmte Komponenten der Angebote abstellende Werte vorgelegt werden, und das eine automatische Klassifizierung dieser Angebote ermöglicht. Folglich dürfen bestimmte Bau- und Dienstleistungsaufträge, bei denen eine geistige Leistung zu erbringen ist - wie z.B. die Konzeption von Bauarbeiten -, nicht Gegenstand von elektronischen Auktionen sein.

Der Begriff der „elektronischen Vorrichtung" (engl. „electronic device") wird nicht definiert. Hier hätte sich möglicherweise ein Rückgriff auf das „elektronische Verfahren" angeboten, definiert in Art. 1 Abs. 13 BLD-Richtlinie (Art. 1 Abs. 12 Sektoren-Richtlinie), engl. „electronic means":

> „Elektronisch" ist ein Verfahren, bei dem elektronische Geräte für die Verarbeitung (einschließlich digitaler Kompression) und Speicherung von Daten zum Einsatz kommen und bei dem Informationen über Kabel, über Funk, mit optischen Verfahren oder mit anderen elektromagnetischen Verfahren übertragen, weitergeleitet und empfangen werden.

Art. 54 (56) Abs. 3 lit. f verpflichtet den Auftraggeber, in den Verdingungsunterlagen Informationen einzuschließen über die relevanten Angaben zur verwendeten elektronischen Vorrichtung und zu den technischen Modalitäten und Merkmalen der Anschlussverbindung.

Dies erinnert an die Hinweispflichten, denen der Auftraggeber beim dynamischen Beschaffungssystem unterliegt (Art. 33 bzw. 15 Abs. 3 lit. b). Auch dort soll der Auftraggeber die „verwendete elektronische Ausrüstung und die technischen Vorkehrungen und Merkmale der Verbindung" offenlegen. Da es sich beim dynamischen Beschaffungssystem um ein neuartiges, bislang nicht bekanntes System handelt, mögen Bieter durchaus ein Interesse an diesen Angaben haben. Für die elektronische Auktion trifft dies weniger zu; vermutlich sollen auch hier mögliche Befürchtungen zerstreut werden, die Sicherheit der vertraulichen Daten sei gefährdet. Doch soll der Auftraggeber nach Abs. 3 lit. f weiter informieren über die „technischen Modalitäten und Merkmale der Anschlussverbindung". Die Kommunikation zwischen Auftraggeber und Bieter wird auch im Rahmen der elektronischen Auktion nur über das Internet erfolgen können, weil nur dieses „allgemein verfügbar" ist[50]. Besondere Informationen über die „Modalitäten und Merkmale der Anschlussverbindung" benötigt der Bieter dabei jedoch nicht, weil die Eigenschaften der im Internet benutzten Protokolle bekannt und zahlreiche Anwendungen (Browser, E-Mail-Clients) erhältlich sind, mit denen das Internet genutzt werden kann. Einzig von Interesse ist hier die Internet-Adresse (URL), über die die Auktion erreicht werden kann und über die Gebote abgegeben werden können. Gerade diese wird in Art. 54 (56) jedoch nicht ausdrücklich genannt[51]. Man mag die Internet-Adresse unter die nach lit. d erforderlichen „relevanten Angaben zum Ablauf der elektronischen Auktion" subsumieren, zur Klarstellung wäre es jedoch sinnvoll gewesen, auch in Art. 54 (56) Abs. 3 lit. f ausdrücklich die Internetadresse zu nennen.

Damit das Ziel einer Auktion realisiert werden kann, nämlich im Laufe eines Verfahrens immer günstigere Angebote zu erhalten, muss der Auftraggeber den Bietern Informationen zur relativen Positionierung ihres Angebotes geben. Der Auftraggeber muss also bereits vor Zuschlagserteilung die Angebote einsehen und eine Rangfolge aufstellen. Dies ist nicht rein automatisiert möglich, weil sich die Auktion – wie bereits gezeigt – nicht allein auf den Preis, sondern auch auf andere Merkmale erstreckt und die Angebote daher nicht nur maschinell auswertbare

---

[50] Vgl. oben, S. 77.

[51] Die Richtlinie geht nur an zwei Stellen ausdrücklich auf das Internet bzw. Internetadressen ein: Nach Art. 33 Abs. 3 lit. c BLD-Richtlinie (Art. 15 Abs. 3 lit. c Sektoren-Richtlinie) muss der Auftraggeber bei einem dynamischen Beschaffungssystem bereits in der Bekanntmachung die Internetadresse angeben, unter der sich die Verdingungsunterlagen abrufen lassen. Art. 38 (45) Abs. 6 gestattet die Verkürzung der Angebotsfristen, wenn diese Unterlagen auf elektronischem Wege abrufbar sind und die entsprechende Internetadresse angegeben wird.

Preisangaben enthalten. Diese Einsichtnahme zur Prüfzwecken ist mit dem in der Richtlinie festgelegten Vertraulichkeitsgrundsatz vereinbar: Art. 42 (48) Abs. 3 untersagt die Kenntnisnahme des Inhalts vor Ablauf der Frist für die Einreichung der Angebote, Anhang X (XXIV) lit. c vor dem für die Kenntnisnahme festgelegten Zeitpunkt. Bei der elektronischen Auktion werden Angebote nur zu Beginn eingereicht und dann bewertet, später werden nur Preise, keine neuen Angebote vorgelegt. Der Zeitpunkt für die Öffnung und Wertung der Angebote ist hier vorverlagert und dann erreicht, wenn alle Bieter, die sich beteiligen wollen, ihr Angebot abgegeben haben. Der Zuschlag erfolgt im Anschluss an die aufeinanderfolgenden Bietrunden. Dennoch muss sichergestellt werden, dass die anderen Bieter keine weitergehenden Informationen erhalten. Art. 54 (56) Abs. 6 S. 4 verbietet dem Auftraggeber insbesondere, während einer laufenden Auktion die Identität der Bieter bekanntzugeben.

Ob mit elektronischen Auktionen tatsächlich das erhoffte Einsparpotential erreicht werden kann, ist derzeit offen. Dies hängt auch davon ab, ob sich die Bieter an einem solchen Verfahren überhaupt beteiligen; bislang kämpft die inverse Auktion noch mit Akzeptanzproblemen[52]. Daher sind besondere Anforderungen an die Gewährleistung der Vertraulichkeit der Preise zu stellen. Bedenklich stimmt auch, dass eine noch stärker als bisher am Preis ausgerichtete Zuschlagserteilung dazu führen wird, dass die Bieter die einfachste verfügbare Qualität anbieten werden. Im Bereich standardisierter Massengüter erscheint dies noch hinnehmbar; in sicherheitsrelevanten Bereichen wird eine Auktion dann allerdings ausscheiden müssen.

D. Zwischenergebnis

I. Änderungen gegenüber dem bisherigen Rechtsrahmen

Die neue Richtlinie hat die wesentlichen Rahmenbedingungen der Auftragsvergabe nicht geändert, sondern einige der zentralen Grundsätze, die in der Rechtsprechung des EuGH und in den Stellungnahmen der Kommission entwickelt worden sind, positiv normiert. So ist etwa das Gebot der Nichtdiskriminierung und Transparenz jetzt in Art. 2 (Art. 10 Sektoren-Richtlinie) geregelt, Art. 6 (13 Abs. 2) und insbesondere Art. 42 (48) Abs. 6 verlangen die vertrauliche Behandlung der Angebote. Im Vergleich mit den sich aus der alten Rechtslage ergebenden Forderungen bedeutet dies folgendes:

1. Das **Diskriminierungsverbot** speziell bei der elektronischen Vergabe – Art. 42 Abs. 2 und 4 BLD-Richtlinie (Art. 48 Abs. 2 und 4 Sektoren-

[52] *KPMG AG*, S. 45 f.

Richtlinie) – bestätigt den geltenden Grundsatz, dass die grundlegende Technik allgemein verfügbar und mit gängigen Standards kompatibel sein muss.

2. Regelungen zur **Sicherheit** des Verfahrens enthält die Richtlinie nur ansatzweise. Der Grundsatz der Vertraulichkeit ist in Art. 42 Abs. 6 (Art. 48 Abs. 6 Sektoren-Richtlinie) ausdrücklich geregelt, eine bestimmte Signaturform wird jedoch nicht vorgeschrieben. Nach wie vor ist davon auszugehen, dass im Interesse der Rechtssicherheit Angebote eindeutig und rechtlich verbindlich einem Absender zugeordnet werden können müssen. Dies erfordert die qualifizierte Signatur, die von der Richtlinie ausdrücklich zugelassen (wenn auch nicht verlangt) wird. Auch die Verschlüsselung der vertraulichen Angebote wird nicht ausdrücklich verlangt, ist jedoch im Internet zwingend erforderlich (dazu unten).

3. Die Forderung nach einem übersichtlichen und möglichst leicht verständlichen System ist Ausfluss des **Transparenz**erfordernisses, das in Erwägungsgrund 2, insbesondere aber in Erwägungsgrund 12 (EG 20 der Sektoren-Richtlinie) als wesentliche Bedingung der Online-Beschaffung genannt wird.

II. Rechtliche Vorgaben an die elektronische Vergabe

Nach der neuen Richtlinie bestehen damit folgende Anforderungen an ein elektronisches Vergabeverfahren:

1. **Vertraulichkeit**. Dritte dürfen von geheimhaltungsbedürftigen Inhalten, insbesondere vom Angebot keine Kenntnis erlangen, Art. 42 Abs. 3 BLD-Richtlinie (Art. 48 Abs. 3 Sektoren-Richtlinie). Auch innerhalb der Organisation des Auftraggebers dürfen nur die dafür zuständigen Personen Zugang zur den Informationen erhalten, Anhang X lit. h BLD-Richtlinie (Anhang XXIV lit. h Sektoren-Richtlinie). Es ist vorzusehen, dass die Einsichtnahme in vertrauliche Inhalte nur mehreren Personen gemeinsam möglich ist (Vier-Augen-Prinzip; lit. f des Anhangs). Gleichzeitig sollte das System die Einsichtnahme Dritter in die weniger geheimhaltungsbedürftigen Teile der Vergabeunterlagen im Rahmen der Akteneinsicht ermöglichen. Hierzu sollten die sensitiven Teile markiert und vor dem Betrachter verborgen werden können. Die Vertraulichkeit muss nicht nur während des Transports, sondern auch während der Speicherung beim Auftraggeber geschützt sein, Art. 42 Abs. 3 BLD-Richtlinie (Art. 48 Abs. 3 Sektoren-Richtlinie).

2. **Integrität**. Die Integrität der Informationen muss nach Art. 42 Abs. 3 BLD-Richtlinie (Art. 48 Abs. 3 Sektoren-Richtlinie) gewährleistet werden.

3. **Zeitstempel**. Der Zeitpunkt des Eingangs von Angeboten und Anträgen auf Teilnahme muss dokumentiert werden (lit. b des genannten Anhangs).

4. **Schutz vor verfrühter Kenntnisnahme**. Der Auftraggeber darf erst zu einem – im Vorhinein festgelegten – Zeitpunkt Kenntnis vom Inhalt eingereichter Angebote erhalten, Art. 42 Abs. 3 BLD-Richtlinie (Art. 48 Abs. 3 Sektoren-Richtlinie). Ein Verstoß gegen diesen Grundsatz muss durch technische Mittel sicher nachweisbar sein (Anhang X lit. c und d bzw. Anhang XXIV der Sektoren-Richtlinie, lit. c und d).

5. **Formate und Technik**: Allgemein müssen die verwendeten Software- und Hardwarekomponenten mit den üblichen Standards kompatibel sein. Sie dürfen Bieter nicht von der Teilnahme am Vergabeverfahren ausschließen, wie Art. 42 Abs. 4 BLD-Richtlinie (Art. 48 Abs. 4 Sektoren-Richtlinie) klarstellt. Informationen über die Spezifikationen der eingesetzten Verfahren einschließlich der Verschlüsselung müssen den interessierten Parteien zugänglich sein (Art. 42 Abs. 5 lit. a BLD-Richtlinie bzw. Art. 48 Abs. 5 lit. a Sektoren-Richtlinie).

3. Kapitel: Ökonomische Aspekte

§ 6. Transaktionskosten der öffentlichen Auftragsvergabe

Es wurde bereits dargelegt, dass die elektronische Abwicklung der öffentlichen Auftragsvergabe in der Praxis nur dann zu einem Erfolg wird, wenn sie den Beteiligten auch wirtschaftliche Vorteile bietet, sich zumindest aber nicht nachteilig auswirkt. Im folgenden soll daher untersucht werden, inwieweit innerhalb des Ablaufs etablierter Vergabeverfahren moderne Telekommunikation nutzbringend eingesetzt werden kann (dazu unter B). Anschließend soll untersucht werden, inwieweit mit moderner Technik die traditionellen Kommunikationsstrukturen innerhalb des Vergabeverfahrens nutzbringend um neue Kommunikationspartner erweitert werden können (unter C).

Zunächst ist jedoch zu erläutern, welche ökonomischen Aspekte für Erfolg oder Misserfolg der elektronischen Auftragsvergabe mit ausschlaggebend sind. Theoretischer Bezugsrahmen der Darstellung ist dabei die *Transaktionskostentheorie*, die den Leistungsaustausch zwischen Wirtschaftssubjekten betrachtet. Sie untersucht die Entstehung von Kosten, die bei der Anbahnung, Vereinbarung, Abwicklung, Anpassung und Kontrolle des Austausches von Verfügungsrechten entstehen[1], insbesondere aufgrund von Informationsasymmetrien zwischen den an einer Transaktion Beteiligten. Der Transaktionskostenansatz verspricht daher Erkenntnisse über die Vorteile, die von einer Reform des Vergaberechts hin zur elektronischen Abwicklung des Vergabeverfahrens zu erwarten sind.

A. Begriff und Arten von Transaktionskosten

I. Begriff der Transaktionskosten

Abstrahiert kann man das Vergabeverfahren als Austausch von Gütern oder Leistungen zwischen der Vergabestelle und dem Auftragnehmer betrachten (Transaktion[2]). Für beide Transaktionspartner erschöpft sich der mit der Transaktion verbundene Aufwand nicht in der Hauptleistung des Vertrages allein, also dem vom

---

[1] *Picot*, Ökonomische Theorien der Organisation, S. 147.

[2] Jost-*Jost*, S. 10. Diese Definition ist nicht unumstritten, vgl. hierzu *Osterheld*, S. 96 f; so grenzt etwa *Picot*, Transaktionskostenansatz in der Organisationstheorie, S. 269 die Transaktionsphase als Prozess der Klärung und Vereinbarung eines Leistungsaustausches ab vom eigentlichen physischen Güteraustausch.

Auftraggeber zu entrichtenden Entgelt und der vom Bieter zu erbringenden Leistung, sondern beinhaltet auch Aufwendungen, die *durch die Vertragsanbahnung selbst* entstehen. Dies gilt insbesondere für das formalisierte Vergabeverfahren: Der Auftraggeber muss – unter dem Regime des Vergaberechts – ein aufwendiges Verfahren durchführen, um das wirtschaftlichste (oder sonst den Vergabebedingungen am besten entsprechende) Angebot zu ermitteln und um allen potentiellen Bietern die Möglichkeit zu geben, sich um den zu vergebenden Auftrag bewerben zu können. Hierdurch entstehen neben Porto- und Personalkosten auch dadurch Kosten, dass der festgestellte Bedarf nicht schnellstmöglich, sondern erst nach Abschluss des zeitaufwendigen Vergabeverfahrens sowie eines sich möglicherweise anschließenden Rechtsschutzverfahrens gedeckt werden kann, das ebenfalls Kosten verursacht[3]. Ebenso muss auch der einzelne Bieter gewisse Hürden überwinden, um die spezifischen Anforderungen des Auftraggebers zu ermitteln, er muss sodann ein Angebot kalkulieren, dieses in einer bestimmten Form ausarbeiten und dem Auftraggeber übermitteln. Dabei entstehen neben Portokosten und Kosten eines eventuell zu bezahlenden Entgeltes für die Leistungsbeschreibung insbesondere Personalkosten für Mitarbeiter, die das Angebot kalkulieren und in die vorgeschriebene Form bringen.

Diese zusätzlichen Kosten werden als *Transaktionskosten* bezeichnet. Hierunter wird die Summe all jener Kosten verstanden, die durch Verhandlungen zur Durchführung einer Aufgabe entstehen[4], nämlich bei der Anbahnung, Vereinbarung, Abwicklung, Anpassung und Kontrolle des Austausches von Verfügungsrechten[5]. Transaktionskosten sind die „Reibungsverluste", die bei der Abstimmung zwischen den Beteiligten eines Güteraustausches deshalb entstehen, weil die Beteiligten verschiedene Interessen verfolgen und über unterschiedliches Wissen und Können verfügen[6] (Informationsasymmetrien[7]). Ein Wissensdefizit besteht insbesondere hinsichtlich der Frage, welche Transaktionspartner in Frage kommen, zu welchen Bedingungen eine Transaktion konsensfähig sein könnte und ob die zugesicherten Eigenschaften der Transaktionsgegenstände tatsächlich zutreffen werden[8]. Die Transaktionskosten bestehen daher zu einem wesentlichen Teil in Kosten für Information und Kommunikation zur Vorbereitung, Durchführung und Kontrolle

[3] *Arrowsmith*, S. 132. Die Kosten eines Nachprüfungsverfahrens im Primärrechtsschutz (vor Zuschlagserteilung) gehören noch zur Transaktionsanbahnungsphase.
[4] Corsten-*de Pay*, S. 948; speziell zum Verwaltungsverfahren *Voßkuhle*, S. 355 (Verfahrenskosten).
[5] *Picot*, Ökonomische Theorien der Organisation, S. 147.
[6] Wittmann et al.-*Picot*, Sp. 4194; ähnlich *Osterheld*, S. 103.
[7] Hierzu eingehend *Fleischer*, S. 93 ff.
[8] *Müller*, S. 161.

der Transaktion[9]. Diese Kosten sind zum Teil unmittelbar in Geld zu messen, zum Beispiel Telekommunikations- und Transportkosten; zum Teil lassen sie sich nur indirekt ermitteln anhand alternativer Verwendungsmöglichkeiten für die Fähigkeiten und die Arbeitskraft der mit der jeweiligen Aufgabe befassten Mitarbeiter[10].

EIDENMÜLLER weist darauf hin, dass eine exakte *Definition* des Begriffs der Transaktionskosten bislang ebenso fehle wie eine Möglichkeit, sie zu *messen*[11]. Er folgert daraus, ohne eine solche begriffliche Klärung sei es riskant, mit dem Ziel der Reduzierung von Transaktionskosten mit staatlicher Rechtspolitik regulierend in den Marktmechanismus eingreifen und Rechtsnormen setzen zu wollen[12]. Zumindest im hier untersuchten Bereich des öffentlichen Vergabewesens scheint aber die Abgrenzung von Transaktionskosten zu dem von EIDENMÜLLER vorgeschlagenen Komplementärbegriff der *Produktionskosten*[13] möglich, weil das Vergabewesen kein spezielles Herstellungsverfahren darstellt, sondern eine Art der Beschaffung bzw. des Absatzes von Waren und Dienstleistungen. Die öffentliche Beschaffung unterscheidet sich vom sonst üblichen Geschäftsverkehr im wesentlichen dadurch, dass nicht ein Verbraucher oder ein privates Unternehmen, sondern Behörden Abnehmer der Leistung sind und dass vor Abschluss eines Vertrages ein besonderes Verfahren durchlaufen werden muss. Der besondere Aufwand im Vorfeld einer Vergabeentscheidung besteht nicht in Kosten zur „Produktion eines öffentlichen Gutes", sondern in Kosten, die der Vorbereitung und der Durchführung des (Waren- oder Leistungs-)Austausches dienen. Auf der Seite des Staates rührt dieser zusätzliche Aufwand etwa daher, dass sich der Auftraggeber im Regelfall nicht darauf beschränken kann, Angebote nur von einigen, besonders geeigneten Lieferanten oder Dienstleistern („Hoflieferanten") einzuholen, sondern alle Interessenten zur Angebotsabgabe auffordern und anschließend alle eingereichten Angebote werten muss. Auf Bieterseite fällt der formelle Aufwand ins Gewicht, der mit einer Angebotsabgabe verbunden ist.

Auch wenn daher über den besonderen Aufwand, der durch ein Vergabeverfahren entsteht, keine *quantitativen* Aussagen möglich sind (etwa der Art, ein einzelnes Verfahren verursache Kosten in einer bestimmten Höhe), können doch *qualitative* Feststellungen dahingehend getroffen werden, ob bestimmte Maßnahmen oder Änderungen sich tendenziell reduzierend oder steigernd auf die Kosten auswirken.

[9] Wittmann et al.-*Picot*, Sp. 4195; *Müller*, S. 161.
[10] *Picot*, Transaktionskosten im Handel, S. 3.
[11] *Eidenmüller*, S. 97 ff.
[12] *Eidenmüller*, S. 97.
[13] *Eidenmüller*, S. 99 ff.

II. Anbahnung und Durchführung einer Transaktion

Die Transaktionskostentheorie unterteilt jede Transaktion in zwei Phasen[14]: Einerseits die *Transaktionsanbahnungsphase*; diese beginnt mit der Feststellung eines an der Transaktion Beteiligten, dass ein Austausch vorteilhaft ist, und endet mit der Entscheidung, die Transaktion auszuführen (insbesondere: was mit wem zu welchen Konditionen ausgetauscht werden soll); und andererseits die eigentliche *Transaktionsdurchführungsphase*, die die Zeit von der Transaktionsentscheidung bis zum Ende der Transaktion umfasst und im Wesentlichen in der Kontrolle der Transaktionsabwicklung besteht. Die Beteiligten einer solchen Austauschbeziehung können sich dabei innerhalb derselben Organisationseinheit befinden, etwa beim Austausch zwischen verschiedenen Geschäftsbereichen eines Unternehmens, oder es können verschiedene selbständige Subjekte auftreten, etwa voneinander unabhängige Unternehmen oder Einrichtungen, ein Unternehmen gegenüber einem Verbraucher oder – im Vergabeverfahren – ein öffentlicher Auftraggeber gegenüber einem Anbieter.

Im Rahmen der vorliegenden Untersuchungsoll die *Transaktionsanbahnungsphase* – in Übereinstimmung mit dem hier zugrundegelegten Verständnis von „elektronischer Vergabe"[15] – aus der Sicht des Auftraggebers verstanden werden als jener Abschnitt, der mit dem Beschluss beginnt, einen festgestellten Bedarf im Wege einer Ausschreibung zu decken, und der mit dem Zuschlag und dem Abschluss des Leistungsvertrages mit dem Bieter endet. Die *Durchführungsphase* besteht dann im Wesentlichen in der Abwicklung des Vertrages; diese Phase ist allerdings nicht mehr Gegenstand der vorliegenden Untersuchung. Als Beteiligte der Transaktion treten der öffentliche Auftraggeber und die Bieter auf, denn obgleich ein Vertrag – abgesehen von der Aufteilung eines größeren Projektes in einzelne Lose – regelmäßig nur mit einem Bieter geschlossen wird, reichen mehrere Bieter Angebote ein.

III. Arten von Transaktionskosten

Im Verlauf der Transaktionsanbahnungsphase eines öffentlichen Vergabeverfahrens lassen sich mit WINDSPERGER folgende Arten von Transaktionskosten unterscheiden[16]:

- *Informationsgewinnungskosten* sind Kosten für Suchaktivitäten zum Ausfindigmachen der transaktionsrelevanten Tatsachen wie die Informationen über

[14] *Windsperger*, S. 12; ähnlich *Williamson*, S. 22, der zwischen ex ante- und ex post-Transaktionskosten unterscheidet.

[15] Vgl. oben, S. 7.

[16] *Windsperger*, S. 13 f.

den Bedarf des Auftraggebers und die Eigenschaften der Bieter (Angebotspreis und dessen Merkmale wie Ausführungsart etc.). Die Kosten entstehen durch Arbeitsaufwand beim eigentlichen Suchvorgang und für Zahlungen an Dritte, etwa für Marktforschung.

- *Informationsweitergabekosten* sind Kosten, die durch die Übermittlung transaktionsrelevanter Informationen entstehen (Aufwendungen für Telekommunikation und Arbeitszeit).

- *Informationsverarbeitungskosten* sind Kosten, die durch die Verdichtung und Aufbereitung der transaktionsrelevanten Informationen zur Entscheidungsfindung entstehen.

- *Entscheidungskosten* sind Kosten für die interpersonelle Abstimmung der transaktionsrelevanten Informationen zur Erstellung von Transaktionsplänen. Es handelt sich um Arbeitskosten, die aufgrund der Beteiligung mehrerer Personen an der Entscheidungsfindung entstehen.

Im Rahmen eines Vergabeverfahrens entstehen alle vier dieser unterschiedener Arten: Bieter müssen nach sie interessierenden Aufträgen suchen, Auftraggeber müssen einen fachlich geeigneten und dazu wirtschaftlich günstigen Anbieter finden (Informationsgewinnung). Durch den Versand von Ausschreibungsunterlagen und Angeboten entstehen Weitergabekosten. Die Auswertung und Behandlung der mitunter großen Mengen von Informationen verursacht Verarbeitungskosten. Schließlich sind sowohl bei der Angebotserstellung als auch bei der Auswertung aller Angebote auf beiden Seiten in der Regel mehrere Personen beteiligt, die zusammenarbeiten und gemeinsam entscheiden müssen. Durch die gemeinsame Tätigkeit innerhalb einer betrachteten Einheit (auf Bieterseite oder auf Auftraggeberseite) oder zwischen beiden Einheiten (Abstimmung zwischen Auftraggeber und Bieter) entstehen Entscheidungskosten.

B. Einflussgrößen von Transaktionskosten

Die Austauschbeziehung zwischen Auftraggeber und Bieter ist eine multivariable Umgebung. Neben dem Informationsaustausch als solchem gibt es weitere Determinanten, die die Höhe der Transaktionskosten beeinflussen[17]. Weil Transaktionskosten durch die Sammlung, Weitergabe und Verarbeitung von Informationen entstehen, sind mehrere Eigenarten von Transaktionen als Einflussgrößen auszumachen, die Quellen für Informationsunvollkommenheiten und Einigungsschwie-

[17] *Erlei/Jost* in Jost, S. 35.

rigkeiten sein können; ferner wirkt sich die relevante Infrastruktur aus[18]. PICOT unterteilt diese Determinanten folgendermaßen:

- *Mehrdeutigkeit der Transaktionssituation.* Hierunter fallen Schwierigkeiten bei der Bestimmung eines objektiven Wertes der betroffenen Güter oder Dienste wegen mangelhafter Vergleichs- oder Meßmöglichkeiten. Neben besonderer Spezialität des Transaktionsobjektes wirkt sich nachteilig auch eine kleine Zahl alternativ verfügbarer Transaktionspartner aus („*small numbers problem*"), weil dadurch der Marktpreis als zuverlässiges und billiges Informations- und Kontrollinstrument an Bedeutung verliert.

- *Unsicherheit der Umwelt*, also der Umweltbedingungen, unter denen die vereinbarten Leistungen erbracht und verwandt werden.

- *Häufigkeit der Transaktionen*: Mit zunehmender Häufigkeit gleicher oder ähnlicher Transaktionen zwischen Beteiligten können Fixkostendegression (Verteilung von u.U. hohen Kosten der Erstvereinbarung), Lerneffekte (Entdeckung vereinfachter Abwicklungen, Entwicklung von Vertrauen) und *economies of scale* (Spezialisierung auf bestimmte Transaktionsprobleme) wirksam werden; folglich dürften mit zunehmender Häufigkeit die Durchschnittskosten je Transaktion abnehmen.

- *Rechtliche Rahmenbedingungen* können einerseits zu einer Verringerung von Unsicherheiten und Verhandlungspunkten führen (etwa die gesetzlichen Regelungen für AGB), andererseits aber bestimmte Vertragsabschlüsse erschweren und dadurch die Flexibilität der Parteien einschränken.

- *Technologische Rahmenbedingungen* wirken sich zuletzt ebenfalls auf den Transaktionsprozess aus, weil die Verfügbarkeit von Informationsverarbeitungs- und Kommunikationstechnik die Klärungsprozesse beschleunigen, den Kreis potentieller Transaktionspartner erweitern und damit letztlich Such-, Vereinbarungs-, Kontroll- und Anpassungskosten von Transaktionen verringern kann.

C. Möglichkeiten zur Reduzierung der Transaktionskosten

Wenn die Transaktionskosten im Vergleich zu den Beschaffungskosten des Gutes oder der Dienstleistung zu hoch sind oder ungleich zwischen den Beteiligten verteilt sind, ist das Beschaffungsverfahren ineffizient[19]. Zur Reduzierung der Kosten

[18] *Picot*, Transaktionskostenansatz in der Organisationstheorie, S. 271.
[19] *Frey/Kilchenmann/Krautter*, S. 29; Jost-*Jost*, S. 18 f.

bieten sich neben organisatorischen Maßnahmen, die das Verhältnis der Transaktionspartner zueinander betreffen, insbesondere Maßnahmen zur Umgestaltung der Kommunikationsprozesse zwischen den Transaktionspartnern an.

I. Organisatorische Maßnahmen

Bei völliger Handlungsfreiheit wählen die Transaktionspartner diejenige Organisationsform, bei der die Transaktionskosten minimal sind. Die Transaktionskosten hängen entscheidend vom Verhältnis der beteiligten Transaktionspartner zueinander ab[20]. Unter bestimmten Umständen lassen sich die Transaktionskosten daher durch eine Veränderung der Organisationsform der Partner reduzieren. Statt einer rein *marktlichen* Koordination der Beteiligten, also durch vertragliche Vereinbarungen auf dem freien Markt, bieten sich *hierarchische* Formen der Organisation an, bei denen eine übergeordnete Partei der untergeordneten deren Aktivitäten genau vorgibt und dadurch ihren eigenen Koordinationsaufwand reduziert[21]. Diese hierarchische Gliederung kann bis hin zur *Internalisierung*, also der Integrierung eines Beteiligten in die Organisation des anderen Beteiligten reichen[22].

Auch langfristige Vertragsbeziehungen zwischen den Parteien senken die entstehenden Such- und Abschlusskosten im Vergleich zu kurzfristigen Vertragsalternativen[23]. Im Bereich der öffentlichen Auftragsvergabe kommen derartige Umstrukturierungsvorgänge allerdings kaum in Betracht. So ist es bereits aus rechtlichen Gründen nicht vorstellbar, dass etwa öffentliche Auftraggeber mit privaten Bauunternehmen verschmelzen, um anfallende Bauarbeiten kostengünstig abwickeln zu können. Langfristige vertragliche Bindungen zwischen Auftraggeber und Bieter sind ebenfalls vergaberechtlichen Beschränkungen unterworfen: Nach § 97 Abs. 1 GWB beschaffen öffentliche Auftraggeber Waren, Bau- und Dienstleistungen im Wettbewerb. Hiermit nicht vereinbar wären Exklusivverträge zwischen Auftraggeber und einzelnen Unternehmen über die dauerhafte Beschaffung von Leistungen oder Waren, weil dadurch andere Unternehmen ausgeschlossen würden, ein Wettbewerb zwischen ihnen nicht stattfinden würde[24].

[20] *Waldenberger* in Berger/Blankart/Picot, S. 308.
[21] Jost-*Jost*, S. 24.
[22] Tatsächlich sind nach dem Transaktionskostenansatz diese Transaktionskosten der Grund dafür, dass sich Unternehmen bilden, weil innerhalb des Unternehmens die einzelnen Arbeitsbereiche Leistungen auf der Grundlage von längerfristigen vertraglichen Beziehungen zur Unternehmensleitung untereinander zu geringeren Kosten austauschen, als dies bei der freien Beschaffung der Teilleistungen durch den Unternehmer bei einer Gruppe von ansonsten selbständigen Arbeitern möglich wäre. Vgl. Corsten-*de Pay*, S. 948.
[23] *Waldenberger* in Berger/Blankart/Picot, S. 308.
[24] Niebuhr et al.-*Niebuhr*, § 97 Rdn. 8 f.

II. Umgestaltung der Kommunikationsprozesse

Neben einer organisatorischen Umstrukturierung kommt auch eine Umgestaltung des *Kommunikationsprozesses* zwischen den Transaktionspartnern in Betracht. Große Hoffnungen werden hier insbesondere auf den verstärkten Einsatz neuer Informationsverarbeitungs- und Kommunikationstechniken gesetzt, die die Kosten des Informationsaustausches und der Informationsverarbeitung und damit zugleich die Transaktionskosten zu senken versprechen[25]. Wie bereits dargelegt, bestehen diese Kosten zu einem wesentlichen Teil in den Kosten der Information und Kommunikation, die sich aus dem *Informationsaustausch* der beteiligten Wirtschaftssubjekte ergeben und die aufgewendet werden müssen, um die entscheidungsrelevanten Informationen zur rechten Zeit am rechten Ort verfügbar zu machen[26]. Unter den geänderten Rahmenbedingungen der modernen Telekommunikation sind diese Kosten für Datentransfer und Datenverarbeitung ständig gesunken. Informationen sind in größerer Menge verfügbar und mit größerer Geschwindigkeit über größere Entfernungen austauschbar geworden. Die mit Hilfe der modernen Technik gesunkenen Kosten für Informationssuche, Informationsverarbeitung und Informationsübertragung haben dabei die Transaktionskosten typischer Austauschverhältnisse gesenkt[27]. Dies gilt auch für das Vergabewesen, bei dem beide Seiten von der durch moderne Telekommunikationstechnik verbesserten Transparenz profitieren[28]. Ein weiterer Vorteil besteht darin, dass mit den gesteigerten Kommunikationsmöglichkeiten zugleich die Zahl der Kommunikationsteilnehmer gestiegen und damit der Kreis der potentiellen Transaktionspartner gewachsen ist[29], weil nun aus einer größeren Zahl von Angeboten das günstigste ausgewählt werden kann. Dieser Faktor überlagert den Umstand, dass damit zugleich die Suche aufwendiger geworden ist, weil mehr potentielle Transaktionspartner zur Verfügung stehen und mehr Angebote gesichtet und geprüft werden müssen.

Der Einsatz der Informations- und Kommunikationstechnologie kann sich im Vergabeverfahren auf alle unterschiedenen Arten von Transaktionskosten[30] günstig auswirken: Bei einer rein elektronischen Abwicklung des Verfahrens können sich im Idealfall mehr Bieter über Ausschreibungen informieren und entsprechende Angebote einreichen. Der Suchaufwand für Auftraggeber und Bieter sinkt, damit auch die beiderseitigen *Informationsgewinnungskosten.* Die elektronische Verarbeitung und Übermittlung der dabei anfallenden Daten reduzieren die *Informationsweiter-*

[25] *Waldenberger* in Berger/Blankart/Picot, S. 308.
[26] *Müller*, S. 188.
[27] *Waldenberger* in Berger/Blankart/Picot, S. 308; *Müller*, S. 189.
[28] *Frey/Kilchenmann/Krautter*, S. 29.
[29] *Müller*, S. 195.
[30] Vgl. oben, S. 106.

gabe- und *-verarbeitungskosten* auf beiden Seiten. Bei geeigneter Ausgestaltung der Software ist eine bessere arbeitsteilige Bearbeitung der Angebote möglich, dadurch sinken die *Entscheidungskosten.*

Diesen möglichen sinkenden *externen* Transaktionskosten stehen jedoch steigende *interne* Transaktionskosten gegenüber: Einrichtung und Betrieb von Telekommunikationseinrichtungen stellen selbst Kostenfaktoren dar[31]. Dies gilt zunächst für die Hardware als solche: Für die Erstausstattung einer Institution, etwa einen öffentlichen Auftraggeber, für die Teilnahme am elektronischen Vergabeverfahren müssen Investitionen getätigt werden, die nach ihrem Anfallen nicht mehr beeinflusst werden können („versunkene“ Transaktionskosten). Neben den „versunkenen“ Kosten entstehen auch im laufenden Betrieb der Telekommunikationseinrichtung Betriebskosten (laufende Transaktionskosten[32]). In beide Kategorien fallen Kosten für Schulungen für die Mitarbeiter, die nicht nur bei Einführung einer neuen Technologie erforderlich werden, sondern in bestimmten Bereichen fortlaufend durchgeführt werden müssen, weil die „Halbwertszeit des Wissens“ geringer wird[33].

Diese anteiligen Kosten für einen einzelnen Transaktionsvorgang sind um so geringer, je häufiger entsprechende Transaktionen durchgeführt werden. Mit steigender Transaktionshäufigkeit sinken die Durchschnittskosten der Transaktion (Skaleneffekte). Daher wird der Einsatz entsprechender Systeme erst durch die häufige Ausführung einer Transaktion wirtschaftlich[34].

D. Effizienz von Normen

Rechtsnormen regeln menschliches Verhalten. Sie machen menschliche Handlungen innerhalb gewisser Grenzen berechenbar[35] und reduzieren damit die Unsicherheit der sozialen Umwelt. Diese Unsicherheit ist eine wesentliche Einflussgröße von Transaktionskosten[36]. Transaktionen verursachen daher weniger Kosten, wenn die Beteiligten des Austausches verbindlichen Regeln unterworfen sind.

Die Funktion des Rechts erschöpft sich allerdings nicht in einer effektiven Ressourcenverteilung[37], denn Recht ist *multifunktional*[38]: Jede Norm kann eine Fülle von Haupt- und Nebenzwecken verfolgen, namentlich Gerechtigkeit, Rechtssicherheit, Akzeptanz oder den Schutz Dritter. Diese Zwecke sind nicht immer mit ökono-

[31] *Müller*, S. 189.
[32] *Osterheld*, S. 103 f.
[33] *Müller*, S. 193 f.
[34] *Müller*, S. 194.
[35] *Luhmann*, S. 135.
[36] Vgl. oben, S. 108.
[37] *Fezer*, S. 822; *Timmermann*, S. 43.
[38] *Ott/Schäfer*, S. 219.

mischen Zielen kompatibel oder in ökonomisch-finanzieller Hinsicht vergleichbar[39]. Dennoch ist es sinnvoll, bei der Auswahl zwischen mehreren möglichen Handlungs- oder Regelungsvarianten, mit denen ein bestimmtes Ziel erreicht werden soll, auch ökonomische Aspekte zu berücksichtigen in dem Sinne, dass das Verhalten oder die Regelung möglichst effizient sein soll. Denn effiziente Methoden sind auch dann gesellschaftlich wünschenswert, wenn der Effizienz selbst eine geringere Bedeutung beigemessen wird[40], sofern die übrigen Ziele der Maßnahme erreicht werden. Im Gegensatz zur Rechtsprechung, die in erster Linie an (positives) Recht gebunden ist[41], besteht im Bereich der Legislative ein Spielraum zur Berücksichtigung ökonomischer Gesichtspunkte. Hier muss Ziel sein, Normen im Hinblick auf ihre *Effizienz*[42], mithin so zu gestalten, dass die zu schützenden Rechtsgüter effizient realisiert werden[43]. Die Berücksichtigung ökonomischer Aspekte wird als ein Element der Folgenabschätzung gesetzgeberischen Handelns empfohlen[44]. Ein effizient gestaltetes Vergaberecht kann daher zu einem erfolgreichen Praxiseinsatz der elektronischen Auftragsvergabe beitragen, wenn diese für die Beteiligten wirtschaftliche Vorteile ermöglicht. Insbesondere der Transaktionskostenansatz trägt auf branchen- und gesamtwirtschaftlicher Ebene zur Gestaltung effizienter Regeln bei[45].

Im Gegensatz zu absoluten Begriffen wie „Wahrheit“ oder „Richtigkeit“ ist Effizienz ein komparatives Kriterium[46], das nur durch den Vergleich zweier Zustände Sinn erhält. Die Wahl eines geeigneten Maßstabes für diesen Vergleich erweist sich als schwierig, da je nach Maßstab möglicherweise als „ungerecht“ empfundene Zustände besonders „effizient“ erscheinen[47]. Insoweit ist das Problem der Verteilungsgerechtigkeit angesprochen[48]. Im Rahmen der vorliegenden Arbeit soll von zwei miteinander zu vergleichenden Normen diejenige als effizienter gelten, die

---

[39] *Hoffmann-Riem*, Effizienz als Herausforderung, S. 27.

[40] *Posner*, S. 92.

[41] Dies folgt bereits aus Art. 20 Abs. 3 GG.

[42] Zum Begriff vgl. *Von Arnim*, S. 46 f.

[43] *Voßkuhle*, S. 362; *Eidenmüller*, S. 77. Vgl. auch *Hoffmann-Riem*, Effizienz als Herausforderung, S. 19 und 40 f.

[44] Zu diesem Ergebnis kommt eine Expertengruppe aus Vertretern der Mitgliedstaaten und der Europäischen Kommission, die Vorschläge für qualitativ bessere und einfachere Gesetze sowie für Maßnahmen zur nachhaltigen Rechtsbereinigung erarbeiten sollte, in ihrem 2001 vorgelegten Abschlussbericht (sog. „Mandelkern-Bericht“), *Bundesministerium des Innern*, S. 28 f.

[45] *Fleischer*, S. 134.

[46] *Deckert*, S. 118.

[47] *Posner*, S. 97 weist allerdings darauf hin, dass „Effizienz“ im allgemeinen Sprachgebrauch mitunter als Synonym für „Gerechtigkeit“ verwendet wird.

[48] *Deckert*, S. 120 f., insbes. S. 126.

entweder – bei gleicher Effektivität hinsichtlich der sonstigen Ziele der Norm – weniger Transaktionskosten verursacht oder die entstehenden Transaktionskosten gerechter (gleichmäßiger, besser dem Ausmaß ihrer Beteiligung am Transaktionsprozess entsprechend) auf die Beteiligten der Transaktion verteilt.

Der Einsatz elektronischer Mittel im Vergabeverfahren kann sich unter zwei Gesichtspunkten vorteilhaft auswirken. Zunächst kann mit ihrer Hilfe die Individualkommunikation zwischen Auftraggeber und Bieter schneller und kostengünstiger als bisher erfolgen. Entsprechende Technik vorausgesetzt, kann der Empfänger die ihm übersendeten Informationen medienbruchfrei und ohne umständliche und fehlerträchtige Konvertierung direkt in seine eigene Software übernehmen. Dieser Aspekt soll im Folgenden näher untersucht werden.

Darin erschöpfen sich jedoch die Einsatzmöglichkeiten der modernen Telekommunikation nicht, sondern es sind auch ganz neue Kommunikationsformen zwischen Auftraggeber und Bieter denkbar. Die neue Richtlinie hat hierzu die elektronische Auktion und insbesondere das dynamische Beschaffungssystem eingeführt. Auf die ökonomischen Besonderheiten dieser neuen Verfahrensarten soll unten eingegangen werden (S. 126).

§ 7. Kostenreduzierung durch moderne IuK-Technologie

Erklärtes Ziel der Reform auf Gemeinschaftsebene war es, das Vergabeverfahren für die moderne Informations- und Telekommunikations- (IuK-) Technologie zu öffnen und damit deren spezifische Vorteile auch für die Auftragsvergabe nutzbar zu machen. Im folgenden soll untersucht werden, wie sich die Einführung moderner IuK-Technik im privaten Bereich ausgewirkt hat, und welche Vorteile im öffentlichen Bereich zu erwarten sind. Neben der Unterstützung der etablierten Kommunikations- und Verarbeitungsprozesse durch elektronische Datenverarbeitung (hierzu sogleich) kommt auch die Einbeziehung Dritter in den Vergabeprozess in Betracht, namentlich sogenannte Plattformen (hierzu unten, S. 126).

A. Elektronischer Datenaustausch

I. EDI in der Privatwirtschaft

Wenngleich der Einsatz informations- und kommunikationstechnischer Systeme in der öffentlichen Verwaltung eine lange Geschichte hat[1], ist doch der Vorsprung der privaten Wirtschaft in diesem Bereich erheblich. Seit den 1970er Jahren wurden in der Industrie für bestimmte Aspekte der betrieblichen Führung EDV-Systeme eingeführt, etwa für Personalwesen, Fertigung, Lagerhaltung und Rechnungswesen. Ursprünglich handelte es sich dabei um Insellösungen (also Systeme, die keinen Austausch mit anderen Systemen zuließen), die später miteinander vernetzt und dann ab den 1980er Jahren durch integrierte Lösungen ersetzt wurden. Seit Beginn der 1990er Jahre geschah dies auch über den Bereich der einzelnen Unternehmen hinaus, indem Geschäftspartner dazu übergingen, Geschäftsdaten und Geschäftsdokumente in elektronischer Form auszutauschen. Die traditionelle papiergebundene wurde so langsam durch eine elektronische Nachrichtenübermittlung ersetzt[2]. Dieser als *Electronic Data Interchange* (EDI) bezeichnete Austausch standardisierter Nachrichten ermöglicht einen vereinfachten und beschleunigten Geschäftsverkehr[3], weil die Daten schneller, billiger und zudem fehlerresistent übertragen und anschließend automatisiert weiterverarbeitet werden können. Der zeitrauben-

[1] *Kilian/Wind*, S. 499.
[2] *Kilian* et al., S. 25.
[3] *Hörig/Barthel*, S. 487.

de und ressourcenvergeudende Medienbruch entfällt. Dies ermöglicht eine Automatisierung und Koordination verschiedenster Geschäftsprozesse[4] und führt auch zwischenbetrieblich zu einer Integration, wie sie zuvor nur bei der Kooperation verschiedener Abteilungen innerhalb eines Unternehmens realisiert werden konnte[5].

Trotz der – theoretisch zu erwartenden – Vorteile hat sich EDI nie ganz durchsetzen können, denn der wirtschaftliche Einsatz dieses Konzeptes ist in der Praxis noch immer mit Schwierigkeiten verbunden. Zwar sind die Kosten, die durch die Teilnahme an einem EDI-System entstehen, heute durch die wohl flächendeckende Verbreitung der EDV gesunken; der früher bedeutsamste Kostenfaktor bei EDI, die Einrichtung und Unterhaltung der Kommunikationskanäle zwischen den Partnern (*value added network*, VAN) ist durch die Verbreitung des Internets und die Abwicklung von EDI über dieses Medium heute auf eine unbedeutende Größe geschrumpft[6]. Doch einige Schwierigkeiten bestehen weiter: Entscheidend für EDI als Form des strukturierten Nachrichtenaustausches ist die Vereinbarung fester Standards für die Informationsdarstellung. An einem allgemeinverbindlichen Standard fehlt es jedoch ebenso wie an der Möglichkeit, die per EDI übertragenen Daten medienbruchfrei weiterverarbeiten zu können. Dies erforderte neben einer vollständig elektronischen Abwicklung der unternehmensinternen Prozesse auch die Kompatibilität der eingesetzten Software mit der Software des Kommunikationspartners.Von EDI profitieren insbesondere Unternehmen, deren interne Prozesse vollständig elektronisch ablaufen, bei denen also alle Daten vom Eingang bis zur abschließenden Verarbeitung rein elektronisch vorliegen. Dies setzt eine entsprechende Ausstattung mit Hardware und insbesondere mit Spezialsoftware voraus, die auch heute noch überwiegend bei größeren Unternehmen vorzufinden ist. Diese profitieren zudem auch durch ihre größeren Transaktionsvolumina aus verbesserten Geschäftsprozessen stärker als ihre kleineren Partner[7], die oft keine elektronischen Warenwirtschaftssysteme einsetzen.

Eine medienbruchfreie Weiterverarbeitung wird in der Praxis weiter durch inkompatible Datenformate erschwert. EDI als Form des Austausches strukturierter Geschäftsdaten ist zwingend darauf angewiesen, dass alle Kommunikationspartner ein einheitliches Datenformat einsetzen. In der Praxis wirkt sich daher nachteilig aus, dass statt einem übergreifenden, allgemein gültigen Standard jede Branche einen eignen, zu denen der anderen Branchen nicht kompatiblen Standard entwickelt hat. Dies liegt auch daran, dass jede Branche spezielle Anforderungen an

[4] *Weitzel/Harder/Buxmann*, S. 7.
[5] *Neuburger*, S. 65.
[6] *Weitzel/Harder/Buxmann*, S. 8 f.
[7] *Weitzel/Harder/Buxmann*, S. 7.

die auszutauschenden Daten hat[8], weil etwa bei der Produktion von Maschinen andere Daten benötigt werden als beim bargeldlosen Zahlungsverkehr und bei diesem wiederum andere Informationen als im Lebensmittel- und Verbrauchsgüterverkehr. Unter Aufsicht der Vereinten Nationen wurde zwar der branchenneutrale Standard UN/EDIFACT (*Electronic Data Interchange for Administration, Commerce and Transport*) entwickelt, dennoch haben sich zahlreiche branchenspezifische Substandards oder „Dialekte" entwickelt[9], etwa SWIFT (Banken), ECODEX (Konsumgüter)[10] sowie der GAEB-Standard[11], der in der deutschen Bauindustrie verbreitet ist. Ein neuer Ansatz zur Reduzierung dieser großen Zahl von Standards besteht darin, alle Substandards in der abstrakten Beschreibungssprache XML wiederum unter einem einheitlichen Standard zu vereinen[12]. Diese Entwicklung ist jedoch noch nicht abgeschlossen.

Offene Standards ermöglichen es, dass mehrere Anbieter Softwarelösungen entwickeln können, deren Daten miteinander kompatibel sind. Die Nutzer haben dann die Wahl zwischen mehreren konkurrierenden Lösungen und profitieren – neben den übrigen Vorteilen des Wettbewerbs – insbesondere davon, dass sie nicht von einem einzigen Anbieter abhängig sind, der sein Monopol für Preissteigerungen einsetzen kann. Eine solche Abhängigkeit von einem einzigen Anbieter für Software, die auf einem geschützten oder proprietären Standard basiert, ist insofern vergleichbar mit der Abhängigkeit von einem einzigen (Rohstoff-)Lieferanten (*sole sourcing*), bei der keine Bezugsalternative besteht. Diese Situation ist für die betroffenen Unternehmen besonders nachteilig, weil die in die Vertragsbeziehung investierten Kosten (Anschaffung der Software, investierte Zeit und erworbenes Wissen) beim Wechsel zu einer anderen Software ihren Wert verlieren – ein Verlust, den das betroffene Unternehmen möglichst verhindern möchte. Die Kosten wirken damit als Austrittsbarriere, die dazu führen kann, dass ein Unternehmen an einer genutzten Software festhält, obgleich sie sich später als nachteilig erweist[13].

---

[8] *Picot/Neuburger*, S. 520.

[9] *Mattes*, S. 100, *Weitzel/Harder/Buxmann*, S. 68.

[10] `www.ecodex.at`.

[11] Gemeinsamer Ausschuss Elektronik im Bauwesen, `www.gaeb.de`; dazu *Weyand*, S. 30 f.

[12] *Weitzel/Harder/Buxmann*, S. 11; *Picot/Neuburger*, S. 521 f. Mittlerweile wurde eine auf XML basierende Implementation des GAEB-Standards entwickelt. Der für E-Government-Projekte in Deutschland entwickelte Standard *SAGA* (Standards und Architekturen für E-Government-Anwendungen, Version 2.0) schreibt XML-Kompatibilität zwingend vor.

[13] *Arnold* in Kern/Schröder/Weber, Sp. 1865.

II. Informations- und Kommunikationstechnik im Vergabewesen

1. Erwartungen und Hoffnungen

Nach dem Siegeszug der EDV im Bereich der Privatwirtschaft sollen die Vorteile moderner Informations- und Kommunikationstechnologie auch im öffentlichen Sektor stärker genutzt werden[14]. Die „Elektrifizierung"' von Verwaltungsabläufen wird unter dem Schlagwort des „E-Government" mittlerweile als Heilmittel fast aller Verwaltungsprobleme gepriesen[15]. Eine elektronische Abwicklung von Transaktionen verspricht meist Vorteile in Form der Beschleunigung des Prozesses, der Kostenreduktion und der Qualitätsverbesserung[16]. Bürger und Unternehmen sollen einfacher und schneller Kontakt zu den Behörden aufnehmen können. Dies führt so weit, dass die Verwaltung sich selbst in zunehmendem Maße als „Dienstleister" begreift und eine stärkere „Kunden-" bzw. „Bürgerorientierung" anstrebt („Citizen-Relationship-Management"[17]).

Auf der Grundlage der Erfahrungen, die der private Sektor mit der Einführung von elektronischer Kommunikation und E-Commerce gemacht hat, erhofft man sich beim öffentlichen Vergabewesen ähnliche Vorteile für alle Beteiligte (vgl. Tabelle 2 auf der nächsten Seite): Für die Bieterseite, für die Auftraggeber, aber auch für die politischen Entscheidungsträger und die staatlichen Überwachungsstellen. Voraussetzung ist eine Flexibilisierung der bisher starren Handlungsabläufe, mit der die Vorteile der elektronischen Datenverarbeitung und Datenübertragung nutzbar gemacht werden[18].

2. Grenzen

Einer Effizienzsteigerung durch den Einsatz elektronischer Kommunikation im öffentlichen Sektor sind jedoch Grenzen gesetzt, nicht zuletzt auch durch die erheblichen Unterschiede zwischen „E-Government" und „E-Commerce"[19]. Die strengen rechtlichen Vorgaben des nationalen wie des europäischen Vergaberechts verhindern eine weitgehende „Flexibilisierung" des Verfahrens. Strenge Handlungsabläufe geben Planungssicherheit; Flexibilisierung dagegen ermöglicht ein Abweichen von festgelegten Abläufen und erschwert es den Bietern, das Verhalten des Auftraggebers vorherzusehen. Gleichzeitig wird die Nachprüfbarkeit der im Verfahren getroffenen Entscheidung erschwert. Hinzu kommt, dass der Auftraggeber nicht frei entscheiden kann, welche Technik er für die elektronische Kommunikation einsetzt;

---

[14] *Kilian/ Wind*, S. 500.
[15] *Boehme-Neßler*, S. 375.
[16] *Adam* et al., S. 960; *Guise-Rübe*, Abs. 12 f.
[17] *Von Lucke*, S. 905 f; kritisch zur „Kundenorientierung" in der Verwaltung *Büllesbach*, S. 608.
[18] *Bovis*, S. 8 f.
[19] Hierzu *Kubicek*, S. 353 f; *Riehm* et al., S. 311 ff. Grundlegend bereits *Luhmann*, S. 15 f.

Bieter	**Auftraggeber**	**Politik**
höhere Transparenz	Zeitersparnis	einfachere Kontrolle der Einhaltung der Regeln
Kostenreduktion	Reduktion der Kosten der Auftragsabwicklung	Verbreiterung der statistischen Datengrundlage
besserer Überblick über Nachfragemarkt		einfacheres Aufdecken protektionistischer Verhaltensweisen
weltweite (landesweite) Vergabe wird gefördert		
Beseitigung potentieller Diskriminierung von kleinen und mittelständischen Unternehmen		

Tabelle 2: Erwartete Vorteile der E-Vergabe (Quelle: *Bovis*, S. 10.)

er ist vielmehr aus Gründen des Diskriminierungsverbots gehalten, solche technischen Mittel zu wählen, die möglichst vielen Bietern die Teilnahme am Verfahren ermöglichen.

Bisherige Erfahrungen zeigen, dass die Einführung von E-Government-Strategien in der Praxis nicht reibungslos abläuft, vielmehr lassen sich mehrere hemmende Faktoren ausmachen[20]. Aus diesen sollen im folgenden zwei Faktoren herausgegriffen werden, die im vorliegend untersuchten Zusammenhang besonders relevant erscheinen, nämlich rechtliche und technische Grenzen eines „elektronischen Vergabeverfahrens".

a) Rechtliche Grenzen. Die bisherigen – oftmals eher enttäuschenden – Erfahrungen mit „E-Government" haben gezeigt, dass die Einführung des Internets in der Verwaltung allein noch keine Leistungssteigerung bewirkt, solange die moderne Technik lediglich dazu genutzt wird, veraltete und ineffiziente Verwaltungsprozesse zu elektrifizieren[21]. Eine umfassende Modernisierung der Verwaltung dürfte sich daher nicht auf die Einführung elektronischer Hilfsmittel beschränken, sondern müsste auch die Verwaltungsprozesse[22] und Organisationsstrukturen der Verwaltung[23] transformieren. Aufgrund der vorhandenen gesetzlichen Bindungen und

[20] *Scheer/Kruppke/Heib*, S. 75; vgl. auch *Guise-Rübe*, Abs. 16 f, der u.a. auf das Akzeptanzproblem hinweist.
[21] *Scheer/Kruppke/Heib*, S. 3.
[22] *Lenk*, S. 84 f.; *Scheer/Kruppke/Heib*, S. 7; für das Vergabewesen *Bovis*, S. 8.
[23] *Hoffmann-Riem*, Verwaltungsrecht in der Informationsgesellschaft, S. 32.

Vorgaben ist dies jedoch nicht immer möglich[24], zumindest nicht so umfassend, wie dies im privaten Sektor im Zuge des *Business Process Reengineering* versucht wird, der Ausrichtung aller Geschäftsprozesse auf das Wertschöpfungspotential und den Kundennutzen[25]. Hinzu kommt, dass im privatwirtschaftlichen Bereich aus einer betriebswirtschaftlichen Perspektive die Automatisierung die Entscheidungsqualität verbessern soll und kann. Im Gegensatz hierzu sind die Entscheidungsergebnisse in der öffentlichen Verwaltung rechtlich determiniert; eine „Leistungssteigerung" der Verwaltung durch Automation ist daher nur in Bezug auf Nebenaspekte des Entscheidens zu erwarten[26], etwa der Geschwindigkeit.

Dennoch ist es ein grundsätzlich richtiger Ansatz zu versuchen, Managementkonzepte aus der Privatwirtschaft mit dem Ziel der Steigerung von Effizienz und Effektivität auf die öffentliche Verwaltung zu übertragen[27], soweit dies wirtschaftlich sinnvoll und rechtlich zulässig ist. Eine – europäisch harmonisierte – stärkere elektronische Unterstützung von Verwaltungsabläufen kann nämlich für Bürger und für Unternehmen Vorteile bringen. In vielen Bereichen, etwa im Steuerrecht, scheiterte eine solche Harmonisierung bislang an stark differierenden rechtlichen Vorgaben[28]. Im Gegensatz hierzu bietet das Vergaberecht gute Voraussetzungen für eine auch in technischer Hinsicht harmonisierte elektronische Abwicklungsvariante.

Es würde den Rahmen der vorliegenden Arbeit sprengen, konkrete Vorschläge dafür zu entwickeln, wie die Vorgaben des europäischen und des nationalen Vergaberechts gefasst werden müssten, um eine möglichst weitgehende elektronische Abwicklung des Verfahrens zu ermöglichen. Vielmehr soll das geltende Recht als gegeben hingenommen und untersucht werden, wie innerhalb dieses Rechtsrahmens das Verfahren möglichst effektiv durch moderne IuK-Techniken unterstützt werden kann. Dies wird derzeit insbesondere durch technische Schwierigkeiten behindert, die im folgenden dargestellt werden sollen.

b) Technische Grenzen. Eine durchgängige, medienbruchfreie Übernahme und Verarbeitung aller Daten einer elektronischen Ausschreibung kann einen ununterbrochenen digitalen *Workflow* ermöglichen. Ein solcher durchgängiger Bearbeitungsprozess bietet erhebliche Vorteile, weil aufwendige und fehlerträchtige Mehrfacheingaben vermieden[29] und alle Schritte des Beschaffungsvorgangs unterstützt werden. Bei einem solchen, idealtypischen Workflow übernehmen die Bieter das

[24] *Adam* et al., S. 961; *Scheer/Kruppke/Heib*, S. 42.
[25] *Danuser*, S. 10.
[26] *Luhmann*, S. 18 f.
[27] *Hunziker*, S. 26; *Theuvsen*, S. 147.
[28] *Adam* et al., S. 965.
[29] *Schäfer*, EU-Legislativpaket, S. 762.

vom Auftraggeber vorgegebene digitale Leistungsverzeichnis in ihre Software und erstellen auf dessen Grundlage ihr Angebot, das sie anschließend dem Auftraggeber übermitteln. Der Auftraggeber kann alle Angebote – elektronisch unterstützt – anhand vorgegebener Kriterien auswerten und so schnell das beste Angebot ermitteln.

Eine solche durchgängige Verarbeitung der Daten scheitert bislang daran, dass ein übergreifender Standard für den Austausch leistungsbezogener Daten, insbesondere des Leistungsverzeichnisses fehlt[30]. Dieses Schnittstellenproblem bildet eine Barriere für den Datenaustausch zwischen Bieter und Auftraggeber[31]. Individuelle, vom jeweiligen Auftraggeber vorgegebene Formate sind keine zufriedenstellende Lösung, weil ein Bieter dann möglicherweise bei jedem Auftraggeber mit einem anderen Format konfrontiert wäre. Das Fehlen eines allgemein akzeptierten Standards erschwert auch den Datenaustausch zwischen solchen Bietern untereinander, die etwa im Rahmen zulässiger Bietergemeinschaften ein gemeinsames Angebot einreichen wollen, oder zwischen einem Bieter und seinen Zulieferern. Vorzuziehen sind standardisierte Datenformate, weil sie zur Verringerung der Transaktionskosten beitragen, indem aufwendige Individualvereinbarungen durch den Verweis auf einen üblichen Standard ersetzt werden können[32].

Ein medienbruchfreier, branchenübergreifender Austausch strukturierter Daten ist selbst im weiter fortgeschrittenen privaten Bereich noch nicht möglich[33]; in der Praxis wirkt sich dies allerdings wenig nachteilig aus, weil im Regelfall die Daten zwischen festen Kommunikationspartnern im Rahmen einer EDI-Beziehung gemäß einem zwischen ihnen vereinbarten Standard ausgetauscht werden, nämlich zwischen Partnern einer festen Vertragsbeziehung, die über einen längeren Zeitraum hinweg bestimmte, häufig wiederkehrende Produkte und Leistungen nachfragen und liefern. Hierin liegt ein wesentlicher Unterschied zum Datenaustausch im Rahmen des öffentlichen Beschaffungswesens, weil dort – abgesehen von längerfristigen Rahmenverträgen – in der Regel gerade keine festen Vertragsbeziehungen bestehen, sondern nach dem Wettbewerbsprinzip (§ 97 Abs. 1 GWB) für jeden neuen Auftrag der jeweils beste Vertragspartner gefunden werden soll. Individuelle Vereinbarungen zwischen dem öffentlichen Auftraggeber und den Bietern hinsichtlich des Formats für den Datenaustausch wären wegen der großen Zahl von Kommunikationspartnern (alle interessierten Unternehmen) und der Einmaligkeit der Austauschbeziehung mit unverhältnismäßig hohem Aufwand verbunden.

---

[30] Hieran hat sich auch durch den UN/EDIFACT-Standard (vgl. oben, S. 117) nicht viel geändert, da in der Praxis jede Branche ihren eigenen „Dialekt“ nutzt.

[31] *Fritzemeyer/Heun*, S. 131.

[32] *Pfeiffer* in Berger/Blankart/Picot, S. 270.

[33] *Picot/Neuburger*, S. 515 f.

Auch im öffentlichen Bereich fehlt bislang ein einheitlicher, allgemein akzeptierter Standard für den Austausch von Ausschreibungsinformationen und Angeboten. Die Definitionen des CPV (*common procurement vocabulary*, vgl. oben, S. 22) dienen nur zur Beschreibung einzelner Teile der nachgefragten Leistung; der Anwendungsbereich beschränkt sich auf Liefer- und Dienstleistungsaufträge, im Baubereich spielt das CPV eine geringere Rolle. Die Auftraggeber arbeiten nicht durchgängig mit entsprechenden Softwarelösungen, daher hat sich ein vorherrschender Standard bislang nicht durchgesetzt.

Um der Bieterseite den Datenaustausch mit den zahlreichen öffentlichen Auftraggebern zu erleichtern, wäre es von Vorteil, wenn die Auftraggeber für die Verwaltung, Bearbeitung und Kontrolle von Anschaffungen entweder einheitlich eine bestimmte Software einsetzten oder zumindest ein bestimmtes Datenformat unterstützten[34]. Bislang ist allerdings noch nicht festzustellen, dass solche *Workflow-Management-Systeme*[35] bei den öffentlichen Auftraggebern flächendeckend eingesetzt würden. Ein durchgängiger Workflow, wie das im privaten Bereich zwischen zwei Partnern möglich ist, die jeweils kompatible Warenwirtschaftssysteme einsetzen, lässt sich dann nicht realisieren[36]. Dem Nutzen, der aus einer elektronischen Abwicklung des Beschaffungsprozesses gezogen werden kann, sind damit im öffentlichen Bereich rechtliche und derzeit auch noch faktische Grenzen gesetzt[37]. Daher sind Aussagen, mit der E-Vergabe habe die öffentliche Verwaltung „den Vorsprung der Wirtschaft aufgeholt“[38], sehr optimistisch.

Auch wenn ein solcher durchgehender Workflow auf der Auftraggeberseite noch nicht realisiert ist, könnte die Wirtschaft dennoch von einem einen einheitlichen Standard für die Abwicklung der Kommunikation und zum Einreichen der Angebote bei den Vergabestellen profitieren. Leider hat sich ein solcher Standard bislang nicht im Wettbewerb entwickelt, vielmehr droht ein proprietäres Format zwangsweise „verordnet“ zu werden: Im Rahmen der Initiative „Bund Online 2005“ wurde von der Innenministerkonferenz das Protokoll OSCI (*Online Services Computer Interface*) als Grundlage für Transaktionen der öffentlichen Verwaltung festgelegt. OSCI ist ein von der Stadt Bremen im Rahmen des MEDIA@Komm-Wettbewerbes entwickelter Standard zum Austausch von verschlüsselten und signierten Daten

[34] *Schmeichel/Schinzer*, S. 182.

[35] *Jansen/Klipstein*, S. 154.

[36] *Thome/Bieber*, S. 110. Eine Lösung hierfür könnte in der Einschaltung eines Dritten liegen, der zwischen inkompatiblen Datenformaten vermittelt, etwa automatisch Nachrichten in ein geeignetes Format konvertiert.

[37] *Gehrmann/Schinzer*, S. 17.

[38] So *Funk/Schmitt*, S. 224.

(OSCI-Transport[39]). OSCI Transport basiert zwar auf XML, es handelt sich aber dennoch um einen auch markenrechtlich geschützten, neuen und bislang wenig erprobten Standard, der zudem nur von einem Hersteller angeboten wird[40]. So begrüßenswert ein solcher Standard auch sein mag, bestehen doch – wie bereits dargelegt – grundsätzliche Bedenken gegen einen Standard, der lediglich aus einer Quelle bezogen werden kann.

Als Alternative bietet sich das auf internationalen Standards basierende ISIS-MTT[41] an, das auch Grundlage der bayerische Vergabeplattform *AVA-Online*[42] ist.

III. Bewertung

Die Einführung elektronischer Kommunikation im Vergabewesen ist ein längst fälliger Schritt und kann zu einer beschleunigten Verfahrensabwicklung führen. Neben dem Wegfall der Postlaufzeiten tragen hierzu die Möglichkeiten einer elektronisch unterstützten Auswertung der Angebote bei. Die elektronischen Hilfsmittel sind jedoch nicht nur positiv zu bewerten. Der mit ihrer Einführung verbundene finanzielle und organisatorische Aufwand kann kleinere Unternehmen abschrecken und sie von der weiteren Teilnahme an öffentlichen Ausschreibungen ausschließen. Doch auch wenn sie auf den „elektronischen Zug“ aufspringen, profitieren sie von einer kontinuierlichen, medienbruchfreien Bearbeitung der Ausschreibungsdaten nicht notwendig in gleicher Weise wie größere Unternehmen, die ohnehin den gesamten Planungs- und Ausführungsprozess intern elektronisch abwickeln. Unternehmen machen ihre Beteiligung an Ausschreibungen (einzelnen Verfahren oder der öffentlichen Auftragsvergabe allgemein) davon abhängig, ob ihnen aus den für die Teilnahme erforderlichen Investitionen Vorteile erwachsen, insbesondere ob sie sich amortisieren (*return on investment*, ROI). Die relativen Kosten für die Teilnahme an einem System sinken dabei mit der Zahl der über dieses System erfolgreich abgeschlossenen Aufträge[43]. Die Auftraggeber, die alle Aufträge über eine solche Plattform vergeben, können schneller mit ROI rechnen als Bieter, die sich auch auf andere Weise um Aufträge bemühen müssen und zudem nicht bei jedem sie interessierenden Auftrag den Zuschlag erhalten[44].

---

[39] `http://www.osci.de/materialien/summary.pdf`.

[40] *Schmidt/Steimke*, S. 228.

[41] *Sietmann*, S. 59; *Schulzki-Haddouti*, S. 32.

[42] `www.vergabe.bayern.de`.

[43] Durch Skaleneffekte, vgl. oben, S. 111.

[44] Aus dem Bereich der Privatwirtschaft etwa *Legner/Österle/Loser*, S. 70 für den Umstieg des deutschen Versandhauses Otto auf die Plattform bolero.net (ROI nach 2,6 Jahren erwartet); die mitziehenden Logistikpartner DHL und Panalpina rechnen mit einem deutlich späteren ROI (5-8 bzw. 10 Jahre).

Neben den objektiven Transaktionskosten ist für den Erfolg oder Misserfolg der elektronischen Abwicklung des Vergabeverfahrens mit entscheidend, wie die angesprochenen Wirtschaftskreise die Verfahrensvarianten subjektiv einschätzen. Erwartete geringe *Vorteile* einer bestimmten Transaktion werden nämlich subjektiv geringer geschätzt als geringe mögliche *Verluste*, weil die Beurteilung einer Transaktion – neben den objektiven Transaktionskosten – maßgeblich vom Referenzpunkt des Vergleichenden beeinflusst wird (sog. *Endowment-Effekt*[45]). Im Bereich der Vergabe bedeutet dies folgendes: Den Bietern ist der Ablauf des traditionellen Vergabeverfahrens mit seinen Vor- und Nachteilen bekannt, insbesondere dessen Risiken scheinen kalkulierbar zu sein. Demgegenüber verspricht die elektronische Vergabe zwar gewisse Vorteile, scheint für die Bieter jedoch auch mit erheblichen Risiken verbunden zu sein, weil ihnen die Technik, auf der die elektronische Angebotsübermittlung basiert, nicht im Detail bekannt ist. Nur wenige Unternehmen haben bereits praktische Erfahrung mit dem Austausch signierter und verschlüsselter elektronischer Nachrichten gesammelt. Die Mehrheit vermag nicht abzuschätzen, was mit ihren Angeboten und sonstigen Informationen geschieht, nachdem sie an den Auftraggeber abgesendet wurden[46].

Der Umstand allein, dass eine elektronisch abgewickelte Beschaffung von Waren und Leistungen geringere Transaktionskosten verursacht, ist keine hinreichende Bedingung dafür, dass sich die elektronische Vergabe auch in der Praxis durchsetzt. Wenn Auftraggeber und Bieter auf das neue Verfahren umsteigen sollen, muss dieses Verfahren für beide Seiten Vorteile bieten. Um ein Beispiel zu nennen: Werden Ausschreibungsunterlagen und Angebote elektronisch übermittelt, können Verzögerungen durch Postlaufzeiten vermieden werden. Es wäre jedoch falsch, würde der Gesetzgeber diese Zeitersparnis nur dazu nutzen, die Angebotsfristen zu verkürzen[47], denn dies ginge einseitig zulasten der Bieterseite[48]. Aus ökonomischer Sicht günstiger wäre es, die Zeitersparnis auch den Bietern zugute kommen zu lassen, indem diesen mehr Zeit für die Ausarbeitung der Angebote eingeräumt wird.

[45] Vgl. *Bizer*, S. 73.

[46] Derartige Befürchtungen werden auch vom Wirtschafts- und Sozialausschuss geäußert, der bezweifelt, dass „die Vertraulichkeit der Angebote bei den elektronischen Verfahren zur Vertragsvergabe zu einem Zeitpunkt sichergestellt ist, zu dem Computerkriminalität selbst in den am besten geschützten Netzwerken an der Tagesordnung zu sein scheint" (Stellungnahme des Wirtschafts- und Sozialausschusses vom 26.04.2001 – Amtsblatt Nr. C 193 vom 10.07.2001, S. 7 f., unter 2.9).

[47] Vgl. oben, S. 66.

[48] Eine solche einseitige Begünstigung der Auftraggeber vertrüge sich auch nicht mit dem erklärten Ziel der Reform des Vergabewesens, die Interessen kleinerer und mittlerer Unternehmen verstärkt zu fördern; vgl. *Europäische Kommission*, Grünbuch, unter 5.1.

Geringere Transaktionskosten und die Möglichkeiten eines Zeitgewinns allein reichen also nicht aus, die Bieter von einem modernen Vergabeverfahren zu überzeugen, vielmehr bedarf es hierzu weiterer Anreize[49]. Die Vorteile, die aus einem elektronisch unterstützten Verfahren erwachsen, müssen auch den Bietern zugute kommen. Diese werden von den – als erheblich empfundenen – Risiken elektronischer Kommunikation abgeschreckt (Unsicherheit der Umwelt, vgl. oben, S. 108), insbesondere dann, wenn diesen Risiken keine möglichen Vorteile gegenüberstehen. Aus ökonomischer Sicht sind Vertrauen in die eingesetzte Technik und eine möglichst gleiche Verteilung ihrer Vorteile auf beide Seiten der Transaktionsbeziehung[50] entscheidend für den Erfolg der elektronischen Vergabe. Technische Sicherheit (bezogen auf die Integrität und Vertraulichkeit der Daten) ist eine Voraussetzung dafür, dass die Bieter ihre „Schwellenangst" überwinden und die modernen Techniken nutzen; dies wiederum ist notwendige Voraussetzung dafür, dass auch die Auftraggeber die Vorteile der elektronischen Vergabe nutzen können. Ein hoher Sicherheitsstandard ist daher auch ökonomisch entscheidend[51].

Im Hinblick auf eine sparsame Haushaltsführung ist auch auf Auftraggeberseite eine verstärkte Nutzung elektronischer Vergabe nur zu erwarten, wenn sie kostengünstig realisiert werden kann. Ressourcenknappheit ist der zentrale hemmende Faktor bei der Umsetzung von E-Government-Strategien[52]. Der Einsatz von Technik im Vergabeverfahren muss daher für beide Seiten konkrete Vorteile bieten und einfach, sicher und kostengünstig sein.

Für den Erfolg der elektronischen Vergabe ist mit entscheidend, inwieweit es der elektronische Datenaustausch ermöglicht, die internen Prozesse der beteiligten Auftraggeber und Unternehmer zu vereinfachen und zu beschleunigen. Das volle Potential der E-Vergabe würde nicht genutzt, wenn sich der elektronische „Mehrwert" in der Möglichkeit erschöpfen würde, die Vergabeunterlagen und Angebote schneller zwischen Auftraggeber und Bieter transportieren zu können. Vielmehr bietet sich durch die elektronische Abwicklung des Verfahrens die Möglichkeit, eine *ununterbrochene Prozesskette* zu schaffen. Dies setzt aber voraus, dass alle an der Prozesskette beteiligten Parteien – Auftraggeber und Bieter sowie deren Subunternehmer – einheitliche Datenformate nutzen, um die auftragsbezogenen Informationen auszutauschen. Ein solcher branchenübergreifender Standard zum Austausch von Bestellungs- und Planungsdaten hat sich in der Privatwirtschaft noch nicht allgemein durchsetzen können[53], obgleich es in jüngerer Zeit vielversprechende An-

---

[49] *Bizer*, S. 73.
[50] Nur dann ist die gefundene Lösung effizient, vgl. oben, S. 113.
[51] *Herchenbach-Canarius* in Kilian/Heussen, Nr. 152 Rdn. 87; *Sandl*, S. 323.
[52] *Scheer/Kruppke/Heib*, S. 75.
[53] Vgl. oben, S. 116.

sätze hierzu gibt, namentlich durch die Verwendung von XML[54]. Im öffentlichen Auftragswesen ist die Etablierung eines einheitlichen Formates in naher Zukunft nicht zu erwarten. Dies wirkt sich hier jedoch stärker nachteilig aus als im gewerblichen Bereich, weil im öffentlichen Sektor – abgesehen von Rahmenvereinbarungen – keine längerfristigen Vertrags- und Datenaustauschbeziehungen zwischen Auftraggeber und Bieter bestehen, innerhalb derer die Parteien ein bestimmtes Format individuell vereinbaren könnten, sondern kurzfristige Geschäftsverbindungen vorherrschen. Ein allgemein akzeptierter Standard würde als besonders starker Anreiz für die elektronische Vergabe wirken, weil bei der Nutzung eines einheitlichen Standards sich Bieter an allen Ausschreibungen beteiligen könnten, statt sich für jeden einzelnen Auftrag auf die „Insellösung" des jeweiligen Auftraggebers einstellen zu müssen. Bis sich ein solcher Standard durchgesetzt hat, müssen die verschiedenen Vergabesysteme möglichst alle im Privatsektor gängigen Datenformate unterstützen, insbesondere GAEB im Bauwesen, wenn auch möglicherweise nur durch eine reine Importmöglichkeit auf Auftraggeberseite. Denkbar wäre es auch, automatisierte Mittler-Stellen einzurichten, die die Konvertierung zwischen verschiedenen konkurrierenden Datenformaten übernehmen. Vorteil einer solchen Stelle wäre, dass nicht alle Beteiligten alle Standards vorhalten und unterstützen müssten. Die vertrauliche Behandlung der so bearbeiteten Informationen wäre dabei allerdings zu gewährleisten.

B. Vergabeplattformen und integrierte Vergabesysteme

Durch moderne Telekommunikation kann der bislang zweiseitige Kommunikationsprozess zwischen Auftraggeber und Bieter um weitere Beteiligte erweitert werden. Der Auftraggeber kann etwa die Veröffentlichung der Ausschreibung spezialisierten Dritten überlassen. Diese können – noch weitergehend – auch die Angebote der Bieter entgegennehmen und später gesammelt an den Auftraggeber weiterleiten, eine Vorauswahl unter den eingegangen Angeboten treffen oder möglicherweise sogar den Zuschlag für den Auftraggeber erteilen.

I. Nutzenpotential

Die Umstellung auf elektronische Beschaffung ist für die Bieter und Interessenten mit technischem und wirtschaftlichem Aufwand verbunden. Dieser Aufwand ist – relativ gesehen – um so geringer, je mehr Aufträge der Bieter sich auf elektronischem Wege erschließen kann. Auch ist die Attraktivität der elektronischen Abwicklung dann besonders groß, wenn sich die Bieter nicht auf viele verschiedene Abwicklungsvarianten und technische Standards einstellen müssen, sondern

[54] Etwa im Rahmen des Standards SAGA, vgl. oben, Fn. 12 auf Seite 117.

ein einheitliches Verfahren mit einem allgemein akzeptierten Datenformat nutzen können[55]. Während ein einzelner Auftraggeber möglicherweise nicht so viele Aufträge zu vergeben hat, dass er die hierfür erforderliche „kritische Masse“[56] allein erreicht, können mehrere Auftraggeber ihre Ausschreibungen gebündelt durchführen und dabei einheitlich ein Format voraussetzen. Die „Bündelung“ kann durch Dritte erfolgen, bei der öffentlichen Auftragsvergabe durch zentrale Beschaffungsstellen oder auch durch beauftragte Privatunternehmen. Dritte mit der Abwicklung des Verfahrens zu beauftragen hat für die Auftraggeber weitere Vorteile: Sie werden von aufwendigen Verwaltungsarbeiten entlastet, die mit Installation, Wartung und Schutz der technischen Ausrüstung (Server) verbunden sind. Hinzu kommt, dass kleinere Auftraggeber, die nur selten Ausschreibungen durchführen, wegen der Komplexität der Rechtsvorschriften oft unsicher sind, wie ein rechtskonformes Verfahren durchzuführen ist[57].

Es verwundert daher nicht, dass viele Auftraggeber daran interessiert sind, ihre Aufträge mit Hilfe von Dritten gebündelt bekanntzumachen und abzuwickeln. Die Beteiligung Dritter kann zudem für den Auftraggeber eine Arbeitsentlastung darstellen und ist nicht zuletzt für kleine Auftraggeber, die nur selten Aufträge ausschreiben, die einzige Möglichkeit, vergaberechtskonforme Ausschreibungsverfahren durchzuführen. Im privaten Sektor haben sich für ähnliche Zwecke in den unterschiedlichsten Bereichen Handelsplattformen entwickelt, im B2C-Bereich etwa *Amazon*[58], insbesondere aber im B2B-Bereich. Großunternehmen nutzen solche Plattformen, um ihren Bedarf zentral an einer Stelle decken zu können. Ein Beispiel ist der elektronische Marktplatz *Covisint*[59] im Automobilsektor, gegründet von mehreren großen Automobilunternehmen. Vereinfacht gesagt handelt es sich bei derartigen Plattformen um Internetportale, auf denen Anbieter und Nachfrager Informationen über Produkte, Lieferanten und Abnehmer einholen und Geschäfte abschließen können.

Für die elektronische Auftragsvergabe erscheint eine solche Plattformlösung besonders geeignet, weil hierdurch eine größere Zahl von Kommunikationspartnern gleichzeitig und mit geringerem Aufwand als im Falle der Individualkommunikation erreicht werden kann. Die bisher realisierten Pilotprojekte der öffentlichen Hand sind ganz überwiegend derartige Plattformen, auf denen entweder ein einzelner Auftraggeber oder mehrere Auftraggeber, gegebenenfalls vertreten durch eine zentrale Beschaffungsstelle, ihren Bedarf bekanntmachen und Interessenten die

[55] Vgl. oben, S. 126.
[56] Hierzu *Picot/Neuburger* in Hoeren/Sieber, Nr. 2 Rdn. 45.
[57] Vgl. oben, S. 2.
[58] `www.amazon.de` oder `www.amazon.com`.
[59] `www.covisint.com`; hierzu *Immenga/Lange*, S. 734.

Möglichkeit einräumen, Informationen zu anstehenden Aufträgen abzurufen und Angebote abzugeben. Das Beschaffungsamt des Bundesministeriums des Innern betreibt eine Plattform, über die Beschaffungen im Geschäftsbereich des Ministeriums abgewickelt werden[60].

Eine solche Plattform ist für alle Beteiligten vorteilhaft: Die Bieter können sich über viele Aufträge gleichzeitig informieren und mit geringem Suchaufwand die sie interessierenden Informationen finden. Der Auftraggeber wiederum kann mit einer einmaligen Veröffentlichung eine große Zahl von Interessenten zugleich erreichen. Die Leistung der Plattform kann auch über den bloßen Informationsaustausch hinausgehen und etwa bei der Ausarbeitung und der Abgabe der Angebote und deren Auswertung unterstützen. Die anteiligen Kosten einer einzelnen, elektronisch durchgeführten Ausschreibung werden durch Skaleneffekte um so geringer, je mehr Verfahren mit dieser neuen Technik durch eine einzelne Stelle abgewickelt werden. Es liegt somit nahe, Ausschreibungen gebündelt über Dritte abzuwickeln, entweder über öffentliche, zentrale Beschaffungsstellen oder über private Dienstleister. Im privaten Sektor existieren zahlreiche derartige „Plattformen“, deren Einsatz sich auch im öffentlichen Vergabewesen bewähren könnte.

Auch im öffentlichen Sektor können derartige Plattformen für die Auftragsvergabe genutzt werden. Eine solche Plattform kann vom Auftraggeber selbst erstellt und betrieben werden, was insbesondere bei größeren Auftraggebern in Betracht kommt. Kleinere Auftraggeber können entweder vorgefertigte Lösungen privater Anbieter einkaufen oder den gesamten Plattformbetrieb an private Dienstleister abgeben[61].

II. Varianten von Plattformen

Je nach Art und Umfang der durch das System unterstützten Funktionen wird üblicherweise unterschieden zwischen Bekanntmachungsplattformen, Vergabe- oder Beschaffungsplattformen und integrierten Vergabesystemen[62].

1. Bekanntmachungsplattform

Bereits heute werden *Bekanntmachungsplattformen* als digitales Äquivalent von Veröffentlichungsbeilagen zu Zeitungen oder von speziellen Verkündungsblättern eingesetzt. Beispiele sind die Datenbank TED, der Subreport oder die Online-Fassung des Bundesausschreibungsblatts. Sie übernehmen die Bekanntmachung der Ausschreibung und beschränken sich dabei bisher auf eine einseitige Informationsvermittlung vom Auftraggeber zum Interessenten, wenngleich auch mit

[60] `http://www.evergabe-online.de`, vgl. auch *Funk/Schmitt*, S. 215.
[61] *Riehm* et al., S. 329.
[62] *Schubert*, S. 168.

einem gewissen „Mehrwert" (Suchfunktion in der Datenbank, Unterstützung gegebenenfalls auch bei der elektronischen Aufarbeitung der Ausschreibung). Der Plattformbetreiber auch jedoch auch weitere Aufgaben wahrnehmen, man spricht dann von einer Vergabe- bzw. Beschaffungsplattform oder – noch weitergehend – von integrierten Vergabesystemen.

2. Vergabe- oder Beschaffungsplattform

Im Allgemeinen wird unter einer *Vergabe-* oder *Beschaffungsplattform* eine Plattform verstanden, über die nicht nur die Ausschreibung bekanntgemacht wird, sondern bei der darüber hinaus auch die Angebote eingereicht werden[63]. Diese Definition ist unvollständig, weil sich der Informationsfluss vom Auftraggeber zum Interessenten nicht auf die Bekanntmachung beschränkt, sondern dem Interessenten auch die *Vergabeunterlagen* zugestellt werden müssen, auf deren Grundlage erst der Bieter sein Angebot erstellen kann. Der Versand oder die Bereitstellung dieser Vergabeunterlagen kann auch von einem Plattformbetreiber übernommen werden. Dies ist – aus der Sicht des Plattformbetreibers – kein rein passiver Vorgang, vielmehr hängt die Übermittlung der Vergabeunterlagen von einer vorherigen *Prüfung* oder Auswahl ab: Einerseits ist nach § 8 Nr. 2 Abs. 1 VOB/A und § 7 Nr. 2 Abs. 1 VOL/A zu prüfen, ob sich der Interessent gewerbsmäßig mit der Ausführung von Leistungen der ausgeschriebenen Art befasst[64]. Diese Prüfung ist in der Praxis mitunter mit erheblichem Aufwand verbunden. Andererseits stehen bei Beschränkten Ausschreibungen und Nichtoffenen Verfahren die Unterlagen nicht allen potentiellen Bietern zur Verfügung, sondern nur einer beschränkten Zahl.

Treffender ist daher die Umschreibung der Vergabe- oder Beschaffungsplattform als „Drehscheibe für Bekanntmachungen und den elektronischen Austausch von Vergabeunterlagen und Angeboten"[65], denn hierunter fällt auch die Prüfung der Berechtigung des jeweiligen Interessenten bzw. seine Zugehörigkeit zur angesprochenen Bietergruppe. In der Praxis erfordern die einschlägigen Plattformen die Anmeldung des Teilnehmers (Unternehmers)[66], bei der auch dessen Tätigkeitsbereich abgefragt werden kann[67].

Vergabeplattformen können auch noch weitere, unterstützende Funktionen anbieten. So können sie dem Bieter beim Abfassen seines Angebotes assistieren,

[63] So etwa *Thome/Bieber*, S. 103.

[64] Vgl. oben, S. 26. Anders *Weyand*, S. 38, der eine „Abgabe" der Vergabeunterlagen dann nicht annimmt, wenn die Unterlagen nicht auf Anfrage eines Interessenten, sondern unabhängig von einer solchen bereits in der Bekanntmachung zugänglich gemacht werden.

[65] *Schubert*, S. 168.

[66] *Schubert*, S. 168.

[67] *Marbaise*, S. 122.

indem sie automatisiert prüfen, ob das Angebot bestimmten formalen Kriterien genügt[68].

Einzelne derartige Plattformen sind in Deutschland bereits im Einsatz, auf Bundesebene `evergabe-online.de`. Der Vorteil für die Bieterseite besteht in der Möglichkeit, alle Ausschreibungen zugleich durchsuchen zu können sowie in ersparten Portokosten und einer beschleunigten Übermittlung der Angebote. Weil der Datenaustausch bislang auf PDF-Basis erfolgt[69], ist jedoch eine automatisierte Weiterverarbeitung der übermittelten Daten nicht oder nur mit großem Aufwand möglich, weil die Daten erst aus der PDF-Datei extrahiert werden müssen. Ein durchgehender Workflow wird damit verhindert.

3. Integrierte Vergabesysteme

Noch einen Schritt weiter gehen *integrierte Vergabesysteme*, die den Auftraggeber umfassend bei der Vorbereitung der Ausschreibung und bei der Wertung der Angebote unterstützen. Derartige Softwarelösungen unterstützen in der Privatwirtschaft die Einkaufsorganisation von Unternehmen und ermöglichen einen schnellen, einfachen Beschaffungsvorgang, der ohne Medienbrüche abgewickelt werden kann. Beispielsweise kann die Software den Lagerbestand überwachen und bei Erreichen bestimmter Mindestwerte automatisch Nachbestellungen aufgeben. Ob ein solcher Automatismus im öffentlichen Vergaberecht zulässig wäre, bedarf einer sorgfältigen Prüfung im Einzelfall.

Im Rahmen eines integrierten Vergabesystems kann eine Vergabeplattform auf Auftraggeberseite mit Vergabemanagementsoftware kombiniert werden, so dass ein *elektronischer Warenkatalog* entsteht. Bei einem solchen können Angestellte des Auftraggebers aus einer Liste von Waren oder Dienstleistungen auswählen, mit deren Anbietern der Auftraggeber zuvor – vergaberechtskonform – Rahmenvereinbarungen (Art. 32 der Richtlinie) über die Beschaffungsgegenstände abgeschlossen hat[70]. Ein solches „virtuelles Kaufhaus“ ist auch Bestandteil der Vergabeplattform des Bundes[71]. Eine Anwendung ist aber nicht nur denkbar bei der Beschaffung von standardisierten Massengütern, sondern auch bei komplexeren Gegenständen.

III. Nutzung im privaten und öffentlichen Sektor

Alle Varianten von Plattformen sind im privatwirtschaftlichen Bereich etabliert und werden in der Praxis nutzbringend eingesetzt, wenngleich nach einer ur-

[68] *Thome/Bieber*, S. 101.
[69] *Funk/Schmitt*, S. 218.
[70] *Schäfer*, Public E-Procurement, S. 67. Vgl. hierzu auch *Egeler*, S. 147 f.
[71] *Schulzki-Haddouti*, S. 32.

sprünglichen Phase des Booms nun Konsolidierung zu beobachten ist[72]. Daher liegt die Idee nahe, diese Modelle auch im öffentlichen Sektor einzusetzen. Dabei sind aber die erheblichen Unterschiede zwischen öffentlichem und privatem Bereich zu berücksichtigen: Während Wirtschaftsunternehmen in der Regel aufgrund rein wirtschaftlicher Überlegungen handeln, verfolgt der öffentliche Auftraggeber bei der Auftragsvergabe neben kostenwirtschaftlichen weitere Ziele, namentlich administrative (Gewährleistung der Versorgungssicherheit für die Durchführung der öffentlichen Aufgaben) und wettbewerbsorientierte Ziele (Förderung von Wettbewerb und Konjunktursteuerung, Förderung kleiner und mittelständischer Unternehmen)[73], soweit dies rechtlich zulässig ist in Anbetracht der strengen kartell- und vergaberechtlichen Bindungen. Diese sollen im Folgenden näher untersucht werden (s. unten, S. 170). An dieser Stelle genüge die Feststellung, dass sich Vergabeplattformen unter ökonomischen Gesichtspunkten nutzbringend in einem Vergabeverfahren einsetzen ließen.

C. Schlussfolgerungen

Die elektronische Abwicklung des Vergabeverfahrens verspricht wesentliche Vorteile für alle Beteiligten. Bereits mit recht geringem Aufwand profitieren Auftraggeber und Bieter von den besseren Such- und Zugriffsmöglichkeiten auf Ausschreibungsunterlagen. Die vollen Vorzüge eines medienbruchfreien Workflows lassen sich aber nur erreichen, wenn die Auftragsunterlagen in einem Format vorliegen, das sowohl auf der Auftraggeber- als auch auf der Bieterseite die automatisierte Weiterverarbeitung der Daten ermöglicht. Dies ist bei den derzeit vorhandenen Systemen noch unbefriedigend. Die Lösung der Vergabeplattform des Bundes *evergabe-online.de* etwa ermöglicht es den Bietern, ein Angebotsformular herunterzuladen, dieses auszufüllen und als signierte PDF-Datei einzureichen. Die Übergabe der Angebote in Form von PDF erleichtert zwar den plattformübergreifenden Austausch, die Daten können dann aber nur mit erheblichem Aufwand wieder in ein Format rückübertragen werden, das eine automatisierte Weiterverarbeitung ermöglicht. Allerdings bietet PDF auch Vorteile: Die Technik ist weit verbreitet und ermöglicht dem Bieter gut zu kontrollieren, was für eine Erklärung er abgibt. Ein einheitlicher, möglichst auf XML basierender Standard, der eine automatisierte Verarbeitung ermöglicht, erscheint dennoch wünschenswert.

Die Bekanntmachungsplattform ist eine bereits heute genutzte Technologie, mit deren Hilfe den interessierten Wirtschaftsteilnehmern Zugriff auf möglichst viele verschiedene Ausschreibungen an möglichst wenigen Anlaufstellen geboten werden

[72] *Frischmuth/Karrlein*, S. 20.
[73] *Gehrmann/Schinzer*, S. 15.

kann. Ihre Vorteile sollten noch verstärkt genutzt werden. Noch weitergehende Vorteile versprechen Plattformen, die auch die Entgegennahme der Angebote übernehmen und Bieter und Auftraggeber bei weiteren Verfahrensschritten unterstützen können. Die Vorteile liegen neben der Unterstützung bei der Prozessabwicklung insbesondere in der durch Trennung von Empfangsstelle und Auftraggeber möglichen, sicheren Gewährleistung, dass der Auftraggeber erst zum Ende der Angebotsfrist Kenntnis von den eingereichten Angeboten erlangt. Vergabeplattformen werden daher in Zukunft größere Bedeutung erlangen, wenn die rechtlichen Rahmenbedingungen hierfür geklärt sind.

Bei allen geschilderten möglichen Vorteilen wird bei einem Kostenvergleich, der sich auf nur ein einziges Verfahren bezieht, voraussichtlich die herkömmliche Vergabe günstiger erscheinen. Mit der Zahl der Verfahren, an denen sich ein Bieter beteiligt, steigen durch Skaleneffekte für ihn jedoch die Vorteile einer elektronischen Abwicklung an. Ziel einer erfolgreichen Einführung der elektronischen Auftragsvergabe in Deutschland muss es daher sein, möglichst schnell möglichst viele Aufträge in einem einheitlichen, elektronisch Verfahrensablauf auszuschreiben.

4. Kapitel: Technische Umsetzung

§ 8. Besonderheiten des elektronischen Vergabeverfahrens

Ausgehend vom der hier zugrundegelegten, weiten Begriff der elektronischen Auftragsvergabe[1] unterscheidet sich das „elektronische" vom herkömmlichen Vergabeverfahren insbesondere durch die Form, in der die Informationen vorliegen: Während im herkömmlichen Verfahren Angebote in Papierform versendet, abgelegt und verarbeitet werden, basiert das elektronische Verfahren auf Daten in elektronischer, also nichtkörperlicher Form. Da für deren Verarbeitung im Hinblick auf die Anforderungen der Datensicherheit (Schutz von Integrität und Vertraulichkeit, Verhinderung einer verfrühten Kenntnisnahme) die gleichen rechtlichen Anforderungen gelten, müssen einige spezifische Eigenschaften der Papierform im digitalen Kontext mit besonderem technischem Aufwand nachgebildet werden.

A. Keine Abweichung im Verfahrensablauf

Die BLD- und die Sektoren-Richtlinie führten mit der elektronischen Auktion und dem dynamischen Vergabesystem neue Verfahrensvarianten ein, die speziell auf die elektronische Abwicklung hin zugeschnitten sind. Im Regelfall sollen Aufträge aber im Wege eines offenen oder nichtoffenen Verfahrens vergeben werden (Art. 28 BLD-Richtlinie; die Sektoren-Richtlinie kennt keine solche Priorität, Art. 40 Abs. 2 Sektoren-Richtlinie). Nach bisherigem deutschem Recht ist das offene Verfahren die Regel (§ 101 Abs. 5 GWB).

In der folgenden Tabelle wird der Ablauf eines offenen Verfahrens skizziert und jeweils aufgezeigt, welche Besonderheiten sich bei einer elektronischen Abwicklung ergeben.

Tabelle 3: Ablauf eines Vergabeverfahrens

Verfahrensschritt	Norm	Elektronischer Kontext
Bekanntmachung bis Angebotsabgabe		
Vergabestelle macht Ausschreibung öffentlich bekannt	§ 17 Nr. 1 VOB/A § 17 Nr. 1 VOL/A	Bereitstellung auf Server der Vergabestelle oder eines Dritten

[1] Vgl. oben, S. 7.

Tabelle 3: Ablauf (Fortsetzung)

Verfahrensschritt	Norm	Elektronischer Kontext
Interessent fordert Unterlagen an		per E-Mail oder über die Plattformoberfläche
Vergabestelle prüft Eignung des Interessenten	§ 8 Nr. 2 Abs. 1 VOB/A § 7 Nr. 2 Abs. 1 VOL/A	
Vergabestelle übermittelt Vergabeunterlagen an Interessenten, sofern Anforderungen erfüllt	§ 8 Nr. 2 Abs. 1 VOB/A § 7 Nr. 2 Abs. 1 VOL/A	per E-Mail oder Download
Liste aller Bewerber, die die Unterlagen eingesehen/erhalten haben, wird geführt	§ 17 Nr. 6 VOB/A § 17 Nr. 5 VOL/A	
Bieter erstellt Angebot und übermittelt es an Vergabestelle (verschlossener Umschlag)	§ 21 Nr. 1 VOB/A § 18 Nr. 2 Abs. 1 VOL/A	Bieter erhält signierte Eingangsbestätigung
Angebot wird gekennzeichnet und bis zur Öffnung aufbewahrt	§ 22 Nr. 1 S. 2 VOB/A § 22 Nr. 1 VOL/A	Eingangsvermerk, sichere (verschlüsselte) Speicherung des Angebots, Sicherung der Signatur
Bieter kann Angebot bis Ablauf der Angebotsfrist zurückziehen	§ 18 Nr. 3 VOB/A § 18 Nr. 3 VOL/A	auch in elektronischer Form möglich
Eröffnungstermin (VOB/A) / Öffnungsverhandlung (VOL/A)		
Prüfung, ob nur berechtigte Personen anwesend sind (VOB) bzw. nur zuständige Personen aus dem Bereich des Auftraggebers (VOL)	§ 22 Nr. 1 S. 1 VOB/A § 22 Nr. 2 Abs. 3 VOL/A	Schutzzweck: Vertraulichkeit
Prüfung des Verschlusses der Angebote	§ 22 Nr. 3 Abs. 1 VOB/A § 22 Nr. 3 S. 1 lit. a VOL/A	Prüfung von Verschlüsselung und Signatur
Öffnung der Angebote	§ 22 Nr. 3 Abs. 2 VOB/A § 22 Nr. 3 S. 2 VOL/A	Entschlüsselung
VOB/A: Angebotsfrist endet mit Öffnung der Angebote	§ 18 Nr. 2 VOB/A	

Tabelle 3: Ablauf (Fortsetzung)

Verfahrensschritt	**Norm**	**Elektronischer Kontext**
VOL/A: Öffnung unverzüglich nach Ablauf der Angebotsfrist	§ 22 Nr. 2 Abs. 1 VOL/A	
Verlesung bestimmter Abschnitte (nur VOB/A)	§ 22 Nr. 3 Abs. 2 VOB/A	
Kennzeichnung der Angebote	§ 22 Nr. 3 Abs. 2 VOB/A § 22 Nr. 3 S. 2 VOL/A	wegen Signatur entbehrlich
Sichere Aufbewahrung der Angebote	§ 22 Nr. 8 VOB/A § 22 Nr. 6 Abs. 1 VOL/A	Sichere Speicherung
	Inhaltliche Bearbeitung	
Prüfung	§ 23 VOB/A und VOL/A	Zugriffsbeschränkung auf ermächtigte Personen
ggf. Aufklärung	§ 24 VOB/A und VOL/A	
Wertung	§ 25 VOB/A und VOL/A	
	Zuschlagserteilung	

Die elektronische Abwicklung eines offenen Verfahrens kann in den selben Verfahrensschritten erfolgen wie bei der Verwendung papiergebundener Informationen; wird jeder Schritt protokolliert, wird eine lückenlose Dokumentation des Verfahrens ermöglicht. Allerdings müssen die einzelnen Schritte den Unterschieden zwischen papiergebundenen und elektronischen Informationen Rechnung tragen.

B. Wesentliche Unterschiede zwischen papiergebundenen und elektronischen Informationen

I. Merkmale papiergebundener Informationen

Noch bis vor kurzem war Papier die „materielle Grundlage der Rechtsordnung“[2]. Wie die meisten Verwaltungsprozesse basiert auch das Vergabeverfahren heute (noch) überwiegend auf dem Austausch papiergebundener Informationen, der Ausschreibungsunterlagen und namentlich der Angebote. Diese bestehen aus einem physischen Datenträger, dem Papier, auf dem Informationen in Form von Schriftzeichen und Symbolen aufgebracht sind. Datenträger und darauf gespeicherte Informationen sind physisch einmalig: Das Original kann zwar kopiert werden, die Kopie ist dabei jedoch in der Regel als solche zu erkennen, wenn Sicherheitsmerkmale vorhanden sind wie eine bestimmte Beschaffenheit des Papiers (Wasserzeichen) sowie schwer zu kopierende Teile (handschriftliche Unterschrift). Änderungen am Text (Radierungen, Hinzufügungen, Streichungen) sind bereits äußerlich

[2] *Roßnagel*, Rechtsverbindliche Telekooperation, S. 629.

erkennbar. Einem Angebot in Papierform kann man daher in der Regel ansehen, ob es sich um das Original oder um eine Kopie handelt und ob am Angebot nachträgliche Änderungen vorgenommen worden sind; Integrität und Authentizität des Angebots können so leicht geprüft werden.

Schwieriger zu gewährleisten ist hingegen der Schutz der Vertraulichkeit von Angeboten in Papierform. Die einzige „technische" Vorkehrung zum Schutz der Vertraulichkeit der Angebote besteht im schützenden Briefumschlag (§ 22 Nr. 1, Nr. 3 Abs. 1 VOB/A). Jeder, der den Inhalt des Angebots lesen will, muss physischen Zugang zu diesem Umschlag erhalten und ihn öffnen. Der Umschlag schützt damit die in ihm enthaltenen Informationen vor jedermann, sowohl vor unbefugten Dritten als auch – vor Ablauf der Angebotsfrist – vor dem dann noch nicht zur Kenntnisnahme berechtigten Auftraggeber. Der Umschlag ist zwar kein ernsthaftes physisches Hindernis gegen unbefugte Kenntnisnahme, denn er lässt sich leicht öffnen. Abhängig davon, wie geschickt und mit welcher Technik der Täter vorgeht, hinterlässt er dabei jedoch Spuren, die es dem Auftraggeber oder – beim Eröffnungstermin – Dritten ermöglichen festzustellen, ob der Umschlag geöffnet wurde (so hat nach § 22 Nr. 3 Abs. 1 VOB/A der Verhandlungsleiter zu prüfen, ob der Verschluss der schriftlichen Angebote unversehrt ist). Dies und der Umstand, dass das unbefugte Öffnen des Umschlages kriminelle Energie erfordert, stellt einen gewissen Schutz des Inhalts des Umschlages dar. Hinzu treten organisatorische Maßnahmen des Auftraggebers, die etwa regeln, wie die Umschläge verwahrt und von wem sie zu welchem Zeitpunkt geöffnet werden. Der Briefumschlag schützt die in ihm enthaltenen Daten dabei nicht nur während der Verwahrung beim Empfänger, sondern auch während des Transportes mit der Post oder per Boten. Aus dem täglichen Leben ist die Sicherheit und Zuverlässigkeit des Übertragungsmediums „Post" jedermann bekannt. Bieter rechnen nicht damit, dass ihre per Post verschickten Angebote unterwegs abgefangen und von Unbefugten gelesen werden, obwohl dies technisch möglich ist.

II. Merkmale digitaler Informationen

Vom herkömmlichen, papiergebundenen Informationsaustausch unterscheidet sich die digitale Informationsübermittlung und Informationsspeicherung grundlegend. Die schutzbedürftigen Daten oder Informationen liegen hier in unkörperlicher Form vor und sind nicht dauerhaft an ein bestimmtes Substrat gebunden. Elektronische Daten kann man nicht „greifen", sie sind auch im rechtlichen Sinne keine „Sachen" im Sinne von § 90 BGB[3]. Um elektronisch gespeicherte Informationen überhaupt wahrnehmen zu können, ist der Benutzer stets auf die interpretierende Hilfe eines

[3] *Fritzsche* in Bamberger/Roth, § 90 Rdn. 25.

Computers angewiesen. Weil ein dauerhaftes körperliches Substrat fehlt, können die Daten als solche durch mehrere Personen gleichzeitig genutzt und beliebig oft vervielfältigt werden, ohne dass dies irgendwelche Spuren an den Daten hinterlassen würde[4]. Die physische Unabhängigkeit von einem bestimmten Medium ermöglicht die schnelle und flexible Übertragbarkeit und Speicherung der Daten – sie sind ubiquitär[5] und entziehen sich der kontrollierenden Nutzung durch eine oder wenige Personen[6].

Digitale Daten werden über einen Kommunikationskanal übertragen. Zur dauerhaften Speicherung werden die Daten als zusammenhängende Organisationseinheit (Datei) auf einem Speichermedium (etwa einer Festplatte) abgelegt. Weil elektronische Daten nicht dauerhaft an einen festen Träger gebunden sind, sind sie „verletzlicher" als in Papierform fixierte Informationen, denn während Änderungen an diesen in der Regel erkennbar sind (vgl. oben, unter I. auf der vorherigen Seite), können jene sowohl während der Datenübertragung als auch nach der Speicherung unbefugt gelesen, kopiert, geändert oder gelöscht werden[7].

1. Datenübertragung

Besonders „verletzlich" sind die Daten während ihrer Übertragung über das Internet, das aber als Kommunikationsmedium der elektronischen Vergabe unverzichtbar ist, weil es allen interessierten Wirtschaftsteilnehmern kostengünstig zur Verfügung steht. Die Entwicklung des Internet und die hieraus resultierenden Möglichkeiten wie auch Risiken sind bereits oft dargestellt worden[8]. Dies soll hier nicht wiederholt werden. Es genüge daran zu erinnern, dass das TCP/IP-Protokoll, auf dem das Internet basiert, *verbindungslos*[9] ist und damit konstruktionsbedingt eine Reihe von Sicherheitslücken aufweist[10]. Im hier interessierenden Zusammenhang bedeutet dies, dass per E-Mail versandte oder sonst über das Internet übertragene Informationen ohne weitergehende Schutzvorkehrungen für Dritte offen zugänglich sind. Die Sicherheit beim Versenden von E-Mails wurde einmal verglichen mit dem Versenden von Postkarten[11]: In beiden Fällen kann jedermann, der Zugang zum Übertragungskanal hat, den Inhalt der Sendung lesen. Hierzu muss nicht einmal ein besonderer technischer Aufwand getrieben werden. Da im Vergabeverfahren

[4] *Mehrings*, S. 3102.
[5] *Hoeren*, S. 56.
[6] *Mehrings*, S. 3103.
[7] *Schaumüller-Bichl*, S. 43 f; *Roßnagel*, Rechtsverbindliche Telekooperation, S. 630 f.
[8] Vgl. *Forgó*, S. 38.
[9] *Kurose/Ross*, S. 22 f; *Siegmund*, S. 9.
[10] *Schmeh*, S. 28.
[11] *Kossel*, S. 142.

alle Informationen, die ein Bieter an den Auftraggeber schickt, vertraulich sind, können diese vertraulichen Daten auch nicht in unverfänglichen übrigen Daten „versteckt" werden[12] (Steganographie). Nur über die Verschlüsselung der Daten kann deren Vertraulichkeit gewährleistet werden[13]. Die Übertragung kann allerdings so gestaltet werden, dass die vertraulichen Daten automatisch und ohne besondere Mitwirkung durch den Absender (*transparent*) verschlüsselt und beim Empfänger anschließend sogleich wieder entschlüsselt werden[14].

2. Datenspeicherung

Auch dann, wenn die Daten im Herrschaftsbereich des Empfänger angelangt und dort auf einem Festspeicher abgelegt sind, sind sie im ungünstigsten Fall noch der Manipulation durch Dritte ausgesetzt. Um dies zu erschweren, unterstützen moderne Betriebssysteme eine Reihe von Sicherheitsfunktionen, bei denen es – allgemein gesprochen – um die Zuweisung und Prüfung von Zugriffsrechten von *Subjekten* (Computeranwender, aber auch einzelne Prozesse innerhalb des Systems) auf *Objekte* geht (Ressourcen wie Speichermedien, Drucker etc.)[15]. Die Verwaltung angeschlossener Speichermedien erfolgt über *Dateisysteme* (unter Windows z. B. FAT32, NTFS; unter Linux z. B. ext2). Das Betriebssystem stellt für den Zugriff auf und die Manipulation von Dateien eine Reihe von elementaren Befehlen bereit, die vom Benutzer oder durch Software ausgelöst werden können wie etwa `open` (Datei öffnen), `close` (Datei schließen), `read` (lesen), `write` (schreiben) und `delete` (Datei löschen).

Die gängigen Dateisysteme verwalten Dateien über den Dateinamen und einen dazugehörigen Verzeichnispfad und speichern bestimmte Zusatzinformationen, insbesondere Dateiattribute (etwa Informationen dazu, ob und von wem die Datei gelesen, beschrieben oder gelöscht werden kann), die Dateigröße und das Datum, zu dem die Datei angelegt oder geändert wurde. Weil die Daten unkörperlich auf einem Speichermedium vorliegen (etwa Festplatte, Diskette, CD-ROM oder auch nur im Arbeitsspeicher), sind Veränderungen an den Daten als solche nicht zu erkennen. Insbesondere kann nicht allein anhand des gespeicherten Änderungsdatums geprüft werden, ob eine Datei geändert wurde, denn dieses Datum kann leicht manipuliert werden. Vielmehr sind zusätzliche Funktionen erforderlich, die das Betriebssystem zur Verfügung stellen muss. Moderne Dateisysteme bieten dazu Zugriffsrechte, mit denen der Zugang zu Dateien gesteuert werden kann: Dateien

[12] *Federrath/Pfitzmann*, S. 601.

[13] Die von der Kommission vertretene Auffassung, die Vertraulichkeit der Daten lasse sich auch ohne Verschlüsselung gewährleisten (vgl. oben, S. 69), ist daher falsch.

[14] Vgl. dazu unten, S. 146.

[15] *Pieprzyk/Hardjono/Seberry*, S. 565.

können einem einzelnen Benutzer oder einer Gruppe von Benutzern zugewiesen werden, die dann alleine die Berechtigung besitzen, die Dateien etwa zu lesen, zu ändern oder zu löschen[16]. Diese Sicherungsmaßnahmen ermöglichen es, die Gefahr eines unbefugten Zugriffs auf die vertraulichen Informationen zu verringern. Absoluten Schutz vor unbefugtem Zugriff gewährleisten diese Systeme nicht, weil die Schutzmechanismen durch Fehlfunktionen oder durch Manipulation ausgehebelt werden können, sowohl durch Insider (etwa einen Administrator, der über alle Rechte im System verfügt[17] als auch durch Angreifer von außerhalb der jeweiligen Institution, die sich Konfigurationsfehler, Lücken im System oder schlicht die menschliche Fehlbarkeit der Sachbearbeiter zunutze machen[18]. Dieses Restrisiko kann prinzipiell durch zwei Techniken minimiert werden. Neben der im folgenden darzustellenden Verschlüsselung der Daten können diese prinzipiell auch in unverfänglichen Daten versteckt werden (Steganographie). Dies bietet allerdings nur geringe Sicherheit, wenn einem Dritten bekannt ist, dass überhaupt Daten versteckt worden sind – die Suche nach diesen Daten selbst kann automatisiert erfolgen. Im Vergabeverfahren eignet sich diese Art der Sicherung daher nicht, da alle beim Auftraggeber eingehenden Daten vertraulich sind, es also keine „unverfänglichen“ Daten gibt, in denen die geheimen Informationen versteckt werden könnten. Einziges probates Mittel zum Schutz der Vertraulichkeit ist damit die Verschlüsselung der Daten[19].

[16] *Pieprzyk/Hardjono/Seberry*, S. 565 f., 582; *Silberschatz/Galvin/Gagne*, S. 402 f.
[17] *Weck*, S. 150.
[18] Hierzu *Mitnick/Simon*, S. 3 ff.
[19] *Akman/Beier/Brauch*, S. 176; *Schaumüller-Bichl*, S. 46.

§ 9. Schutz der Vertraulichkeit

Unter dem Oberbegriff der „Vertraulichkeit" sollen im folgenden Verfahren und Prozesse dargestellt werden, mit denen gewährleistet werden kann, dass nur dazu befugte und ermächtigte Personen die vertraulichen Daten inhaltlich zur Kenntnis nehmen können.

A. Verschlüsselung

I. Symmetrische und asymmetrische Verschlüsselungsverfahren

Bei Verschlüsselungsverfahren werden symmetrische und asymmetrische Verfahren unterschieden; eine Mischform beider Typen stellen hybride Verfahren dar.

1. Symmetrische Verfahren

Wird sowohl bei der Ver- wie auch bei der Entschlüsselung *derselbe* Schlüssel verwendet, spricht man von einem symmetrischen Verschlüsselungsverfahren. Verschlüsselung und Entschlüsselung erfolgen also mit demselben Schlüssel, aber nach zwei verschiedenen Regeln[1].

Symmetrische Algorithmen ermöglichen eine schnelle Verschlüsselung und Entschlüsselung. Zudem benötigen sie für beide Vorgänge nur einen einzigen Schlüssel und sind damit einfach zu handhaben. Hierin liegt jedoch zugleich ein Nachteil, nämlich das Problem der sicheren *Schlüsselübergabe*: Symmetrische Verfahren setzen voraus, dass die Kommunikationspartner einen gemeinsamen Schlüssel vereinbaren, den sie geheimhalten müssen. Beide Partner einer Kommunikationsbeziehung müssen vor Beginn der Kommunikation einen einzigartigen Schlüssel vereinbaren, hierfür ist ein abhörsicherer Kanal erforderlich. Mit steigender Zahl von Partnern wächst auch die Zahl der erforderlichen Schlüssel. Im Vergabeverfahren wirkt sich dieses Problem freilich weniger gravierend aus, da hier eine vertrauliche Kommunikation nur zwischen dem Auftraggeber und dem einzelnen Bieter gewährleistet werden muss, nicht auch zwischen den einzelnen Bietern – eine Kommunikation zwischen diesen soll (abgesehen von Bietergemeinschaften) gerade ausgeschlossen werden. Dennoch werden bei einer größeren Zahl von Kommunikationspartnern das Schlüsselmanagement[2] und die gegenseitige Schlüsselvereinbarung

[1] *Bauer*, S. 176.
[2] *Thome/Bieber*, S. 106.

zu aufwendig. Hinzu kommt, dass ein symmetrisches Verfahren bei beiden Kommunikationspartnern kompromittiert werden kann[3], weil beide Partner über den Schlüssel verfügen.

2. Asymmetrische Verfahren

Beide Probleme – Schlüsselvereinbarung und Kompromittierbarkeit bei beiden Kommunikationspartnern – umgehen Verfahren, die zur Verschlüsselung und Entschlüsselung *unterschiedliche, aber zusammengehörende* Schlüssel benutzen. Wegen dieser Verschiedenheit der Schlüssel nennt man entsprechende Verfahren asymmetrisch[4]. In der Regel wird der zum Verschlüsseln benötigte Schlüssel veröffentlicht, er wird dann öffentlicher Schlüssel genannt (*public key*). Sein Widerpart, der zum Entschlüsseln erforderliche Schlüssel (*private key*) wird vom Inhaber geheimgehalten. Auf diesem auch *public key* genannten Prinzip basierende Verschlüsselungsmethoden haben den Vorteil, dass eine Schlüsselvereinbarung (durch Individualkommunikation) zwischen den Parteien entbehrlich ist: Der öffentliche Schlüssel des Empfängers einer vertraulichen Nachricht ist in einem öffentlichen, jedermann zugänglichen Verzeichnis hinterlegt und kann dort abgerufen werden. Ein Absender verschlüsselt seine Nachricht mit diesem öffentlichen Schlüssel des Empfängers und sendet ihm die verschlüsselten Daten. Nur der Empfänger jedoch ist in der Lage, mit Hilfe des nur ihm bekannten privaten Schlüssels diese Nachricht wieder zu entschlüsseln[5]. Im Gegensatz zu symmetrischen Verfahren werden hier zwei Schlüssel, aber eine Regel verwendet[6].

Public key-Algorithmen gehen auf einen Vorschlag von DIFFIE und HELLMAN von 1976 zurück[7]. Sie basieren auf sogenannten „Einwegfunktionen“ – mathematischen Funktionen, die in einer Richtung einfach zu lösen sind, in umgekehrter Richtung jedoch nur mit sehr großem Aufwand berechnet werden können[8]. Dieser „sehr große Aufwand“ bedeutet praktische Undurchführbarkeit (engl. *intractability*). Gute Algorithmen zeichnen sich dadurch aus, dass sie keinen Angriffspunkt bieten, so dass der effektivste Angriff das Durchprobieren aller möglichen Schlüssel ist (sogenannter *brute force*-Angriff). Ist die Schlüssellänge groß genug, dauert diese Suche zu lange, um in vertretbarer Zeit eine Nachricht entschlüsseln zu können. Die Sicherheit von public key-Algorithmen – genauer: der grundlegenden

[3] *Stockhausen*, S. 607.
[4] *Burnett/Paine*, S. 120.
[5] *Garfinkel*, S. 67; *Pieprzyk/Hardjono/Seberry*, S. 172.
[6] *Bauer*, S. 176.
[7] *Beutelspacher*, S. 93.
[8] So kann beispielsweise das Produkt aus zwei sehr großen (mehrere hundert Dezimalstellen) Primzahlen einfach berechnet werden; die Zerlegung des Produktes in seine beiden Faktoren (Primfaktorzerlegung) ist jedoch sehr aufwendig.

Einwegfunktionen– ist bis heute nicht im mathematischen Sinne bewiesen worden. Ihre Sicherheit wird lediglich vermutet, weil trotz jahrelanger Suche bislang keine Schwachstellen gefunden wurden[9].

Die derzeit größte Bedrohung der allgemein verbreiteten Verschlüsselungssysteme droht durch die Quanten-Kryptographie. Die besonderen Eigenschaften eines „Quantenrechners“ ermöglichen es, alle denkbaren Schlüssel gleichzeitig „auszuprobieren“, so dass auch ein „brute force“-Angriff sogleich zur Lösung führt[10]. Die Quantenkryptographie rüttelt damit an den Grundfesten der bislang üblichen Verschlüsselungsverfahren, ist jedoch noch weit von einem praktischen Einsatz entfernt. Mit in der Praxis einsetzbaren Quantenrechnern ist frühestens in 30 Jahren zu rechnen[11].

3. Hybridverfahren

Die Vorteile von symmetrischen (schnelle Ver- und Entschlüsselung) und asymmetrischen Verfahren (hohe Sicherheit, keine individuelle Schlüsselvereinbarung erforderlich) vereinen die sogenannten *hybriden Verfahren*, die heute in der Praxis weit verbreitet sind. Bei einer hybriden Verschlüsselung wird nur die vertrauliche Nachricht selbst unter Verwendung eines zufällig erzeugten Einmalschlüssels (*session key*) durch ein symmetrisches Verfahren verschlüsselt; der Einmalschlüssel selbst wird asymmetrisch verschlüsselt. Der Empfänger geht umgekehrt vor, indem er zunächst den verschlüsselten Einmalschlüssel und mit diesem anschließend die Nachricht selbst entschlüsselt. Die Vergabeplattform des Bundes (*evergabe-online.de*) nutzt ein solches Hybridverfahren, bestehend aus einem symmetrischen Teil (128 Bit Schlüssellänge) sowie einem asymmetrischen Teil (RSA, 1024 Bits).

Aus dem Erfordernis der vertraulichen Aufbewahrung (bis zum Eröffnungstermin) folgt, dass eine Verschlüsselungsart gewählt werden muss, die bis zum Ablauf dieser festgelegten Frist hinreichende Sicherheit gewährt. Aus der Sicht des Auftraggebers ist es in der Regel unbedenklich, wenn nach Abschluss des Vergabeverfahrens Dritte Kenntnis von vertraulichen Informationen der Bieter erhalten. Allerdings sind dann Geheimhaltungsinteressen der Bieter betroffen.

Was nach Abschluss des Vergabeverfahrens mit eingereichten Angeboten geschieht, ist in den Vorschriften des Vergaberechts nicht geregelt, weil dieser Abschnitt zeitlich aus dem Rahmen der Auftragsvergabe herausfällt. An dieser Stelle genüge der Hinweis, dass wegen der ständig verfeinerten mathematischen Methoden und der fortlaufenden Verbesserung der verfügbaren Computer-Hardware ein Algorithmus, der heute noch als sicher gilt, bereits morgen kompromittiert sein

[9] *Nichols*, S. 243.
[10] Vgl. *Beth*, S. 4f.
[11] *Beth*, S. 8.

kann. Daher ist bei jedem Einsatz von Verschlüsselung im vertraulichen Kontext der aktuelle Forschungsstand zu beobachten; veraltete Verfahren müssen umgehend ersetzt werden.

II. Implementierung

Auf dem Markt sind viele verschiedene Hardware- und Softwarelösungen verfügbar, mit denen Daten unterschiedlichster Art verschlüsselt werden können. Im Vergabeverfahren sollen die vertraulichen Angebote vom einzelnen Bieter zum Auftraggeber übertragen werden. Im folgenden sollen exemplarisch zwei Möglichkeiten für eine solche Übertragung dargestellt werden, der Versand per E-Mail sowie der über einen Browser.

1. Übertragung per E-Mail

Der heute noch übliche Übertragungsstandard für E-Mails SMTP (*simple mail transfer protocol*) bietet keinerlei Schutz gegen das Abhören durch Dritte, weil die Mail (versehen mit Steuerinformationen, die den Absender und den Adressaten der Mail bestimmen) im Klartext übertragen wird. Der Text kann allerdings mit Zusatzsoftware vor oder während der Übertragung chiffriert werden; dies kann entweder durch spezielle Verschlüsselungssoftware, die unabhängig vom Versand arbeitet, oder *transparent* erfolgen, d.h. automatisiert und ohne dass der Anwender die Verschlüsselung explizit vornehmen muss. Besonders komfortabel ermöglichen dies sogenannte E-Mail-Gateways oder „virtuelle Poststellen", die E-Mails beim Verlassen des internen Netzbereiches des Absenders automatisch verschlüsseln. Ein entsprechender Gateway auf der Empfängerseite kann die verschlüsselte Nachricht vor Zustellung an den Endempfänger wiederum automatisch entschlüsseln. Gateways können darüber hinaus weitere Funktionen übernehmen, etwa eine automatische Signierung ausgehender bzw. Signaturprüfung eingehender E-Mails[12]. Eine „Ende-zu-Ende-Sicherheit", also eine Sicherung der Kommunikation vom Absender bis hin zum endgültigen Empfänger, ermöglichen virtuelle Poststellen jedoch nur mit erheblichem Aufwand[13]: Ihre Einrichtung ist von dem Bestreben motiviert, dem einzelnen Anwender die Bedienung kryptographischer Programme abzunehmen. Das Gateway ver- bzw. entschlüsselt die zu übertragenden Informationen daher weitgehend unabhängig vom Einfluss des Absenders oder Empfängers. Weil die empfangenen Daten innerhalb des internen Netzes unverschlüsselt übertragen werden, ist Dritten innerhalb der eigenen Organisation damit grundsätzlich der Zugang zu unverschlüsselten Daten möglich.

[12] *Mack/Michels*, S. 481.
[13] *Maseberg/Mrugalla/Intemann*, S. 661.

2. Übertragung durch den Browser

Möglich ist auch eine Übertragung der Daten über den Internet-Browser des Bieters. Technisch gesehen ist ein Browser eine Anwendung, die Daten von einem Server empfängt, diese in einer für den Benutzer verständlichen Weise darstellt und Anweisungen des Benutzers (etwa Navigation durch Anklicken von Links) in Anfragen umsetzt, die wiederum an den Server geschickt werden. Neben solchen Steueranweisungen kann der Browser beliebige andere Daten an den Server übertragen, auch Angebote im Rahmen eines Vergabeverfahrens. Zudem ermöglichen moderne Browser die Ausführung von kleineren Programmen im Kontext einer Internetseite, sogenannte *Applets*. Diese Applets können über eine eigene Oberfläche mit dem Anwender interagieren und ebenfalls Daten zu einem Server übertragen. Im Rahmen eines Vergabeverfahrens kann ein solches Applet dem einzelnen Bieter ermöglichen, Dateien – insbesondere das Angebot, aber auch sonstige Erklärungen wie den Widerruf eines bereits abgegebenen Angebots – zum Auftraggeber oder einer anderen Stelle zu übertragen. Diese Technik wird etwa bei der derzeitigen Vergabeplattform des Bundes *evergabe-online.de* eingesetzt.

Für den Anwender bietet diese Form der Übertragung mehrere Vorteile: Die Kommunikation mit dem Auftraggeber oder der Empfangsstelle erfolgt für ihn allein durch den Webbrowser, den er ohnehin benötigt, um interessante Ausschreibungen zu finden. Es ist also keine weitere Software erforderlich, die Kosten verursachen würde. Zugleich ist der Teilnehmer nicht an einen bestimmten Arbeitsplatz gebunden, sondern kann sein Angebot grundsätzlich von jedem beliebigen Internet-PC aus verschicken, sofern die eingesetzte Technik nicht besondere Zusatzhardware benötigt, etwa einen Chipkartenleser für die Signierung der Angebote. Das Übertragungs-Applet kann dem Absender sofort das Ergebnis der Übertragung mitteilen, so dass dieser unmittelbar erfährt, ob sein Angebot vollständig und rechtzeitig beim Empfänger eingegangen ist.

Während der Übertragung sind die Daten auch bei dieser Übertragungsvariante zwingend zu verschlüsseln. Die üblichen Browser unterstützen eine verschlüsselte Übertragung mit der Protokollvariante https (*secure http*). Dabei kann zugleich eine Authentifizierung des jeweiligen Kommunikationspartners erfolgen[14]. Allerdings bietet eine solche transparente Verschlüsselung keinen Schutz mehr, sobald die Daten beim Empfänger angekommen sind und von diesem entschlüsselt wurden. Sollen die Daten dort weiter vor unbefugten Dritten oder vor verfrühter Kenntnisnahme durch den Auftraggeber geschützt werden, sind weitere technische und organisatorische Maßnahmen erforderlich.

[14] *Thome/Bieber*, S. 109.

3. Erreichbares Sicherheitsniveau

Mit Verschlüsselung ist keine *absolute* Sicherheit zu erreichen, sondern lediglich sogenannte *kryptographische* Sicherheit[15], also eine beliebig steigerbare Wahrscheinlichkeit der Nichtaufdeckung. Bei Verwendung moderner, dem aktuellen Stand der Technik[16] entsprechender Verschlüsselungsmethoden gilt es als *praktisch unmöglich*, ohne Kenntnis des Schlüssels die Verschlüsselung zu brechen, weil das mit begrenzter Rechenleistung unwirtschaftlich lange dauern würde[17]. Der Stand der Technik ist damit zugleich das Richtmaß dafür, welche Algorithmen mit welcher Schlüssellänge eingesetzt werden dürfen. Die verwendeten Verfahren müssen fortlaufend daraufhin überprüft werden, ob sie noch sicher sind oder durch eine Nachfolgeversion ersetzt werden müssen.

Inwieweit die Vertraulichkeit der Angebote mit heutigen Verschlüsselungsverfahren gewährleistet werden kann, ist getrennt zu beurteilen für die Zeit bis zum Zuschlag einerseits und für die sich daran anschließende Zeit andererseits. Nutznießer der Vertraulichkeit ist nicht nur der einzelne Bieter, der verhindern möchte, dass sein Angebot und die darin enthaltenen Betriebsgeheimnisse und Kalkulationsgrundlagen bekannt werden. Ebenso liegt die Vertraulichkeit im Interesse des Auftraggebers, weil verhindert werden soll, dass sich Bieter untereinander absprechen oder sonst manipulierte Angebote einreichen[18]. Da der Wettbewerb unter den Bietern im Vergabeverfahren der Ermittlung des wirtschaftlichsten Angebots dienen soll, wäre durch eine solche Absprache das Ziel des Vergabeverfahrens gefährdet. Ziel einer sicheren Verwahrung muss es daher insbesondere sein zu verhindern, dass Bieter vor Ablauf der Angebotsfrist Kenntnis von den Angeboten ihrer Konkurrenten erhalten. Die Angebotsfrist[19] ist – in kryptoanalytischen Zeiträumen gemessen – so kurz, dass (hinreichend sichere Algorithmen vorausgesetzt) ein unwirtschaftlich hoher Aufwand zum Brechen der Verschlüsselung getrieben werden müsste. Es darf dabei allerdings nicht übersehen werden, dass bei einem hinreichend großen Auftragswert einzelne Bieter durchaus bereit sein könnten, auch hohe

[15] Nur ein einziges Verschlüsselungsverfahren gilt allgemein als absolut sicher, das sog. *one time pad*. Dieses basiert auf einem Schlüssel, der ebenso lang wie die zu verschlüsselnde Nachricht sein muss und der nur ein einziges Mal eingesetzt werden darf. Hier stellt sich das Problem der Schlüsselverteilung (vgl. oben, S. 143) besonders deutlich. Das one time pad wird daher heute nur in Bereichen mit höchsten Sicherheitsanforderungen eingesetzt, etwa beim Militär.

[16] *Jungermann*, S. 70. Zum Begriff *Seibel*, S. 267f.; vgl. auch oben, S. 86.

[17] *Fox*, S. 69.

[18] Vgl. oben, S. 54.

[19] Im offenen Verfahren mindestens 52 Tage ab dem Zeitpunkt der Bekanntmachung, Art. 38 Abs. 2 BLD-Richtlinie bzw. Art. 45 Sektoren-Richtlinie. Die Frist kann unter bestimmten Voraussetzungen verkürzt werden.

Beträge zu investieren, um sich einen Vorteil gegenüber ihren Konkurrenten zu verschaffen. Möglicherweise lohnen sich dafür die Anschaffung und der Betrieb von Spezialhardware zum Brechen der Verschlüsselung.

Nach Abschluss des Vergabeverfahrens tritt der Schutz des Bieters in den Vordergrund. Sein Geheimhaltungsinteresse würde verletzt, wenn Dritte selbst nach Ende der Ausschreibung unbefugt das Angebot lesen könnte. Da nicht gewährleistet ist, dass ein Verschlüsselungsverfahren Angriffsversuchen beliebig lange standhält, muss bereits verhindert werden, dass Dritte überhaupt in den Besitz der verschlüsselten Angebotsdaten kommen. Sie sind daher beim Auftraggeber gesichert aufzubewahren und zu löschen, wenn und sobald sie nicht mehr benötigt werden und die gesetzlichen oder vertraglichen Aufbewahrungsfristen abgelaufen sind.

B. Zugriffssteuerung

Neben dem soeben erörterten Schutz der Angebotsinformationen, die durch Verschlüsselung realisiert werden muss, schreibt Anhang X, lit. h der Richtlinie weiter vor, dass die eingegangenen Informationen auch nach ihrer Öffnung ausschließlich den zur Kenntnisnahme befugten Personen zugänglich sein dürfen. Dies lässt sich durch eine Kombination aus Verschlüsselung der Daten und den Einsatz von Zugriffsrechten gewährleisten, mit denen unter modernen Betriebssystemen der Zugang zu Dateien auf bestimmte Benutzer beschränkt werden kann. Eine Orientierung kann Anlage 1 zu § 9 BDSG bieten. Unabhängig von der Frage, ob das BDSG im Vergabeverfahren sachlich anwendbar ist[20], zählt der Anhang Maßnahmen auf, mit denen vertrauliche Daten geschützt werden können. Dabei sind insbesondere folgende Maßnahmen auch für die Verwahrung der vertraulichen Angebote und sonstigen Unterlagen relevant:

- Verhinderung des Zutritts Unbefugter zu den Datenverarbeitungsanlagen (Zutrittskontrolle),
- Verhinderung der unbefugten Nutzung dieser Anlagen (Zugangskontrolle),
- Gewährleistung, dass die zur Benutzung Berechtigten nur auf die ihrer Zugriffsberechtigung unterliegenden Daten zugreifen können (Zugriffskontrolle),
- Verhinderung einer unbefugten Weitergabe der Daten (Weitergabekontrolle),
- Sicherstellung, dass nachträglich geprüft werden kann, ob und von wem Daten eingegeben, verändert oder entfernt worden sind (Eingabekontrolle),

[20] Dies ist fraglich, weil im Rahmen eines Vergabeverfahrens überwiegend Daten ohne Personenbezug bearbeitet werden, vgl. oben, S. 46.

- Schutz der Daten vor zufälliger Zerstörung oder Verlust (Verfügbarkeitskontrolle).

Der Zugriffs- und Weitergabekontrolle dienen etwa die *Rights Management Services* (RMS) im Microsoft-Betriebssystem *Server 2003*. Dieses System ermöglicht es, Dateien mit einem Schutz zu versehen, bei dem festgelegt werden kann, wer die entsprechende Datei lesen, bearbeiten oder drucken darf[21]. Dazu wird die zu schützende Datei mit entsprechenden Schutzanweisungen versehen und verschlüsselt. Nur im vorhinein namentlich bestimmte Personen, deren Identität über einen RMS-Server abgefragt wird, können die Datei entschlüsseln[22] und nutzen. Größere Bekanntheit hat dieses System erfahren als Grundlage des *Windows Media*-Formates (WMA) für geschützte Multimedia-Inhalte für PCs[23]. Die Beschreibung der Sicherheitsanforderungen – insbesondere: wer mit welchen Inhalten was tun darf – wird den geschützten Daten in Form von Metadaten beigefügt. Das RMS-System nutzt hierfür die *Extensible Rights Markup Language* (XrML)[24].

Diese Technik ist derzeit jedoch nur für Microsoft-Betriebssysteme verfügbar und muss nicht nur auf Empfängerseite, also auf der Seite des Auftraggebers installiert sein, sondern auch auf Absenderseite, also beim einzelnen Bieter. Nur dann kann der Bieter die von ihm zu versendenden elektronischen Dokumente mit dem entsprechenden Schutz versehen. „Allgemein verfügbar" im Sinne von Art. 42 Abs. 4 der Richtlinie ist die Microsoft-Lösung nicht, teils wegen geringer Verbreitung, vorrangig jedoch wegen der erheblichen Kosten. Zudem ist, soweit ersichtlich, diese Technologie noch keiner grundlegenden wissenschaftlichen Untersuchung unterzogen worden. Es bedarf auch der Klärung, wie trotz einer „Bindung" der Vergabeunterlagen an einen bestimmten PC eine Akteneinsicht durch die Vergabekammer im Rahmen eines Nachprüfungsverfahrens ermöglicht werden kann. Dennoch ist zu erwarten, dass solche sogenannten DRM-Techniken in Zukunft auch im Vergabeverfahren genutzt werden[25].

C. Bewertung

Im traditionellen Vergabeverfahren war die Vertraulichkeit der Angebote bis zum Eröffnungszeitpunkt durch den verschlossenen Briefumschlag geschützt. Die neuen Richtlinien bleiben für die elektronische Abwicklung noch hinter diesem geringen

[21] *Microsoft Corporation*, S. 5.
[22] *Microsoft Corporation*, S. 6.
[23] *Guth*, S. 106.
[24] Spezifikation zugänglich unter `www.xrml.org`, aktuelle Version 2.0.
[25] Zu dieser Technik siehe näher unten, S. 160 im Zusammenhang mit dem Schutz vor verfrühter Kenntnisnahme.

Sicherheitsniveau zurück, weil sie keine verschlüsselte Angebotsabgabe verlangen. Allerdings gestatten die Richtlinien dem Auftraggeber, solche verschlüsselte Angebote zu verlangen, die nicht nur für die Übertragung verschlüsselt und nach Eingang beim Empfänger nicht sofort automatisch entschlüsselt werden. Von dieser Möglichkeit ist Gebrauch zu machen, wenn die Vertraulichkeit der Informationen wirksam geschützt werden soll. Mit modernen Verschlüsselungsverfahren kann auf diese Weise ein ausreichender Schutz der vertraulichen Angebote vor Dritten erreicht werden.

Nach Öffnung der Angebote beruhte der Schutz der Vertraulichkeit im herkömmlichen Verfahren ausschließlich auf organisatorischen Maßnahmen des Auftraggebers. Das elektronischer Verfahren ermöglicht demgegenüber auch hier einen Schutz durch technische Maßnahmen. Insbesondere in dieser Phase ist damit eine Steigerung des Schutzniveaus möglich.

§ 10. Schutz vor verfrühter Kenntnisnahme durch den Auftraggeber

A. Problemstellung

Wie soeben gezeigt (oben, S. 146), können die Angebote durch transparente Verschlüsselung so übertragen werden, dass sie während des Transports Unbefugten nicht zugänglich sind, andererseits aber dem Empfänger unverschlüsselt zugehen. Für die weitere Sicherung der Vertraulichkeit während der Speicherung müssen dann weitere technische und organisatorische Maßnahmen ergriffen werden. Absolute Sicherheit lässt sich bei der Verarbeitung und Speicherung unverschlüsselter Daten nicht gewährleisten, weil bei den – technisch anspruchsvollen – Sicherungsmaßnahmen Konfigurationsfehler die gewünschte Wirkung vereiteln können und zudem in den gängigen Betriebssystemen regelmäßig Sicherheitslücken entdeckt werden, die auch unbefugten, gar externen Nutzern den Zugang zu vertraulichen Daten ermöglichen. Allerdings lässt sich durch technische Schutzvorkehrungen auch ohne verschlüsselte Speicherung der Daten ein recht hohes Schutzniveau gegenüber externen Dritten erreichen.

Dies gilt jedoch nicht für die weitere Anforderung aus Anhang X, lit. c der Richtlinie, nach der es als sicher gelten muss, dass niemand – also auch der Auftraggeber nicht – vor dem festgelegten Zeitpunkt Zugang zu den eingereichten Angeboten haben darf[1]. Der Schutz der Daten vor böswilligen Personen innerhalb der Organisation des Auftraggebers fällt nämlich schwerer als der Schutz vor externen Angreifern. Bei allen Schutzmaßnahmen ist zugleich sicherzustellen, dass die abgelegten Daten im Eröffnungstermin für den Sachbearbeiter zugänglich sind; vor diesem Zeitpunkt soll aber sein Zugriff ausgeschlossen sein.

B. Lösungsmöglichkeiten

Im folgenden sollen verschiedene Möglichkeiten dafür erörtert werden, einen verfrühten Zugang zu den Angebotsunterlagen auszuschließen. Hierfür kommen neben rein technischen auch kombinatorische Lösungen in Betracht, die technische und organisatorische Maßnahmen vereinen (dazu unten, S. 162).

[1] Vgl. oben, S. 86.

I. Technische Lösungsansätze

1. Reine Softwarelösungen

a) Standard-Betriebssystemfunktionen. Alle heute gängigen Betriebssysteme sehen Mechanismen vor, mit denen der Zugriff auf bestimmte Daten verhindert oder auf bestimmte Anwender oder Anwendergruppen beschränkt werden kann (vgl. oben, S. 140). Dabei kann ein Lesezugriff auf bestimmte Dateien befristet werden, etwa indem einerseits einem bestimmten Benutzer ausschließliche Zugriffsrechte auf diese Dateien eingeräumt werden, andererseits aber die Berechtigung des betroffenen Benutzers, mit dem System zu arbeiten, befristet wird. Für den umgekehrten Fall, der hier gefragt ist, also den Lesezugriff automatisiert erst *nach* Ablauf eines bestimmten Zeitpunktes zu gestatten, gab es hingegen bislang keine Standardlösung.

Allein die bereits erwähnte XML-Variante zur Beschreibung von Sicherheitsanforderungen XrML[2] ermöglicht es, für den Zugriff auf geschützte Inhalte einen frühestmöglichen Zugriffszeitpunkt festzulegen[3]. Bislang sind keine Anwendungen bekannt, die diese Funktion im Rahmen einer Vergabelösung nutzen. „Allgemein verfügbar" im Sinne von Art. 42 Abs. 4 der Richtlinie ist diese Technik nicht.

b) Schutz durch „zeitgebundene" Entschlüsselung. Jede Verschlüsselung basiert auf einer mathematischen Transformation des Quelltextes in einen Chiffretext: Dieser ist das Ergebnis einer mathematischen Funktion (des Algorithmus), deren Parameter der Quelltext und der Schlüssel sind. Entsprechend ist die Entschlüsselung eine Funktion, deren Parameter der Chiffretext und der Schlüssel sind[4]. Der Empfänger benötigt zur Entschlüsselung also nur den Chiffretext und den Schlüssel. Eine *zeitabhängige* Komponente ist bei keinem existenten Verschlüsselungsverfahren effektiv, denn die Zeitangabe wäre – neben Chiffretext und Schlüssel – nur ein weiterer Parameter des Entschlüsselungsvorganges. Dieser Parameter ist dem Empfänger zudem bekannt, da er das Ende der Angebotsfrist bestimmt; ihn vor ihm geheimzuhalten ist ausgeschlossen, denn er bestimmt den Öffnungszeitpunkt. Der Empfänger verfügt damit sofort über alle zur Entschlüsselung erforderlichen Informationen. Es liegt allein in seiner Hand, ob er von diesen Informationen Gebrauch macht und die Daten auch vor dem angekündigten Zeitpunkt entschlüsselt.

---

[2] Oben, S. 150.

[3] Hierzu dient die Bedingung (Condition) `validityInterval` mit der Eigenschaft `notBefore`.

[4] Bei symmetrischer Verschlüsselung ist dabei der zum Verschlüsseln und zum Entschlüsseln benötigte Schlüssel identisch; bei asymmetrischer Verschlüsselung werden zwei verschiedene Schlüssel benutzt (öffentlicher und privater Schlüssel).

c) Spezielle Software. Weil die gängigen Betriebssysteme keine Möglichkeit vorsehen, den Zugriff auf bestimmte Dateien erst nach Ablauf einer vorgegebenen Frist zuzulassen, könnte diese Funktionalität durch spezielle Software nachgerüstet werden etwa in folgender Weise: Die Software müsste, bevor sie den Zugriff auf die gesicherten Dateien zulässt, die aktuelle Zeit mit einem vorgegebenen Wert vergleichen und erst bei oder nach Erreichen dieses Zeitpunktes den Zugriff gestatten; die Dateien könnten durch Verschlüsselung mit einem nur in der Zugangssoftware enthaltenen Schlüssel gegen einen Zugriff unter Umgehung der Sicherungssoftware gesichert werden. Eine solche Sicherung erfolgt etwa beim Öffnungs-Assistenten *ÖfA* im Rahmen der Vergabeplattform des Bundes[5].

Doch auch dieses Vorgehen bietet keine besondere Sicherheit gegenüber Angreifern, die Zugriff zu den Daten oder gar auf die vom Auftraggeber zur Entschlüsselung verwendete Software erhalten: Die automatisierte Prüfung, ob der voreingestellte Zeitpunkt erreicht ist, kann leicht manipuliert werden. Technisch besteht diese Prüfung in einem Vergleich des voreingestellten Öffnungsdatums mit dem aktuellen Datum. Ein Angreifer kann der Software dabei ein falsches aktuelles Datum vorspiegeln (etwa, indem er die Systemuhr des PCs verstellt, auf dem die Entschlüsselungssoftware läuft) oder den im Programm enthaltenen Algorithmus selbst manipulieren, etwa dahingehend, dass die Prüfung „Sperrfrist abgelaufen?" immer positiv ausfällt.

Derartige Manipulationen sind insbesondere bekannt aus dem Bereich der illegalen Umgehung von Hardware-Kopierschutzvorkehrungen, sogenannten *Dongles*. Dieser Schutz basiert darauf, dass die zu schützende Software bzw. eine vorgeschaltete Funktion das Vorhandensein eines Hardware-Bausteins prüft und bei dessen Fehlen den Programmstart verhindert. Das Programm selbst kann vervielfältigt werden, nicht jedoch der spezielle Hardwarebaustein. Dennoch lassen sich in der Praxis derartige Schutzmaßnahmen umgehen, indem jene Stelle im Programmcode gefunden und manipuliert wird, die die Prüfung durchführt. Technisch erfolgt die Prüfung durch einen mehr oder weniger umfangreichen Test, ob die Hardware vorhanden ist, und eine Programmverzweigung (bedingter Sprung) abhängig vom Ergebnis dieses Tests. Der bedingte Sprung kann durch einen sogenannten unbedingten Sprung ersetzt werden, der also unabhängig vom Ergebnis des Tests immer erfolgt, so dass unabhängig vom Ergebnis des Hardwaretests das geschützte Programm gestartet und benutzt werden kann.

Im Falle rein durch Software geschützter vertraulicher Daten wird jedoch nicht einmal dieses komplizierte Vorgehen erforderlich sein: Einfacher wäre es, unter Umgehung der Sicherungssoftware Zugriff auf die (verschlüsselten) Dateien zu nehmen

[5] *Funk/Schmitt*, S. 219.

und diese direkt zu entschlüsseln. Da der Schlüssel im Sicherungsprogramm gespeichert sein müsste, kann er möglicherweise aus dem Programmcode extrahiert werden.

Eine manipulationsresistente, zeitgebundene Lösung ließe sich allein dann realisieren, wenn der Verschlüsselungsalgorithmus bzw. dessen Implementierung dem Zugriff des Anwenders entzogen würde. Die heute meistverbreiteten Betriebssysteme, insbesondere die Windows-Familie von Microsoft ermöglichen dem Anwender auf vielfältige Weise, Einfluss auf den Ablauf eines beliebigen Programms zu nehmen. Die Eingriffsmöglichkeiten reichen von der Rückübersetzung eines Programms in den ursprünglichen Quelltext oder zumindest eine für Menschen lesbare Form (Dekompilierung), an der dann Änderungen vorgenommen werden können, bis hin zum Einsatz von sogenannten Debuggern – Programmwerkzeuge, die es ermöglichen, andere Programme Schritt für Schritt abzuarbeiten und dabei in den Programmablauf einzugreifen. Zwar ist es möglich, auf einem bestimmten Arbeitsplatz den Einsatz entsprechender Werkzeuge zu unterbinden. Für den Kommunikationspartner eines PC-Verwenders ist jedoch nicht ersichtlich, ob auf dem Arbeitsplatz des Empfängers der – vertraulichen – Informationen diese Sperren aktiviert sind, oder ob der Empfänger die Daten mit vom Absender nicht gewünschten Werkzeugen „angreift“, insbesondere um technische Schutzmaßnahmen zu umgehen.

2. Schutz durch Hardware

Eine solche nachweisbar manipulationssichere Rechenumgebung lässt sich nur mit zusätzlicher Hardware realisieren. Diese Hardware kann entweder bei Bedarf zur vorhandenen Hardware hinzugefügt werden oder fest in das System eingebaut sein. Ersteres ist bei gängigen Chipkarten, sog. *Smartcards* der Fall; letzteres baut auf einer Technologie auf, die derzeit unter dem Oberbegriff *trusted computing* entwickelt und diskutiert wird.

a) Schutz durch Smartcards. Chipkarten „oder Smartcards“ – genauer: Mikroprozessorkarten[6] – sind Plastikkarten in der Größe üblicher Scheckkarten, in die ein einfacher Prozessor eingegossen ist. Der Prozessor wird von einem Betriebssystem gesteuert, das auf der Karte selbst im ROM (read-only memory, nur lesbarer Speicher) abgelegt ist, und verfügt über einen Arbeitsspeicher (RAM, random access memory) sowie über einen nichtflüchtigen Speicher (EEPROM, electrically erasable programmable ROM), dessen Inhalt auch ohne Stromzufuhr gespeichert wird. Die Chipkarte kann nicht nur in begrenztem Umfang selbst Berechnungen durchführen, sondern kann im EEPROM geheime Daten sicher, d.h. nicht ausles-

[6] *Rankl/Effing*, S. 50 f.

bar speichern[7]. Weil auf der Karte selbst nur einfache Bausteine verwendet werden, können Chipkarten kostengünstig hergestellt werden. So gibt es auf dem Markt eine große Vielzahl von verschiedenen Karten für unterschiedlichste Anwendungsbereiche. Mehrere ISO-Normen enthalten Spezifikationen für äußere Maße der Karten und Protokolle für die Kommunikation zwischen Schreib-/Lesegerät und der Karte[8].

Mit einer solchen Karte könnte eine zeitgebundene Entschlüsselung realisiert werden, wenn die Karte über folgende Funktionen verfügt:

1. Ver- und Entschlüsselung mit einem asymmetrischen Verfahren;

2. Signaturprüfung;

3. Sicherer Speicher.

Der private Schlüssel des Empfängers wäre dann nur auf der Karte zu speichern und zwar so, dass ihn niemand – auch der berechtigte Karteninhaber nicht – auslesen kann. Vielmehr laufen alle Berechnungen, in denen der Schlüssel verwendet wird, auf der Karte ab; die Karte nimmt verschlüsselte Daten an und gibt entschlüsselte Daten zurück. Zur Entschlüsselung eines eingereichten Angebotes wären dann folgende Schritte zu durchlaufen:

1. Der Absender verschlüsselt sein Angebot mit dem öffentlichen Schlüssel des Empfängers, fügt den vorgesehenen Öffnungszeitpunkt hinzu und signiert die dabei entstehende Datei.

2. Der Empfänger überträgt die empfangenen Daten an die Chipkarte.

3. Die Chipkarte fragt über Internet einen Zeitserver ab und erhält von dort eine signierte Zeitangabe[9].

4. Diese Karte prüft anhand der Signatur des Angebotes, ob das darin angegebene Öffnungsdatum vom autorisierten Absender stammt. Wenn nicht, liegt eine Manipulation vor und der Entschlüsselungsvorgang wird abgebrochen.

[7] *Beutelspacher/Kersten/Pfau*, S. 3.

[8] *Rankl/Effing*, S. 39 f.

[9] Dies könnte folgendermaßen gelöst werden: Die Karte erzeugt einen beliebigen Zufallswert und übergibt ihn an einen Zeitstempel-Server im Internet. Dieser versieht die Daten mit dem aktuellen Datum, signiert die Daten und gibt die Daten mit Signatur zurück. Anhand der Signatur und des mitsignierten Datums kann die Kartensoftware – allerdings recht grob, abhängig von der Reaktionszeit des Zeitstempel-Servers – die aktuelle Zeit feststellen.

5. Das im Angebot festgelegte Öffnungsdatum wird mit der aktuellen Zeit verglichen.

6. Ist das festgelegte Öffnungsdatum erreicht, darf das Angebot entschlüsselt werden. Die Karte entnimmt dazu aus ihrem internen Speicher den dort abgelegten privaten Schlüssel des Empfängers, entschlüsselt die Daten und gibt diese an den Anwender zurück.

Eine Schwachstelle des hier dargestellten Verfahrens liegt in der Schlüsselerzeugung. Um eine verfrühte Kenntnisnahme des eingereichten Angebots durch den Chipkarteninhaber zu verhindern, müssen der für die Kommunikation mit dem Auftraggeber verwendete öffentliche wie auch der private Schlüssel auf der Karte erzeugt werden. Die Karte ermittelt dazu ein Schlüsselpaar und übersendet den öffentlichen Schlüssel an die gängigen Schlüsselserver im Internet. Der Schlüssel muss dabei mit einem vom Hersteller der Karte vorgegebenen Schlüssel signiert werden, damit überprüft werden kann, dass der Schlüssel auf der Karte erzeugt wurde. Bei Chipkarten für Privatanwender wäre in diesem Zusammenhang die Frage akut, ob eine Rückverfolgung der Karte und damit der versendeten Daten zu einem bestimmten Inhaber möglich wäre. Solche Rückverfolgungsmöglichkeiten sind datenschutzrechtlich unbefriedigend, denn sie ermöglichen die Erstellung von personalisierten Nutzungsprofilen[10] und kollidieren mit dem – auch einfachgesetzlich abgesicherten[11] – Recht auf Anonymität, einem Aspekt des Rechts auf informationelle Selbstbestimmung[12]. Im hier interessierenden Zusammenhang stellt sich dieses Problem jedoch nicht, weil die Chipkarte von einem öffentlichen Auftraggeber, der als solcher nicht in den Schutzbereich des Datenschutzes einbezogen ist, und allein zur Entschlüsselung eingesetzt wird.

Für den Bieter hat dieses Verfahren den Vorteil, dass er keine besonderen Investitionen tätigen oder besondere Hardware anschaffen muss. Er benötigt lediglich eine Verschlüsselungssoftware mit einem ihm zugeordnetem Schlüssel. Er muss jedoch dem Auftraggeber und dem Hersteller der von diesem verwendeten Hardware (Smartcard) Vertrauen entgegenbringen. Vertrauen in den Auftraggeber ist für eine fruchtbare vertragliche Zusammenarbeit allerdings ohnehin bis zu einem gewissen Grad erforderlich.

Der Nachteil der soeben vorgestellten Lösung liegt im erheblichen Aufwand für den Auftraggeber. Die hier dargestellte Funktionalität ist zwar nicht besonders

[10] Vgl. *Raabe*, S. 134.
[11] Vgl. § 3a BDSG, Grundsatz der Datenvermeidung und Datensparsamkeit.
[12] *Bäumler*, S. 160.

schwierig zu implementieren. Es handelt sich jedoch nicht um ein übliches, verbreitetes Verfahren, sondern um eine Sonderlösung; auf dem Markt sind noch keine entsprechenden Produkte bekannt. Das bedeutet, dass eine Karte vermutlich vergleichsweise teuer sein wird, weil nur geringe Produktmengen nachgefragt werden. Weil es sich bei Signaturprüfung und Verschlüsselung um anspruchsvolle mathematische Verfahren handelt, muss der Auftraggeber zudem den Bietern erklären, warum dieses verwendete Verfahren sicher ist, wenn er ihr Vertrauen gewinnen will. Auch der Hardwarehersteller der Chipkarte muss nachprüfbar darlegen, dass das von ihm hergestellte Produkt sicher ist.

b) Schutz durch interne Hardware. Die soeben dargestellten Funktionen können nicht nur von externer Hardware (Smartcard), sondern auch von fest im PC eingebauter Hardware zur Verfügung gestellt werden. Diese Hardware kann eine sichere und vor Manipulationen geschützte Rechenumgebung garantieren. Besondere Aufmerksamkeit finden derartige Hardwarebausteine derzeit, weil sie in der Lage sind, einen PC zu einer sogenannten *Trusted Platform* zu machen, die sich im wesentlichen durch folgende Eigenschaften auszeichnet:

1. Sichere Ein- und Ausgabe,
2. Isolierte Speicherbereiche für schutzbedürftige Daten (*memory curtaining*),
3. Verschlüsselte Datenspeicherung, die das Lesen der Daten nur mit der exakt identischen Hard- und Softwareausstattung ermöglicht (*sealed storage*),
4. Mechanismen, die es Dritten ermöglichen festzustellen, welche Sicherheitseinstellungen auf dem jeweiligen Rechner gelten (*remote attestation*).

Ein Zusammenschluss mehrerer einflussreicher Hardware- und Softwarehersteller, die *Trusted Computing Group* (TCG)[13], hat zu diesem Zweck eine Spezifikation für einen Spezialchip entwickelt, das sogenannte *Trusted Platform Module* (TPM)[14]. Einzelne PC-Hersteller liefern bereits mit diesem TPM ausgerüstete Rechner aus, insbesondere an Firmenkunden[15]. Das Betriebssystem kann mit dem Spezialchip die Umgehung von Nutzungsregeln effektiv verhindern, etwa was den Zugriff auf bestimmte Dateien angeht[16]. Die Technik kann damit den PC vertrauenswürdiger machen – allerdings nicht (nur) für den Anwender, sondern insbe-

[13] Mitglieder sind u.a. Intel, AMD und Microsoft; im Internet: `www.trustedcomputing.org`. Es handelt sich um die „Nachfolgeorganisation" der Trusted Computing Platform Alliance TCPA.

[14] *Kuhlmann/Gehring*, S. 183.

[15] Vgl. Heise-Newsticker vom 30.05.2005, http://www.heise.de/newsticker/meldung/60040.

[16] *Günnewig/Sadeghi/Stüble*, S. 556; *Pfitzner* in Koenig/Neumann/Katzschmann, S. 42.

sondere für Dritte[17], die zuverlässige Informationen über die Sicherheit eines mit einem TPM ausgestatteten PCs erhalten können (*Attestation*)[18].

Auf der Basis eines solcherart „vertrauenswürdigen" Systems kann eine Technik genutzt werden, die es gestattet, Zugriffsrechte auf digitale Daten zu definieren und die Einhaltung dieser Rechte zu gewährleisten. Diese Technik wird unter dem Oberbegriff des *digital rights management* (DRM) diskutiert. DRM und Trusted Computing sind nicht miteinander identisch, vielmehr ist Trusted Computing eine Voraussetzung für sicheres DRM, DRM jedoch nur eine – wenngleich auch vermutlich: die wichtigste – Anwendung von Trusted Computing[19].

Ziel von DRM-Verfahren ist es – vereinfacht dargestellt –, Multimedia- oder sonstige Daten einem Nutzer so zu überlassen, dass er die Daten nicht beliebig oft und auf beliebig vielen PCs, sondern nur auf einem genau identifizierten Gerät und dort auch nur für eine bestimmte Anzahl von Vorgängen nutzen (konsumieren) kann. Die Anforderung des Vergaberechts, dem „Nutzer" – hier dem Auftraggeber – den Zugang erst ab einem bestimmten Zeitpunkt zu ermöglichen, unterscheidet sich hiervon technisch gesehen nur geringfügig.

Für das Vergabeverfahren könnte eine Sicherung der Angebote mit den Mitteln des DRM folgende Vorteile bieten: Der Bieter kann seine sensiblen Informationen in einem Format verschicken, das es dem Auftraggeber ermöglicht, die Daten erst nach Ablauf einer bestimmten Frist und auch dann nur auf einem oder mehreren zuvor bestimmten PCs zu lesen. Sollten Dritte unbefugt in Besitz der Daten kommen, könnten sie diese nicht lesen. Weiter könnte der Bieter einen Zeitrahmen vorgeben, nach dessen Ablauf die Daten nicht mehr lesbar sein sollen[20]. Das Risiko einer missbräuchlichen Verwendung ließe sich dadurch noch weiter einschränken.

Der wesentlicher Vorteil eines solchen Schutzmechanismus liegt darin, dass sich der Absender (Bieter) nicht allein auf die mehr oder weniger vertrauenswürdige Aussage des Empfängers (Auftraggeber) verlassen muss, sondern eine neutrale Instanz (die sogenannte *trusted third party*, TTP) automatisiert bestätigt, dass die Sicherheitseinstellungen des Empfängers den Vorgaben des Absenders entsprechen, und die zugleich die entsprechende Behandlung der vertraulichen Daten gewährleistet. Dies erfolgt dadurch, dass die TTP im Wege der Bestätigung aus der Entfernung (*remote attestation*) den Zustand des TPM im Rechner des Empfängers abfragt und die übertragenen Daten (etwa das Angebot) nur für den berechtigten Empfänger und auch bei diesem nur dann im Klartext zugänglich macht, wenn

[17] *Himmelein*, S. 46.
[18] *Sailer/van Doorn/Ward*, S. 539.
[19] *Kuhlmann/Gehring*, S. 197.
[20] Allerdings muss im Rahmen eines Nachprüfungsverfahrens die Akteneinsicht durch die Vergabekammer und in gewissem Umfang auch durch Bieter möglich sein, vgl. oben, S. 98.

die Sicherheitseinstellungen seines Systems den Vorgaben des Absenders entsprechen[21]. Entsprechende Systeme werden bereits entwickelt[22], eine Anwendung in der öffentlichen Auftragsvergabe ist bislang jedoch nicht bekannt.

Das Gesamtkonzept des TC ist heftig umstritten[23] und (auch wegen verschiedener Sicherheitslücken) Gegenstand starker Kritik unter datenschutzrechtlichen[24], wettbewerbsrechtlichen[25] kartellrechtlichen und auch kryptologischen[26] Gesichtspunkten. Von einem rein technischen Standpunkt aus betrachtet, könnte TC jedoch im Vergabeverfahren nutzbringend eingesetzt werden. Allerdings sind auch TC- und DRM-Systeme nur so sicher wie die kryptographischen Systeme, auf denen sie beruhen.

3. Folgerungen für rein technische Lösungen

Nach dem Wortlaut der Richtlinien (Art. 42 Abs. 5 lit. a S. 2 BLD-Richtlinie, Art. 48 Abs. 5 lit. a S. 2 Sektoren-Richtlinie) müssen die „Vorrichtungen für den elektronischen Eingang der Angebote und Anträge auf Teilnahme“ den Anforderungen des Anhangs genügen. Danach sollen die Anforderungen also durch (technische) „Vorrichtungen“ erreicht werden; nur für diese gilt Abs. 5. Entsprechend ist auch Anhang X gefasst, nach dem die „Geräte“ die entsprechenden Ziele gewährleisten müssen. Derartige Technik steht mit Smartcards und TC-Modulen mittlerweile zur Verfügung, ist aber für den Auftraggeber mit erheblichen Kosten verbunden und wird derzeit noch kaum in der Praxis eingesetzt. Hierin liegt grundsätzlich kein rechtliches Problem, das eine Ausnahme von den Vorgaben der Richtlinie gestatten würde. Insbesondere steht nicht Abs. 2 der Richtlinien entgegen, nach dem die verwendeten Kommunikationsmittel „allgemein verfügbar“ sein müssen: Denn jene Vorschrift soll eine Diskriminierung der *Bieter* verhindern, wie aus Abs. 2, 2. Halbsatz folgt. Eine nur auf Auftraggeberseite vorhandene, technisch aufwendige und folglich teure Technik benachteiligt die Bieter jedoch nicht und wäre nach der Richtlinie zulässig. Verlangte man jedoch ein solch hohes, aber teures Sicherheitsniveau, würde dies dazu führen, dass die Auftraggeber elektronische Vergabe schlicht nicht nutzen würden.

[21] *Kuhlmann/Gehring*, S. 193 f.
[22] Vgl. *Bitz*, S. 531 f.
[23] Die wichtigsten Kritikpunkte fassen *Kuhlmann/Gehring*, S. 185 f. zusammen.
[24] Statt vieler *Dix/Pfitzner*, S. 561f.
[25] *Koenig/Neumann* in Koenig/Neumann/Katzschmann, S. 100 ff., 112 f.
[26] *Weis*, S. 652 f; Schwächen gegenwärtiger DRM-Systeme zum Schutz von Audio- und Videodaten sowie von elektronischen Büchern zeigen *Hauser/Wenz*, S. 206 f. auf.

II. Kombinatorische Lösungsansätze

1. Zulässigkeit kombinatorischer Lösungen

Ein hohes, den Qualitätsanforderungen der Richtlinie genügendes Sicherheitsniveau zu geringeren Kosten kann möglicherweise auch durch eine Kombination von technischen Einrichtungen mit ergänzenden organisatorischen Maßnahmen erreicht werden. Es ist jedoch zunächst zu prüfen, ob eine solche Kombination nach den Richtlinien zulässig ist. Deren Wortlaut ist eindeutig auf technische Sicherungsmaßnahmen ausgerichtet[27] und scheint organisatorische Maßnahmen nicht vorzusehen.

Allerdings muss bei jedem Einsatz technischer Hilfsmittel auch geregelt werden, welche Mitarbeiter die Geräte benutzen dürfen und wie die Benutzung zu erfolgen hat. Jede technische Einrichtung zieht damit notwendig organisatorische Maßnahmen nach sich. Hinzu kommt, dass die „Sicherheit" eines Gerätes oder einer Vorrichtung nicht isoliert betrachtet oder bewertet werden kann, sondern nur im Zusammenhang mit dem personellen und technischen Umfeld, in dem das Gerät eingesetzt wird. Auch eine – isoliert betrachtet – „sichere" technische Einrichtung gewährleistet dann keine Sicherheit, wenn sie in ein unsicheres Umfeld eingebettet wird, etwa von nicht berechtigten Personen oder über den festgelegten Verwendungszweck hinaus genutzt werden kann. Zudem muss jedes technische Gerät, das im hier interessierenden, sicherheitsrelevanten Zusammenhang eingesetzt werden könnte, auf den spezifischen Verwendungszweck hin angepasst, also parametrisiert werden – nicht nur einmalig, vor Beginn des Gebrauchs, sondern möglicherweise auch im laufenden Betrieb. Hieraus wird deutlich, dass jeder Technikeinsatz von personellen Handlungsanweisungen flankiert werden muss, sei es auch nur um zu regeln, wer die Geräte benutzen darf, wer sie verwaltet und wartet.

Dies gilt insbesondere für den Bereich der Informationstechnologie, weil jede Hardware stör- und fehleranfällig ist und sich Ausfälle und Störungen nie mit absoluter Sicherheit verhindern lassen. Angemessene Notfallpläne sind daher notwendiger Bestandteil von IT-Sicherheitskonzepten[28]. Im Bereich der Datensicherheit bestimmt der aktuelle Stand der Technik nicht nur die gebotenen technischen, sondern auch die organisatorischen Maßnahmen[29]. Auch in anderen Bereichen des Technikrechts, namentlich im Immissionsschutzrecht, ist anerkannt, dass der Begriff der „Technik" dort neben den angewandten Technologien auch die Art umfasst, in der Anlagen gewartet und betrieben werden; die Ausbildung des Personals und

[27] So Art. 42 Abs. 5 lit. a S. 2 BLD-Richtlinie („Vorrichtungen für den elektronischen Eingang...") sowie Anhang X; entsprechend Art. 48 Abs. 5 lit. a S. 2 Sektoren-Richtlinie.

[28] *Federrath/Pfitzmann*, S. 605.

[29] *Hansen* in Roßnagel, Handbuch Datenschutzrecht, S. 293.

die Betriebsorganisation werden in die Beurteilung der Sicherheit einer Anlage mit einbezogen[30].

Es ist daher auch bei der Umsetzung der Richtlinie geboten, neben rein technischen auch organisatorische Aspekte und Maßnahmen zu berücksichtigen. Eine solche Auslegung und Umsetzung der Richtlinienvorgaben würde den Maßstäben entsprechen, die in der Rechtsprechung des Europäischen Gerichtshofes entwickelt worden sind: In dieser kommt der teleologischen Auslegung besondere Bedeutung zu[31], weil nach dem Grundsatz der praktischen Wirksamkeit (*effet utile*) im Interesse der Zielverwirklichung eine größtmögliche Wirkung der Normen des Gemeinschaftsrechts sichergestellt werden soll[32]. Erklärtes Anliegen der Richtlinie ist es, durch den erfolgreichen Einsatz der „Online-Beschaffung" den Wettbewerb auszuweiten und die Effizienz des öffentlichen Beschaffungswesens zu verbessern[33]. Bei der Umsetzung und Anwendung muss dieser Zweck besonders berücksichtigt werden. Art. 42 Abs. 5 lit. a und Anhang X der Richtlinie sind daher so auszulegen, dass die dort aufgestellten Anforderungen durch technische Mittel, ergänzt und flankiert durch organisatorische Maßnahmen des Auftraggebers erreicht werden können.

Im Zusammenspiel von Technik und menschlichem Handeln können durch geeignete Handlungsanweisungen und Organisationsvorschriften innerhalb gewisser Grenzen auch minder sichere technische Systeme sicher gemacht werden. Im folgenden sollen daher Möglichkeiten untersucht werden, inwieweit die Anforderung, eine verfrühte Kenntnisnahme vom Inhalt der Angebote zu verhindern, mittels technisch-organisatorischer Maßnahmen erreicht werden kann.

2. Einzelne kombinatorische Ansätze

a) Zurückhalten von Informationen. Ohne spezielle Software oder den aufwendigen Einsatz von Spezialhardware ließen sich die vertraulichen Daten dadurch vor verfrühter Kenntnisnahme sichern, dass der Absender wesentliche Informationen, die zur Kenntnisnahme benötigt werden, zunächst zurückhält und der Auftraggeber erst im Zeitpunkt des Fristablaufs alle zur Entschlüsselung erforderlichen Informationen in Händen hält. Sofern der Absender nicht das ganze Angebot bis zum Ablauf der Angebotsfrist zurückhalten kann oder will, könnte er zumindest den zur Entschlüsselung des verschlüsselten Angebotes erforderlichen Schlüssel zu-

[30] *Steinberg/Koepfer*, S. 978; *Jarass*, § 3 Rdn. 102.
[31] *Grundmann*, S. 341 f., 394.
[32] *Huber*, S. 130; *Grundmann*, S. 341; *Ruffert* in Calliess/Ruffert, Art. 249 EG-Vertrag Rdn. 46.
[33] Richtlinie, Erwägungsgründe 12 und 35.

rückhalten und erst zum Eröffnungstermin übermitteln[34]. Dies ist jedoch bedenklich, weil es das Risiko des rechtzeitigen Zugangs des Angebotes deutlich zu Lasten des Bieters verschiebt: Es liegt im alleinigen Verantwortungsbereich des Anbieters, sein Angebot rechtzeitig einzureichen. Ein für den Auftraggeber nicht lesbares, weil mit unbekanntem Schlüssel verschlüsseltes Angebot kann nicht geprüft und gewertet werden.

Es ist daher bereits fraglich, ob derart verschlüsselte Daten ein „Angebot" im Rechtssinne darstellen: Für eine solche Willenserklärung sind neben einem objektiven Erklärungsakt bestimmte subjektive Merkmale erforderlich[35]; nur der kundgegebene Wille bewirkt eine Rechtsfolge, er verkörpert sich in der Erklärung[36]. Der Verstehensprozess auf der Seite des Empfängers ist wesentlicher Teil des Kommunikationsprozesses[37]. Eine Willens*äußerung* ist daher nur gegeben, wenn man aus dem erkennbaren Verhalten auf einen dadurch ausgedrückten Geschäftswillen des Erklärenden zu schließen vermag[38]. Eine verschlüsselte Nachricht ist für den Empfänger ohne Kenntnis des Schlüssels daher keine Äußerung in diesem Sinne, weil ihr Inhalt gerade nicht erkennbar ist. Erkennbar ist lediglich, *dass* eine Erklärung abgegeben wurde, nicht hingegen, welchen *Inhalt* sie hat.

Selbst wenn man in einer mit unbekanntem Schlüssel verschlüsselten Nachricht eine Willenserklärung sehen wollte, wäre weiter zu klären, wann eine solche Erklärung dem Empfänger zugeht. Das BGB unterscheidet zwischen Erklärungen gegenüber Anwesenden und solchen gegenüber Abwesenden. Im Vergabeverfahren wird, soweit die Angebote betroffen sind, die Erklärung in der Regel einem abwesenden Empfänger (per E-Mail oder auf sonstige Weise über das Internet) übermittelt werden, weil der Empfänger räumlich getrennt vom Absender ist bzw. es an einem direkten Übermittlungskontakt fehlt[39]. Üblicherweise wird bei Erklärungen gegenüber Abwesenden weiter unterschieden zwischen verkörperten und nicht verkörperten Willenserklärungen. Verkörperung ist die dauerhafte (z.B. schriftliche) Niederlegung der Erklärungszeichen im Gegensatz zur Flüchtigkeit einer nicht aufgezeichneten (z.B. nur mündlichen) Erklärung[40]. Auch die rein digital vorliegende E-Mail soll verkörpert in diesem Sinne sein, weil die sie repräsentierenden

[34] So die (durch Softwareagenten automatisierte) Lösung im Rahmen des SiReAM-Projektes (Sicherer Rechtsgemäßer Agentenbasierter Marktplatz), einem Forschungsprojekt der Universitäten Darmstadt und Kassel, vgl. *Denk*, S. 67f., 97; *Denk* et al., S. 133.

[35] von Staudinger-*Dilcher*, BGB, Vorbem zu §§ 116-144, Rdn. 9.

[36] *Brox*, S. 52.

[37] *Wiebe*, S. 206.

[38] *Brox*, S. 54.

[39] Hierzu *John*, S. 390.

[40] *Burgard*, S. 81.

Informationen beim Empfänger bzw. auf dessen Mailserver als Datei gespeichert werden[41].

Für Erklärungen, die einem anderen gegenüber in dessen Abwesenheit abzugeben sind, bestimmt § 130 Abs. 1 S. 1 BGB, dass diese erst in dem Zeitpunkt wirksam werden, in welchem sie ihm *zugehen.* Eine verkörperte Willenserklärung ist nach der gängigen Definition dem abwesenden Empfänger dann zugegangen, wenn sie dergestalt in seinen Herrschaftsbereich gelangt ist, dass es nur noch an ihm liegt, von ihr Kenntnis zu nehmen und mit seiner Kenntnisnahme unter normalen Umständen gerechnet werden kann[42]. Was ist nun von einer Willenserklärung in digitaler Form zu halten, die so verschlüsselt ist, dass der Empfänger sie nicht lesen, also sie inhaltlich nicht zur Kenntnis nehmen, nicht interpretieren[43] kann?

Eine vergleichbare Situation liegt beim Zugang von Erklärungen vor, die in einer dem Adressaten unbekannten Sprache abgefasst sind. Nach h. M. soll eine solche Erklärung entweder gar nicht oder erst nach Ablauf der für eine Übersetzung erforderlichen Zeitspanne zugehen[44]. Gegenüber einer in fremder Sprache abgefassten Erklärung ist die Kenntnisnahme einer mit unbekanntem Schlüssel verschlüsselten Erklärung jedoch noch weiter erschwert, denn hier kommt es nicht auf die Sprachfertigkeiten des Empfängers oder dessen Vermögen an, einen geeigneten Übersetzer zu finden, sondern *allein auf den Willen des Absenders*, dem Empfänger die Kenntnisnahme zu ermöglichen. Noch genauer: Eine Kenntnisnahme durch den Empfänger ist nur nach einer *weiteren Handlung des Absenders* möglich. Dieser muss dem Empfänger den erforderlichen Schlüssel übermitteln. Bei Übertragung der soeben dargestellten Erwägungen im Zusammenhang mit fremdsprachigen Erklärungen auf diese Konstellation wäre ein Zugang von mit unbekanntem Schlüssel verschlüsselten Nachrichten erst mit vollständiger Übermittlung auch des erforderlichen Schlüssels gegeben. Erst jetzt liegt es nur noch am Empfänger, ob er vom Inhalt der Erklärung Kenntnis nimmt.

Nach einer von BURGARD vertretenen Auffassung sollen derartige Schwierigkeiten, die aus inkompatibler Hard- oder Software resultieren, entgegen der h. M. kein Abgabe- oder Zugangsproblem, sondern ein *Auslegungsproblem* sein. Die von der h. M. für den Zugang einer Erklärung verlangte „Möglichkeit der Kenntnisnahme" stelle nämlich keine intellektuelle Komponente dar, da selbst für das Wirksamwerden einer gesprochenen Erklärung nicht das intellektuelle, sondern nur das akustisch richtige Verständnis verlangt werde[45]. Im hier untersuchten Zusammen-

[41] *Ultsch*, S. 467.
[42] *Wendtland* in Bamberger/Roth, § 130 Rdn. 9; BGHZ 67, 271, 275; BGH NJW 1983, 929, 930.
[43] *Wiebe*, S. 207.
[44] *Einsele* in Münchener Kommentar, BGB, § 130 Rdn. 31.
[45] *Burgard*, S. 106f.

hang kommt diese Auffassung nicht zu einem anderen Ergebnis, weil eine inhaltlich unverständliche Erklärung der Auslegung nicht zugänglich ist.

Ein Text, der mit einem dem Empfänger zunächst unbekannten Schlüssel verschlüsselt wurde, geht dem Empfänger mithin erst in dem Augenblick zu, in dem auch der zugehörige Schlüssel übermittelt wird. Dabei besteht die Gefahr, dass der Schlüssel – und damit die Erklärung insgesamt – nicht rechtzeitig beim Auftraggeber eingeht. In einem Vergabeverfahren hätte dies den Ausschluss des betroffenen Angebots von der Wertung zur Folge: Aus Gründen der Gleichbehandlung aller Bieter unterliegt das Vergabeverfahren einer erheblichen Formstrenge[46]. Nicht rechtzeitig vorliegende Angebote sind grundsätzlich von der Wertung auszuschließen. Nach § 25 Nr. 1 Abs. 1 lit. a VOB/A sind Angebote, die im Eröffnungstermin bei Öffnung des ersten Angebotes nicht vollständig vorgelegen haben, zwingend von der Wertung auszuschließen. Eine Ausnahme hiervon gilt nur bei Versäumnissen im Bereich des Auftraggebers (§ 22 Nr. 6 Abs. 1 VOB/A), nämlich wenn das Angebot nachweislich vor Ablauf der Angebotsfrist dem Auftraggeber *zugegangen* war, aber aus vom Bieter nicht zu vertretenden Gründen dem Verhandlungsleiter nicht vorgelegen hat. Anders nach der VOL/A: Nach § 25 Nr. 1 Abs. 1 lit. e VOL/A werden Angebote ausgeschlossen, die verspätet *eingegangen* sind, es sei denn, dass der verspätete Eingang durch Umstände verursacht worden ist, die nicht vom Bieter zu vertreten sind. § 25 Nr. 1 Abs. 1 lit. e VOL/A stellt damit nicht (wie § 22 Nr. 6 Abs. 1 VOB/A) auf den *Zugang*, sondern auf den *Eingang* des Angebots ab. Eine Ausnahme soll in Fällen gelten, in denen das Angebot des Bieters so in den Machtbereich des Auftraggebers gelangt ist, dass dieser davon unter normalen Umständen in zumutbarer Weise rechtzeitig hätte Kenntnis nehmen können[47].

Sowohl nach VOB/A als auch nach VOL/A müssen die Angebote rechtzeitig dem Auftraggeber zugegangen bzw. bei diesem eingegangen sein. Der einzelne Bieter muss daher nicht nur für die rechtzeitige Übermittlung des – verschlüsselten – Angebots selbst Sorge tragen, sondern auch dafür, dass dem Auftraggeber der Schlüssel rechtzeitig zum Eröffnungstermin bekannt werden kann[48]. Den Schlüssel vor dem Termin zuzustellen, ist jedoch ebenfalls nicht ideal. Der Empfänger wäre nun in der Lage, das Angebot sofort zu entschlüsseln; sicherer Schutz vor verfrühter Kenntnisnahme wäre dann nicht mehr gewährleistet. Der Anbieter stünde daher vor dem Dilemma, einerseits die zurückgehaltenen Informationen nicht zu

[46] *Noch* in Müller-Wrede, § 25 VOL/A Rdn. 29; *Brinker/Ohler* in Motzke/Pietzcker/Prieß, § 25 VOB/A Rdn. 11.

[47] *Noch* in Müller-Wrede, § 25 VOL/A Rdn. 30.

[48] Ist der Schlüssel dagegen in einem öffentlichen Schlüsselverzeichnis hinterlegt, liegt es im alleinigen Zuständigkeits- und Verantwortungsbereich des Auftraggebers, den Schlüssel dort abzufragen.

früh vor Ablauf der Angebotsfrist übermitteln zu dürfen (andernfalls wäre die Geheimhaltung des Angebotsinhalts nicht sicher gewahrt), andererseits aber die Informationen auch nicht beliebig spät übermitteln zu können, weil das Angebot sonst nicht rechtzeitig (vollständig) eingegangen wäre.

Hinzu kommt, dass der fristgerechte Eingang des Schlüssels zum vorgegebenen Zeitpunkt beim Auftraggeber aus den verschiedensten Gründen technischer Natur scheitern kann, etwa weil die Software fehlerhaft arbeitet oder im entscheidenden Zeitpunkt keine Verbindung zum Server des Auftraggebers hergestellt werden kann. Letzteres kann durch unvorhergesehene Störungen bedingt sein oder auch durch vorsätzliche Störmaßnahmen Dritter. So ist vorstellbar, dass ein Angreifer durch einen sogenannten DoS-Angriff[49] (*denial of service*) auf den Server der Angebotsannahmestelle versucht, Bieter (etwa: Konkurrenten) an der Angebotsabgabe zu hindern. Es ist aber Sache des Auftraggebers, seine von ihm eröffneten Kommunikationskanäle funktionsfähig zu erhalten. Es wäre unbillig, würde er nur die elektronische Angebotsabgabe über das Internet zulassen, dann aber – im Falle einer Störung – die Bieter die Konsequenzen tragen lassen und ihnen das Risiko eines verspäteten Eingangs auferlegen. Um die Akzeptanz der elektronischen Vergabe zu verbessern, sollte in den nationalen Umsetzungsvorschriften vorgesehen werden, dass ein verspäteter Zugang, der nachweisbar durch eine solche Fehlfunktion oder durch einen Angriff verursacht wurde, nicht zu Lasten des jeweiligen Absenders geht. Dieser müsste dann nachweisen, wann die Störung eintrat, wie lange sie andauerte und dass gerade die Störung ihn an der rechtzeitigen Einreichung der Unterlagen hinderte.

Ein Geheimhaltungsverfahren, das auf dem Zurückhalten von Informationen beruht, legt dem Anbieter folglich einseitig hohe Risiken auf, weil er das Risiko des rechtzeitigen Eingangs seines Angebots trägt[50], auch dann, wenn die rechtzeitige Übermittlung des Schlüssels durch Software gewährleistet werden soll[51].

b) Organisatorische Maßnahmen des Auftraggebers. In einem herkömmlichen Vergabeverfahren wird die zeitgebundene Eröffnung der Angebote durch organisatorische Maßnahmen des Auftraggebers gewährleistet. Auch im Rahmen einer elektronischen Abwicklung des Vergabeverfahrens sind solche organisatorischen Si-

[49] Hierbei wird ein Webserver mit zahllosen gleichzeitigen, oft sinnlosen Anfragen „überflutet". Der Server kann dann auf sinnvolle Anfragen nicht mehr reagieren und ist nicht mehr erreichbar. Der Angriff geht dabei von einem einzelnen Rechner aus oder von mehreren unabhängigen Rechnern (*distributed DoS*), meist von den Rechnern ahnungsloser Internetnutzer, deren PC von Schadsoftware befallen wurde. Vgl. *Federrath/Pfitzmann*, S. 625.

[50] *Kratzenberg* in Ingenstau/Korbion, A § 22 Rdn. 12; *Weyand*, S. 44.

[51] Dies ist etwa im Rahmen des SiReAM-Projektes (o. Fn. 34 auf Seite 164 auf S. 164) geplant, vgl. *Denk*, S. 67f., 97; *Denk* et al., S. 133.

cherungsmaßnahmen unverzichtbar[52]. Die Technik muss in den Betriebsablauf und das Entscheidungsverfahren der Vergabestelle eingebunden und an die spezifischen Besonderheiten und Anforderungen der Arbeitsumgebung angepasst werden. Daher muss festgelegt werden, wer welche Geräte benutzen und ihre Voreinstellungen setzen darf. Diesen organisatorischen Regelungen müssen maschinenseitig zu vergebende Berechtigungen entsprechen, die nur von autorisierten Personen eingestellt und geändert werden können. Jede Form des Technikeinsatzes zur Unterstützung von Verwaltungs- und Bearbeitungsabläufen erfordert damit interne Regelungen in zweifacher Hinsicht: Einerseits müssen die Zuständigkeiten der Mitarbeiter festgelegt werden, denen andererseits innerhalb des Computersystems zugewiesene Berechtigungen entsprechen. Das Niveau, das durch eine solche Kombination von organisatorischen und technischen Maßnahmen erreicht werden kann, ist dabei nur so sicher wie das schwächste Glied. Beispielsweise nützt eine starke Verschlüsselung sensitiver Daten nichts, wenn der zugehörige Schlüssel jedermann zugänglich ist.

Weil bei jedem Technikeinsatz auch ein System von Regeln für die (menschlichen) Sachbearbeiter erforderlich ist, könnte man Sicherheitsmängel der Technik durch entsprechende organisatorische Maßnahmen zu kompensieren versuchen. Um verschlüsselte Daten lesen zu können, muss der Betreffende den erforderlichen Schlüssel kennen. Wenn dieser durch technische Maßnahmen nicht sicher verwahrt werden kann, etwa weil nicht sichergestellt werden kann, dass der Schlüssel erst nach einem bestimmten Zeitpunkt zur Verfügung steht, könnte man eine Sicherung dadurch zu erreichen versuchen, dass der Zugang zum benötigten Schlüssel durch Handlungsanweisungen beschränkt wird. So können interne Dienstanweisungen vorschreiben, dass nur zwei Personen gemeinsam Zugriff auf den privaten Schlüssel des Auftraggebers haben, etwa indem die Chipkarte, auf der der Schlüssel gespeichert ist, und die für den Einsatz benötigte PIN verschiedenen Personen anvertraut werden oder der private Schlüssel durch zwei weitere, von verschiedenen Personen verwahrte Schlüssel gesichert wird. Alternativ kann eine übergeordnete Instanz innerhalb der Sicherheitsinfrastruktur des Auftraggebers eingeschaltet werden, also insbesondere der Administrator (die für die Wartung des EDV-Systems zuständige Person). Dieser kann angewiesen werden, die zu schützenden Daten erst zu einem vorgegebenen Zeitpunkt für den Sachbearbeiter freizugeben. Mit all diesen Maßnahmen lässt sich jedoch kein absoluter Schutz gewährleisten, weil Angreifer durchaus auch Mitarbeiter der betrachteten Organisation sein können (Insider)[53]. So können die ermächtigten Personen kollusiv zusammenwirken und

---

[52] Vgl. oben, S. 163. Zu den personellen und organisatorischen Anforderungen im Beschaffungsbereich Daub/Eberstein-*Eberstein*, Einführung, Rdn. 95 f.

[53] *Federrath/Pfitzmann*, S. 600 weisen darauf hin, dass interne Angreifer für rund 70 Prozent aller

unter Verstoß gegen die Handlungsanweisungen verfrüht oder in nicht gestattetem Umfang die vertraulichen Daten lesen. Der Administrator ist hierfür nicht einmal auf die Mitwirkung weiterer Personen angewiesen.

EBERSTEIN schlägt vor, die Sicherstellung vor verfrühter Kenntnisnahme solle allein durch den öffentlichen Auftraggeber gewährleistet werden, denn dieser könne dafür sorgen, dass sein öffentlicher Schlüssel nur den mit der Öffnung der Angebote betrauten Personen zugänglich sei[54]. Dies ist wenig sinnvoll, weil einerseits der öffentliche Schlüssel per definitionem jedermann bekannt ist, ja sogar zwingend bekannt sein *muss*, wenn seinem Inhaber eine verschlüsselte Nachricht zugesandt werden soll, und weil andererseits der öffentliche Schlüssel des Empfängers zur Entschlüsselung nicht mehr benötigt wird. Gemeint ist vermutlich, statt dessen solle der „private" Schlüssel unter Verschluss gehalten werden, nämlich nur Befugten zugänglich sein. Dies ist aber ohnehin eine Selbstverständlichkeit. Im Kern läuft der Vorschlag EBERSTEINS darauf hinaus, dass der Bieter dem Auftraggeber vertrauen muss, dass dieser die Angebote nicht vor Fristablauf zur Kenntnis nimmt. Nach demselben Prinzip ist die „Sicherung" beim Öffnungsassistenten ÖFA im Rahmen der Vergabeplattform des Bundes *evergabe-online.de* und bei Vergabe@Net der *Administration Intelligence AG*[55] gelöst: Dort ist die Angebotsöffnung mehreren Personen gemeinsam übertragen, die einander kontrollieren (4-Augen-Prinzip). Alle diese Vorschläge stellen rein organisatorische, aber keine technischen Sicherungsmaßnahmen dar, weil die mit der Öffnung betrauten Personen auch vor dem vorgesehenen Zeitpunkt gemeinsam versuchen könnten, auf die Inhalte zuzugreifen.

Auch die Übertragung der Kontrolle und der Schutzvorkehrungen auf Software als „übergeordnete Instanz" verspricht keinen erheblichen Sicherheitsgewinn, denn diese Software muss einerseits parametrisiert, also auf den jeweils zu vergebenden Auftrag angepasst und andererseits auch gewartet werden. Für beide Aufgaben muss wieder ein Administrator in der Lage sein, Einfluss auf den Programmablauf zu nehmen. Es bleibt dann dabei, dass eine bestimmte Person maßgeblich den zeitlichen Ablauf beeinflussen kann.

Unabhängig von diesen Sicherheitslücken haben alle internen, organisatorischen Maßnahmen des Auftraggebers gemeinsam, dass der Auftraggeber sie den Bietern erläutern muss, damit diese Vertrauen in die Sicherheit des Systems fassen und sich am noch ungewohnten elektronischen Verfahren beteiligen. Die Bieter haben jedoch in der Regel keinen Einblick in die Dienstanweisungen, die für die Sachbearbeiter des Auftraggebers gelten. Sie haben nur eingeschränkte Möglichkeiten zu

---

Schutzverletzungen verantwortlich sind.

[54]Daub/Eberstein-*Eberstein*, Abschnitt 1, § 21 Rdn. 19c. Dort heißt es weiter, der Auftraggeber müsse zur Entschlüsselung eines Angebotes *den privaten Schlüssel des Bieters entschlüsseln* (!).

[55]Hierzu *Thome/Bieber*, S. 107.

prüfen, inwieweit die Versprechungen tatsächlich eingehalten werden. Auf eigene Behauptungen des Auftraggebers vertrauen zu müssen, wird für die Bieter dabei wenig befriedigend sein. Nun ist ein Mindestmaß an Vertrauen ohnehin essentielle Voraussetzung eines erfolgreichen Vertragsabschlusses zwischen Bieter und öffentlichem Auftraggeber. Jedem Bieter ist bewusst, dass der Auftraggeber oder von diesem beauftragte Personen (spätestens) bei der Wertung den Inhalt der Angebote zur Kenntnis nehmen. Ein Bieter, der dem Auftraggeber nicht vertraut, wird kein Angebot einreichen. Dennoch ist nach aller Erfahrung das Prozedere eines Vergabeverfahrens den Bietern oft nicht im Detail bekannt, insbesondere die Entscheidungsfindung ist wenig transparent und wird in der Praxis häufig angezweifelt[56].

Es muss nochmals betont werden, dass jeder Einsatz von Technik durch entsprechende organisatorische Maßnahmen flankiert werden muss. Schwächen auf der einen Seite können durch eine entsprechende Verstärkung der anderen Seite bis zu einem gewissen Grade ausgeglichen werden. Interne organisatorische Maßnahmen des Auftraggebers haben jedoch den Nachteil, dass sie den Bietern keine nachprüfbare Sicherheit verschaffen: Sie sind allein auf die Aussagen ihres Kommunikationspartners angewiesen. Hierin liegt freilich kein Unterschied zum herkömmlichen Vergabeverfahren, bei dem die Sicherung der eingegangen Angebote allein durch organisatorische Maßnahmen erfolgt. Im Bereich moderner IuK-Techniken wird der öffentlichen Verwaltung jedoch häufig die nötige Kompetenz abgesprochen, so dass aus der Sicht der Bieter organisatorische Maßnahmen wenig zur Steigerung des unterstellten Sicherheitsniveaus beitragen.

c) Einbeziehung Dritter. Neben den unmittelbar Beteiligten (Sender, Empfänger) können auch Dritte in den Kommunikationsprozess einbezogen werden. Dies ist bei modernen kryptographischen Funktionen und Diensten bereits der Fall, wenngleich auf einer rein technischen Ebene: Public-key-Systeme, Grundlage elektronischer Signaturen und asymmetrischer Verschlüsselungsverfahren, setzen den Einsatz vertrauenswürdiger Dritter voraus. So bezieht die elektronische Signatur ihre Glaubwürdigkeit daraus, dass ein neutraler Dritter durch ein Zertifikat die Zugehörigkeit eines elektronischen Schlüssels zu einer bestimmten natürlichen Person bestätigt. Die Abfrage der Informationen von diesem Dritten erfolgt automatisiert durch entsprechende technische Protokolle.

Neben solchen rein technischen Instanzen (etwa Server) können auch Personen und Institutionen beteiligt werden. So können Dritte die Sicherheitsmaßnahmen des Auftraggebers prüfen und bewerten. Ein im Gesetzgebungsverfahren unterbrei-

[56] Aufgrund der großen Verbreitung rechtswidriger Vergabemotive häufig zu recht, vgl. oben, S. 3.

teter, entsprechender Vorschlag aus der Wirtschaft (vgl. oben, S. 66) war von der Kommission zurückgewiesen worden (oben, S. 70). Erfahrungen aus anderen Bereichen zeigen jedoch, dass Prüfungsergebnisse neutraler Institutionen glaubwürdiger wirken als eigene Behauptungen des Betroffenen, Sicherheit zu gewährleisten[57]. Im Umwelt[58]- und Datenschutzbereich[59] hat sich mit dem Instrument des *Audits* in jüngerer Zeit eine Form der externen Untersuchung und Akkreditierung von Sicherheitsmaßnahmen etabliert, deren Erfolg bestätigt, dass Unternehmen und Einrichtungen, die in sicherheitsrelevanten Bereichen tätig sind, die durch externe Gutachter vermittelte Glaubwürdigkeit schätzen.

Neben einer solchen rein prüfenden Rolle könnten Dritte aber auch aktiv in den Nachrichtenaustausch eingeschaltet werden. Soll verhindert werden, dass Mitarbeiter des Auftraggebers verfrüht Kenntnis vom Inhalt der Angebote erhalten, liegt die Lösung nahe, diese Daten bis zum Eröffnungszeitpunkt ganz oder teilweise durch einen Dritten verwahren zu lassen. Der Dritte kann beispielsweise als Empfangsstelle für die einzureichenden Angebote dienen oder bestimmte Zusatzinformationen zurückhalten, ohne die die Angebote nicht gelesen werden können. In beiden Fällen dürfte der Dritte die von ihm verwahrten Daten erst mit Ablauf der Angebotsfrist an den endgültigen Empfänger weitergeben. Diese Funktion könnte gut von einer Vergabeplattform wahrgenommen werden und ist bereits heute bei dem elektronischen Vergabeinformations-System ELVIS[60] im Einsatz.

Weder das noch geltende Recht noch die Richtlinien stellen zwingend auf den rechtzeitigen Eingang der Angebote beim Auftraggeber ab, sondern gestatten die Einbeziehung Dritter als Empfangsstelle. Für die Rechtzeitigkeit des Eingangs ist dann der Zugang bei der Empfangsstelle maßgeblich. Daher besteht nicht die Gefahr, dass bei einer verzögerten Weitergabe der gesammelten Angebote von der Empfangsstelle zum Auftraggeber die Angebote als verspätet behandelt werden. Maßgeblich für die Verwertbarkeit eines Angebots ist nach der VOB, ob es dem Verhandlungsleiter bei Öffnung des ersten Angebots vorgelegen hat (§ 21 Nr. 1 VOB/A). Hier kann sichergestellt werden, dass alle gesammelten Daten gleichzeitig an den Auftraggeber weitergeleitet werden. Die VOL stellt auf den rechtzeitigen Eingang bei der für den Empfang zuständigen Stelle, hier also dem Dritten ab.

---

[57] Im Datenschutzbereich statt vieler *Roßnagel*, Datenschutzaudit, S. 122; für den Umweltbereich *Hellenthal*, S. 110.

[58] Hierzu das Gesetz zur Ausführung der Verordnung (EWG) v. 29. Juni 1993 des Rates über die freiwillige Beteiligung gewerblicher Unternehmen an einem Gemeinschaftssystem für das Umweltmanagement und die Umweltbetriebsprüfung (Umwelt-Audit-Gesetz – UAG) v. 07.12.1995 (BGBl. I S. 1591).

[59] Vgl. § 9a BDSG.

[60] `www.subreport-elvis.de`.

Welches Maß an Sicherheit durch die Einbeziehung eines Dritten in das Verfahren gewonnen werden kann, hängt von der Person des Dritten ab und davon, wie die vertraglichen und sonstigen Beziehungen zwischen dem Dritten und den Beteiligten des Vergabeverfahrens beschaffen sind. Bestimmte Berufsgruppen sind mit dem treuhänderischen Verwahren von Gegenständen oder Informationen für andere befasst, namentlich Rechtsanwälte und Notare. Ihnen wird in der Regel besonderes Vertrauen entgegengebracht[61].

III. Bewertung

Ein allein durch technische Mittel realisierter Schutz vor verfrühter Kenntnisnahme lässt sich – nach heutigem Kenntnisstand – nur mit den Funktionen des *Trusted Computing* gewährleisten. Diese Technik befindet sich noch in der Entwicklung, sie ist noch nicht allgemein verbreitet. Hierauf basierende Lösungen für die Praxis werden daher zumindest so lange noch mit erheblichen Kosten verbunden sein, bis sich entsprechende Lösungen auf dem Markt etabliert haben. Um dem Ziel der Richtlinie, dem elektronischen Vergabewesen zum Durchbruch zu verhelfen, gerecht zu werden, müssen daher zumindest für einen Übergangszeitraum andere Ansätze verfolgt werden.

Dritte in den Vergabeprozess einzubeziehen, kann nicht nur einen verfrühten Zugriffs des Auftraggebers auf die Angebote erschweren oder ausschließen, sondern bietet noch weitere Vorteile für beide Seiten, nämlich Arbeitsentlastung für den Auftraggeber und für den Bieter eine nachvollziehbare Sicherung vor dem verfrühten Zugriff des Auftraggebers. Welche Dritten hierfür in Frage kommen und wie die wechselseitigen Beziehungen Auftraggeber – Bieter – Dritter ausgestaltet sein müssen, soll unten näher untersucht werden (S. 187 f.).

C. Nachweisbarkeit einer verfrühten Kenntnisnahme

Die Richtlinien beschränken sich nicht auf das schlichte Verbot an den Auftraggeber, die Angebote vor dem festgelegten Zeitpunkt einzusehen, sondern verlangen zusätzlich, dass die verwendeten technischen Mittel gewährleisten müssen, dass es bei einem Verstoß gegen dieses Zugangsverbot (also: das Verbot, vor dem festgelegten Zeitpunkt Zugang zu den Daten zu haben) als sicher gelten kann, dass der Verstoß sich eindeutig aufdecken lässt (Anhang X lit. d BLD-Richtlinie bzw. Anhang XXIV lit. d Sektoren-Richtlinie).

Im herkömmlichen Vergabeverfahren sind die Angebote durch Briefumschläge vor unbefugter Kenntnisnahme geschützt. Der bloße Zugang zu den *Umschlägen* ist dabei insoweit unschädlich, als dabei der Inhalt der Angebote noch nicht erkennbar

[61] Zu der Einbeziehung Dritter eingehend unten, S. 187.

wird (allerdings möglicherweise der Umstand, wer ein Angebot abgegeben hat, wenn die Umschläge Absenderangaben tragen). Die Vertraulichkeit ist erst dann bedroht, wenn ein Unbefugter Zugang auch zum *Inhalt* der Umschläge hatte. Ob dies der Fall war, ist bis zur planmäßigen Eröffnung des Umschlages an dessen Zustand erkennbar.

Im digitalen Kontext besteht diese Möglichkeit nicht, weil die rein elektronisch vorliegenden Daten beliebig gelesen werden können, ohne dass dies irgendwelche Spuren hinterlassen würde. Sind die Daten bereits auf einem Speichermedium abgelegt, können Protokollfunktionen Aufschluss darüber geben, ob ein Lesezugriff auf die Daten erfolgt ist. Dies ist allerdings nur bei unverschlüsselten Daten gleichbedeutend mit der Erkenntnis, dass die Daten auch inhaltlich zur Kenntnis genommen wurden[62]. Auch während der Übertragung der Daten über das Internet kann prinzipiell nicht ausgeschlossen werden, dass jemand die Daten „mithört" und eine ggf. vorhandene Verschlüsselung bricht. Ein Nachweis hierfür kann nicht erbracht werden. Verschlüsselung bietet einen rein passiven Schutz. Der Nachweis einer Kompromittierung erfordert dagegen eine aktive Komponente; hierfür ist keine Technik bekannt.

[62] *Kurth*, S. 97. Genau genommen lässt sich auch bei verschlüsselten Daten nur erkennen, ob jemand die *Möglichkeit* hatte, die Daten zur Kenntnis zu nehmen; ob eine Kenntnisnahme tatsächlich erfolgt ist oder die Daten zwar durch ein Programm ausgelesen, aber nicht in lesbarer Form auf dem Bildschirm angezeigt wurden, ist damit nicht erwiesen – eine nicht nur rein akademische Differenzierung: So ist im Bereich technischer Kopierschutzvorkehrungen der „sportliche Ehrgeiz" des Täters oft mit der Überwindung der Sicherheitsmaßnahme befriedigt, eine inhaltliche Nutzung des (dann nicht mehr) geschützten Werkes durch ihn selbst findet dann nicht statt. Allerdings können „Trittbrettfahrer" von der Entfernung der Schutzmaßnahmen profitieren; vgl. *Guggemos*, S. 187.

§ 11. Authentizität und Integrität

A. Authentizität und Integrität im digitalen Kontext

Beide Parteien einer Kommunikationsbeziehung haben ein rechtlich geschütztes Interesse daran, dass gesendete Mitteilungen nicht durch Unbefugte verändert werden können. Dies gilt im alltäglichen Rechtsverkehr nicht anders als im Vergabeverfahren. Der Bieter möchte verhindern, dass ein Konkurrent ihm ein unrichtiges Angebot „unterschiebt", indem er es unter seinen Namen einreicht – etwa ein zweites, niedrigeres Angebot[1] oder den Widerruf eines Angebotes. Andererseits muss der Auftraggeber die Bieter an ihren eingereichten Angeboten festhalten können; hiermit wäre nicht zu vereinbaren, wenn ein Anbieter die Echtheit eines auf seinen Namen lautenden Angebots abstreiten könnte mit dem Argument, das Angebot sei ohne sein Zutun verfälscht worden oder stamme überhaupt nicht von ihm. Es besteht also Bedarf nach einer Methode, nachweisen zu können, ob eine bestimmte Erklärung mit ihrem gegenwärtigen Inhalt von einem bestimmten Urheber stammt.

Im herkömmlichen Rechtsverkehr bieten papiergebundene Urkunden eine Reihe von Merkmalen, anhand derer ihre Echtheit beurteilt werden kann (vgl. oben, S. 138), etwa das verwendete Briefpapier mit einem Firmenlogo. Wichtigstes Merkmal ist aber die Unterschrift des Ausstellers[2]. Im Zivilprozess begründen Privaturkunden, die von den Ausstellern unterschrieben sind, vollen Beweis dafür, dass die in ihnen enthaltenen Erklärungen von den Ausstellern abgegeben sind (§ 416 ZPO). Entsprechend verlangen die Vergabevorschriften (für die herkömmliche Vergabe) die Einreichung schriftlicher und unterzeichneter Angebote[3].

Briefpapier und handschriftliche Unterschrift stehen bei digitalen Daten nicht zur Verfügung, weil es an einem körperlichen Substrat fehlt. Schon während der Übertragung über das Internet, aber auch nach Eingang beim Empfänger können die Daten – wenn keine besonderen Sicherungsmaßnahmen ergriffen werden – unschwer manipuliert werden, ohne dass dabei Spuren hinterlassen würden. Gefälscht werden kann insbesondere die Absenderadresse von E-Mails: Ein Absender kann sich hinter einer „Maskerade" verstecken und unter fremdem Namen E-Mails

[1] In der Praxis dürfte dies kaum je vorkommen.
[2] *Wendtland* in Bamberger/Roth, § 126 Rdn. 6f.
[3] § 21 Nr. 1 Abs. 1 S. 1 VOB/A, § 21 Nr. 1 Abs. 2 VOL/A.

verschicken[4]. Zur Sicherstellung von Authentizität (Identität des Urhebers) und Integrität (Unverfälschtheit und Unversehrtheit des Inhalts) digitaler Daten[5] sind daher technische Sicherungsmechanismen erforderlich. In Betracht kommen insbesondere PIN/TAN-Verfahren oder elektronische Signaturen.

B. PIN/TAN-Verfahren

Beim PIN/TAN-Verfahren erfolgt die Authentifizierung des Erklärenden gegenüber dem Erklärungsempfänger durch geheimes Wissen. Der Empfänger weist dem Absender ein geheimes Kennwort (Persönliche Identifikationsnummer, PIN) zu, jede einzelne Nachricht wird zudem durch einen nur einmal zu verwendenden, im Vorhinein vereinbarten Code (Transaktionsnummer, TAN) autorisiert. Der Empfänger kann aus der Verwendung einer gültigen PIN in Verbindung mit einer noch nicht verbrauchten TAN darauf schließen, dass die Nachricht von demjenigen stammt, dem PIN und TAN zuvor zugewiesen und mitgeteilt wurden. Weit verbreitet ist die Authentifizierung durch PIN/TAN heute noch im Bankverkehr (Online-Banking).

Zentrale Anbieter für PIN/TAN fehlen. Jedes Unternehmen, das dieses Verfahren zur Identifizierung von Kommunikationspartnern (insbesondere Kunden) verwendet, setzt daher ein eigenes Verfahren ein. Für die elektronische Auftragsvergabe bedeutet dies, dass sich jeder Bieter vor einer Teilnahme an einer Ausschreibung beim Auftraggeber anmelden und eine individuelle Kennung erhalten muss. Dieser – auch zeitliche – Aufwand ist im Verhältnis zu sehen mit der Zahl von Aufträgen, die der Auftraggeber vergeben wird und die für den einzelnen Bieter interessant sind. Handelt es sich nur um wenige Aufträge, ist der Aufwand unverhältnismäßig hoch und kann sowohl den Auftraggeber als auch die potentiellen Bieter davon abhalten, etwa eigens für einen einzigen Auftrag die Anmeldeprozedur zu durchlaufen, nur um dann das Angebot selbst in elektronischer Form abgeben zu können. Dieser Aufwand mag bei Plattformen weniger ins Gewicht fallen, wenn nach einer zentralen Anmeldung Ausschreibungen mehrerer Auftraggeber zugänglich sind.

Damit gewährleistet ist, dass die Zugangsdaten nur dem berechtigten Empfänger bekannt werden, müssen diese über einen sicheren Kanal übertragen werden. Im Verkehr der Banken mit privaten und gewerblichen Kunden werden PIN und TAN getrennt per Post verschickt. Eine sichere *elektronische* Übertragung ist möglich, erfordert aber die Verschlüsselung der Daten. Zudem muss vor Beginn der mit PIN und TAN abgesicherten Kommunikation die Identität des Kunden oder Bieters bestätigt werden, damit der Empfänger das geheime Wissen zuverlässig ei-

[4] *Mankowski*, S. 2823.
[5] *Engel-Flechsig/Maennel/Tettenborn*, S. 29.

ner bestimmten Person zuzuordnen vermag. Eine Erleichterung der Authentifizierung von Nachrichten gegenüber elektronischen Signaturen (dazu sogleich) ist mit PIN/TAN-Verfahren daher nicht verbunden; zudem bestehen Sicherheitsbedenken, erst recht gegenüber Autorisierungsverfahren, die nur auf schlichten Passworten beruhen[6]. Im folgenden sollen daher nur elektronische Signaturen näher dargestellt werden.

C. Elektronische Signaturen

I. Mathematische Grundlagen

In einfacher Form könnte eine Authentifizierung mittels asymmetrischer Verschlüsselung erfolgen. Wenn man unterstellt, dass nur der Absender einer Nachricht über das ihm zugewiesene Schlüsselpaar verfügt, reicht es aus, dass der Absender die Nachricht mit seinem privaten Schlüssel verschlüsselt. Der Empfänger versucht, den Chiffretext mit dem öffentlichen Schlüssel des angeblichen Absenders zu entschlüsseln. Gelingt dies, steht fest, dass die Nachricht vom Inhaber des betroffenen Schlüsselpaares stammt. Diese Vorgehensweise ist jedoch unzweckmäßig, weil jeder Text stets in verschlüsselter Form übertragen werden müsste, auch dann, wenn lediglich seine Authentizität belegt werden soll, jedoch kein Bedarf besteht, den Inhalt geheimzuhalten. Zudem ist die Verschlüsselung längerer Texte mit erheblichem Rechenaufwand verbunden und verzögert damit die Kommunikation. In der Praxis wird daher nicht die Nachricht selbst verschlüsselt, sondern nur eine eindeutige „Kurzfassung“ derselben, eine Repräsentation der Nachricht. Hierzu dienen sogenannte Hash-Funktionen, die aus einem Text beliebiger Länge einen *message digest* fester Länge erzeugen, der (im Idealfall[7]) für jede Nachricht einzigartig ist. Dieselbe Nachricht erzeugt immer wieder den selben *digest*; zwei Nachrichten, die sich auch nur geringfügig unterscheiden, ergeben einen völlig unterschiedlichen Hashwert[8]. Der erzeugte Hashwert wird mit dem privaten Schlüssel des Signators verschlüsselt. Auf diese Weise wird der Originaltext durch den verschlüsselten Hashwert dem Signator zugeordnet.

Je nach eingesetztem Verfahren hat der Hashwert unterschiedliche Länge, meist zwischen 128 und 512 Bits. Der *digest* wird der zu authentifizierenden Nachricht als sog. *message authentication code* (MAC) beigefügt. Damit ein Angreifer nicht den *digest* austauschen kann, wird der MAC mit dem privaten Schlüssel des Absenders

[6] *Borges*, Rechtsfragen des Phishing, S. 3316 f.

[7] Wegen der begrenzten Länge des Hashwertes ist es möglich, dass zwei unterschiedliche Texte denselben Hashwert ergeben (Kollision).

[8] *Burnett/Paine*, S. 180.

verschlüsselt[9], also mittels eines asymmetrischen Verfahrens[10]. Der Empfänger entschlüsselt den MAC und vergleicht ihn mit dem von ihm selbst aus der Nachricht errechneten Hashwert. Sind beide Werte identisch, kann der Empfänger folgende Schlussfolgerungen ziehen[11]:

- Er kann sicher sein, dass die Nachricht nicht verändert wurde (Integritätsnachweis). Wird nämlich die Nachricht verändert, aber nicht der MAC, stimmen MAC und berechneter Hashwert der gefälschten Nachricht nicht mehr überein.
- Er kann weiter sicher sein, dass die empfangene Nachricht vom angegeben Absender stammt, denn nur dieser verfügt über den erforderlichen Schlüssel (Authentizitätsnachweis).

Mathematisch sichere Hash-Funktionen gibt es nicht. Tatsächlich gibt es zu jeder beliebigen Nachricht mit einem bestimmten Hashwert *unendlich viele* Nachrichten mit gleichem Hashwert, aber anderem Inhalt. Dies erklärt sich dadurch, dass der Hashwert abhängig von der verwendeten Länge nur eine endliche Zahl von verschiedenen Werten annehmen kann, während die Nachricht beliebige (insbesondere: beliebig große) Länge haben kann[12]. In der Praxis ist es jedoch sehr schwer, zu einer gegebenen Nachricht eine weitere Nachricht mit gleichem Hashwert zu finden. Noch schwieriger ist dies, wenn die nachgebildete Nachricht sinnvollen Inhalt haben soll, gar einen solchen, der zudem die formalen Anforderungen eines Vergabeverfahrens erfüllt[13]. Hashfunktionen können daher nicht kollisions*frei* sein, aber sie müssen kollisions*resistent* sein in dem Sinne, dass es praktisch unmöglich (wirtschaftlich unverhältnismäßig) ist, eine Kollision zu finden[14].

Eng damit verbunden ist eine weitere Anforderung: Die Hashfunktionen müssen *Einwegcharakter* haben, d.h. es muss unmöglich sein, allein aus einem gegebenen Hashwert die dazugehörige Nachricht zu finden. Andernfalls könnte man eine signierte Nachricht fälschen, indem man eine andere Nachricht mit gleichem Hashwert erzeugt[15].

---

[9] *Frye/Pordesch*, S. 73.

[10] *Brisch/Brisch* in Hoeren/Sieber, Nr. 13.3, Rdn. 12.

[11] *Stallings*, S. 74.

[12] *Dobbertin*, S. 82.

[13] Weiter erschwert wird die Suche nach „kollidierenden" Nachrichten dadurch, dass in der Praxis in der Regel nicht schlichte Texte im ASCII-Format verschickt werden, sondern Nachrichten in einem definierten Format, etwa dem verbreiteten PDF-Format von Adobe (Acrobat). Hier muss die kollidierende Nachricht zusätzlich der Formatdefinition entsprechen, andernfalls tritt beim Lesen der manipulierten Nachricht ein Fehler auf.

[14] *Dobbertin*, S. 82.

[15] *Stallings*, S. 77; *Pieprzyk/Hardjono/Seberry*, S. 243f; *Dobbertin*, S. 83.

Im Rechtsverkehr mit signierten Dokumenten besteht ein Angriffs-Szenario darin, dass ein Angreifer versucht, eine von ihm verfasste Nachricht mit der digitalen Unterschrift eines Dritten zu versehen, um diesem das Dokument „unterzuschieben". So könnte im Vergabeverfahren ein Bieter versuchen, sich als ein Mitbewerber auszugeben und in dessen Namen eingereichte Angebote zu widerrufen. Ein anderes Szenario besteht darin, dass der Absender einer signierte Nachricht später behauptet, die Nachricht stamme nicht von ihm. In beiden Fällen muss der „Angreifer" eine Nachricht finden, die durch denselben Hashwert repräsentiert wird wie die ausgetauschte bzw. ersetzte Nachricht (also eine mit der Originalnachricht „kollidierende" zweite Nachricht).

Jede Hashfunktion erzeugt aus einem beliebig langen Nachrichtentext eine mehr oder weniger lange Repräsentation. Je weniger Bit lang der Hashwert ist, desto weniger darstellbare Hashwerte gibt es. Es leuchtet daher unmittelbar ein, dass Algorithmen mit zu kurzer Hashlänge gegenüber solchen Angriffen verwundbar sind, in denen alle möglichen Nachrichten durchprobiert werden (brute force), bis eine gefunden ist, deren Hashwert dem gesuchten Wert entspricht. In der Praxis wird dieses Risiko dadurch vermindert, dass nicht jeder so gefundene Text auch inhaltlich sinnvoll ist oder gar den (formalen und rechtlichen) Anforderungen des Vergabeverfahrens genügt.

II. Rechtliche Rahmenbedingungen

1. Public Key-Infrastruktur

Der Einsatz elektronischer Signaturen basiert auf asymmetrischer Verschlüsselung und setzt damit voraus, dass der Empfänger einer Nachricht den zugehörigen Schlüssel des Absenders kennt. Damit der Empfänger diese Daten nicht bei jedem Erstkontakt beim Absender abfragen muss, der möglicherweise nicht immer zu erreichen ist, werden die öffentlichen Schlüssel in Datenbanken auf allgemein zugänglichen Schlüsselservern hinterlegt.

Eine besondere Anforderung bei der Schlüsselverwaltung für die Signaturprüfung liegt jedoch in den gesteigerten Sicherheitsanforderungen: Bei der Nachrichtenverschlüsselung führt ein in der Schlüsseldatenbank falsch eingetragener Schlüssel im schlimmsten Fall dazu, dass der Empfänger die Nachricht nicht entschlüsseln kann, weil der abgefragte Schlüssel „nicht passt". Dies bemerkt der Empfänger sofort, weil die Entschlüsselung keinen sinnvollen Text ergibt. Anders bei der Schlüsselverwaltung für die Signatur: Ist hier ein Schlüssel falsch gespeichert, können Nachrichten nicht zutreffend ihrem Absender zugeordnet werden. Der Absender könnte dann nicht nachweisen, eine bestimmte Nachricht wirklich abgesendet zu haben; entsprechend kann der Empfänger den Absender nicht verbindlich an seiner

Erklärung festhalten. Schlimmer noch wäre es, wenn einem Schlüsselinhaber eine fremde Nachricht untergeschoben werden könnte. Das Vertrauen, das durch die elektronische Signatur gewährleistet werden sollte, wäre erschüttert.

Der sichere Einsatz digitaler Signaturen setzt daher voraus, dass der öffentliche Schlüssel und der Inhaber einander eindeutig zugeordnet werden können. Diese Zuordnung kann nur eine von beiden unabhängige Instanz vornehmen, ein „vertrauenswürdiger Dritter“[16]. Diese Funktion wird von Zertifizierungsstellen wahrgenommen (*Certification Authority*, CA)[17]. Diese Instanz bestätigt die Zusammengehörigkeit einer Identität mit einem Schlüssel durch ein Zertifikat, das mit ihrem eigenen Schlüssel signiert ist. Der öffentliche Schlüssel dieses Zertifikats kann wiederum selbst durch eine übergeordnete Stelle bestätigt werden; so ergeben sich Hierarchien, an deren Spitze eine Stelle steht, der alle untergeordneten Stellen vertrauen[18]. Eine solche Hierarchie wird public key-Infrastruktur (PKI) genannt.

2. Vertretungsbefugnis des Zertifikatsinhabers

Während handschriftliche Unterschriften stets von natürlichen Personen stammen, beziehen sich Signaturen und die ihnen zugrundeliegenden Zertifikate in technischer Hinsicht nicht notwendig auf natürliche Personen. Nach deutschem Recht sind Zertifikate jedoch natürlichen Personen zugewiesen und bestätigen die Zuordnung eines Schlüssels zu einer bestimmten Person und deren Identität (§ 2 Nr. 6 SigG). Auch der „Signaturschlüssel-Inhaber“ kann nur eine natürliche Person sein, § 2 Nr. 9 SigG[19].

Wenn der Signator nicht für sich selbst, sondern für ein Unternehmen oder eine Behörde handelt, muss seine Vertretungsberechtigung geprüft werden. Signaturen unterstützen dies eingeschränkt mittels sogenannter Attributzertifikate[20], die neben dem Vor- und Nachnamen des Inhabers auch Angaben zu der Organisation enthalten, für die der Zertifikatsinhaber tätig ist (vgl. § 5 Abs. 2 SigG). Die Berechtigung eines Antragstellers, für die von ihm angegebene Organisation zu zeichnen, wird von den Zertifizierungsdiensteanbietern anhand des Handelsregisters oder einer Gewerbeanmeldung sowie einer gesondert zu unterzeichnenden Firmenzugehörigkeitsbescheinigung geprüft. Erlischt die Vertretungsberechtigung bzw. die Tätigkeit für die genannte Organisation, kann nicht nur der Zertifikatsinhaber, sondern auch ein sperrberechtigter Dritter die Sperrung des Zertifikats veranlassen, § 8 Abs. 2 SigG.

[16] *Roßnagel*, SigG, Einl Rdn. 19.
[17] *Kossel*, S. 142.
[18] *Roßnagel*, SigG, Rdn. 21.
[19] Vgl. oben, S.36.
[20] *Viefhues/Scherf*, S. 175.

Für die Zwecke der Auftragsvergabe wäre es vorteilhaft, wenn Zertifikate nicht nur auf den einzelnen Sachbearbeiter ausgestellt werden könnten, sondern auch auf die anstellende Behörde[21]. Dies ist nach deutschem Recht nicht vorgesehen. Die Lage bei elektronischen Signaturen ist damit derjenigen beim papiergebundenen Umfeld vergleichbar: Dort werden Schriftstücke nicht von der Behörde als solcher unterzeichnet – die als juristische Person schließlich auch gar nicht selbst, sondern nur durch Vertreter handeln kann – sondern von einem bestimmten Sachbearbeiter.

3. Kompatibilität mit anderen, insbesondere ausländischen Signaturen

Damit Angebote aus dem (insbesondere: europäischen) Ausland im Inland rechtlich verbindlich abgegeben werden können, muss sichergestellt sein, dass auch ausländische Signaturen im Inland überprüft werden können und – sofern gültig – akzeptiert werden. Dies folgt – neben Art. 42 BLD-Richtlinie[22] – auch unmittelbar aus der Signatur-Richtlinie, die den freien Austausch von signierten Nachrichten gewährleisten will und dazu einheitliche Anforderungen an Zertifikate, Zertifizierungsdiensteanbieter und Signaturprodukte festlegt. Die BLD-Richtlinie nimmt mehrfach auf die Signatur-Richtlinie Bezug, etwa in Erwägungsgrund 35 und 37, Art. 42 Abs. 5 lit. b und Anhang X, lit. a.

Die Nichtdiskriminierung ausländischer Zertifikate ist in den Signaturvorschriften aller EU-Mitgliedsländer und auch der EFTA-Staaten gesetzlich verankert[23]. In der Praxis wirft die technische Umsetzung dieser Vorgaben jedoch noch Schwierigkeiten auf. Bereits innerhalb eines einzelnen Staates ist nicht immer sichergestellt, dass Zertifikate unterschiedlicher Zertifizierungsdiensteanbieter miteinander kompatibel sind[24]. Ein Auftraggeber muss möglichst alle gängigen Zertifizierungssysteme unterstützen.

KULLACK/TERNER schlagen vor, der Auftraggeber solle den Bietern selbst Zertifikate ausstellen, gegebenenfalls in Zusammenarbeit mit einer Zertifizierungsstelle[25]. Dies ist rechtlich unbedenklich, wenn hierfür keine überhöhten Kosten berechnet werden; allerdings sollten die erworbenen Zertifikate auch anderweitig verwendet werden können. In der Praxis wird ein eigenes System jedoch nur dann Erfolg haben, wenn dieses System wiederum zu den Systemen anderer Auftraggeber kompatibel ist oder derjenige Auftraggeber, dessen eigenes System genutzt wird, ein so hohes Auftragsvolumen bietet, dass die Beteiligung am System für die Bieter wirtschaftlich vorteilhaft ist. Bei zentralen Beschaffungsstellen oder Vergabeplatt-

---

[21] *Marbaise*, S. 120.
[22] Vgl. hierzu oben, S. 76.
[23] *Dumortier* et al., S. 7.
[24] *Viefhues/Scherf*, S. 175.
[25] *Kullack/Terner*, EU-Legislativpaket, Teil 2, S. 347.

formen erscheint dies eher wahrscheinlich als bei einzeln handelnden Auftraggebern.

4. Haltbarkeit der Signatur

Die Signierung der ausgetauschten Dokumente, insbesondere der Angebote soll in erster Linie dem Auftraggeber ermöglichen, die Bieter an ihren Geboten festzuhalten. Hierin erschöpft sich jedoch noch nicht die Bedeutung der Möglichkeit, Inhalt und Urheber eines Dokumentes rechtsverbindlich feststellen zu können. Vielmehr besteht auch nach Erteilung des Zuschlags und selbst nach Beendigung des vertraglichen Leistungsaustausches ein Bedürfnis nachweisen zu können, dass ein bestimmtes elektronisches Dokument authentisch und unverändert ist. Öffentliche wie private Stellen sind zur Dokumentation ihres Handelns verpflichtet: Im zivilrechtlichen Bereich regeln §§ 257 HGB, 147 AO die Aufbewahrung von Geschäftsunterlagen für bilanz- und steuerrechtliche Zwecke, die Aufbewahrungsdauer beträgt bis zu 10 Jahre (§ 257 Abs. 4 HGB). Hinzu kommt, dass während laufender Gewährleistungsfristen für die im Wege der Auftragsvergabe abgeschlossenen Verträge beide Parteien daran interessiert sind, alle Umstände des Vertrages durch Unterlagen dokumentieren zu können. Hierfür sind die Unterlagen bis zu 5 Jahre aufzubewahren (§ 634a Abs. 1 Nr. 2 BGB für Gewährleistung bei Werkleistungen an Bauwerken, in der Regel durch § 13 Nr. 4 Abs. 1 VOB/B verkürzt auf 4 Jahre).

Die Pflicht zur Aktenführung der öffentlichen Verwaltung folgt aus dem Rechtsstaatsprinzip, das die Behörde auch verpflichtet, ihre Handlungen zu dokumentieren, damit eine nachprüfbare und nachvollziehbare Grundlage für die Verwaltungsentscheidungen besteht[26]. Mehrere Rechtsverordnungen bestimmen Aufbewahrungsfristen für Akten in Bundes- und Landesbehörden, dabei gelten Aufbewahrungsfristen zwischen 5 und 30 Jahren (§ 18 Abs. 1 b der Niedersächsischen Aktenordnung: 30 Jahre; regelmäßig 5 Jahre nach der Aktenordnung für die schleswig-holsteinische Landesverwaltung). Im Vergabeverfahren im Sektorenbereich sind nach § 33b Nr. 1 Abs. 2 VOB/A bzw. § 30b Nr. 1 Abs. 2 VOL/A sachdienliche Unterlagen über jede Auftragsvergabe mindestens vier Jahre lang aufzubewahren; damit soll die Überprüfung der Vergabeentscheidung durch die Europäische Kommission ermöglicht werden[27]. Abgesehen von dieser Detailregelung kann der Auftraggeber nach eigenem Ermessen entscheiden, wie lange die Unterlagen verwahrt werden sollen[28].

Handschriftliche Unterschriften büßen durch Zeitablauf nichts von ihrer Beweiskraft ein. Sofern das Papier unbeschädigt bleibt und die Tinte nicht ausbleicht,

[26] *Schreiber*, S. 176.
[27] *Portz* in Ingenstau/Korbion, § 33b VOB/A Rdn. 2.
[28] *Schäfer* in Motzke/Pietzcker/Prieß, § 22 VOB/A Rdn. 66.

kann die Echtheit schriftlicher Verträge auch nach hunderten von Jahren überprüft werden. Eine solch lange Lebensdauer ist für elektronische Erklärungen mit Signatur im Regelfall nicht zu erwarten, weil die Signatur möglicherweise nicht mehr verifiziert werden kann: Um sie prüfen zu können, muss der Empfänger auf das zugehörige Zertifikat des Absenders zurückgreifen können. Anbieter von Zertifizierungsdiensten müssen diese Zertifikate bei qualifizierten Signaturen längstens 5 Jahre vorhalten, akkreditierte Anbieter immerhin 30 Jahre[29]. Da alle derzeit in Deutschland tätigen Anbieter von Zertifizierungsdiensten akkreditiert sind, stehen die Zertifikate für eine Prüfung auch langfristig zur Verfügung. Allerdings basieren Signatur und Verschlüsselung auf mathematischen Algorithmen, die mit zunehmender Rechnerleistung und durch fortlaufend verbesserte kryptoanalytische Methoden ständig an Sicherheit verlieren[30]. Daher haben auch elektronische Signaturen eine begrenzte „Haltbarkeit", nach deren Ablauf nicht mehr sicher nachgewiesen werden kann, dass die Signatur zu einem bestimmten Dokument gehört. Das deutsche SigG und die SigV sehen daher vor, dass Daten mit einer qualifizierten elektronischen Signatur nach § 6 Abs. 1 Satz 2 SigG neu zu signieren sind, wenn diese für längere Zeit in signierter Form benötigt werden, als die für ihre Erzeugung und Prüfung eingesetzten Algorithmen und zugehörigen Parameter als geeignet beurteilt sind (§ 17 SigVO). Der Zertifizierungsdiensteanbieter muss seine Kunden auf das Erfordernis einer Neusignierung hinweisen (§ 6 Abs. 1 S. 2 SigG).

Die Neusignatur muss dabei nicht notwendig vom ursprünglichen Signator angelegt werden, sondern kann von jedermann vorgenommen werden, der an der fortbestehenden Rechtssicherheit ein Interesse hat[31]. So kann auch der Auftraggeber nach Abschluss einer einzelnen Ausschreibung für alle bei ihm eingegangenen Gebote in regelmäßigen Abständen neue Signaturen erzeugen, um so deren Inhalt weiter eindeutig nachweisen zu können.

Eine „Neusignierung" ist bei großen Datenbeständen möglicherweise mit erheblichem Aufwand verbunden. Der Aufwand lässt sich reduzieren, wenn bei der Neusignierung nicht jedes Dokument individuell signiert wird, sondern für alle Dokumente gleichzeitig eine „Sammel-Signatur" angelegt wird[32]. Dies ist zwar technisch einfach umzusetzen, hat jedoch zwei Nachteile: Zum einen müssen für die Integritätsprüfung auch einer einzigen Datei auch alle anderen Dateien noch vorliegen, die mit von der Sammelsignatur erfasst sind. Dies ist möglicherweise dann nicht mehr

[29] § 4 Abs. 1 und 2 der Verordnung zur elektronischen Signatur – SigVO – vom 16. November 2001, BGBl. I, 3074, zuletzt geändert durch Art. 2 des Ersten Gesetzes zur Änderung des Signaturgesetzes vom 4. Januar 2005, BGBl. I, 2.

[30] *Frye/Pordesch*, S. 73; *Schneider*, S. 91.

[31] Das SigG enthält hierzu keine Regelung; vgl. *Schneider*, S. 92.

[32] So *Brandner* et al., S. 98

der Fall, wenn für die verschiedenen Daten unterschiedliche Aufbewahrungsfristen gelten. Zum anderen folgt als Ergebnis einer Prüfung der Sammelsignatur entweder, dass alle Dateien unverändert sind oder dass dies nicht der Fall ist – welche der zahlreichen Dateien geändert wurde, die möglicherweise von unterschiedlichen Absendern stammen und unterschiedliche Vorgänge betreffen, lässt sich dann nicht mehr feststellen. Gerade dies ist bei Geboten verschiedener Anbieter jedoch essentiell.

Bei Aufbewahrungsfristen von 30 Jahren kommt das Problem hinzu, dass wegen der fortlaufenden Entwicklung der Hard- und Software heutige Datenformate möglicherweise in Zukunft nicht mehr gelesen werden können, weil die verwendete Software nicht mehr im Einsatz ist und keine Importfilter zur Verfügung stehen oder gar die zugrundeliegende Hardware nicht mehr im Einsatz ist. Ein Beispiel sind die bis in die 1980er Jahre gebräuchlichen $5\frac{1}{4}$–Zoll–Disketten, die heute kaum mehr gelesen werden können, weil es keine entsprechenden Laufwerke mehr gibt. Es droht der „Verlust des digitalen kulturellen Erbes"[33] – freilich ein Problem, das über das Vergaberecht hinausreicht und bei kulturell wertvollen Unterlagen auch größere Bedeutung hat. Auf übergreifenden Standards wie XML basierende Speicherformate[34] und fortgeschrittene Methoden der Langzeitarchivierung[35] reduzieren dieses Risiko.

5. Dokumentation des Eingangszeitpunkts

Mit Hilfe von Signaturen kann eine weitere Anforderung der Richtlinien erfüllt werden, nämlich die Dokumentation des Eingangszeitpunkts von Erklärungen beim Auftraggeber. Hierzu wird beim Eingang ein sogenannter *Zeitstempel* erzeugt, der aus einer Verknüpfung des Hashwerts der empfangenen Nachricht und dem aktuellen Datum gebildet und vom Empfänger signiert wird. Der Zeitstempel wird anschließend dem Absender der Nachricht übermittelt, der damit nachweisen kann, dass der signierenden Stelle das durch den Hashwert repräsentierte Dokument zu einem bestimmten Zeitpunkt vorgelegen hat (§ 2 Nr. 14 SigG).

D. Folgerung

Mit elektronischen Signaturen lassen sich Authentizität und Integrität der signierten Daten deutlich besser überprüfen, als dies bei der herkömmlichen, papiergebundenen Vergabe der Fall war. Allerdings entstehen durch den Einsatz von Signaturverfahren Kosten auch auf der Bieterseite, weil – neben der Software, die möglicherweise vom Auftraggeber gestellt werden kann – spezifische Hardware

[33] *Euler*, Abs. 3 f.
[34] Hierzu *Schüler*, S. 172 f.
[35] *Borghoff* et al., S. 3 ff; *Schreiber*, S. 183 f.

(Chipkarte, Lesegerät) erforderlich ist wie auch ein Zertifikat eines entsprechenden Diensteanbieters erworben werden muss. Auch wenn diese Kosten nicht besonders hoch erscheinen, mögen sie doch im Einzelfall insbesondere kleinere Unternehmen von der Teilnahme an einem rein elektronisch abgewickelten Verfahren abschrecken. Dieses Risiko kann vermindert werden, wenn die Bieter sich mit einer einheitlichen Signaturtechnik bei vielen verschiedenen Ausschreibungen beteiligen können. Begrüßenswert wäre es darüber hinaus, wenn die Signaturausrüstung auch außerhalb des Vergabeverfahrens genutzt werden könnte. Eine solche Nutzung ist jedoch nicht mehr Gegenstand dieser Untersuchung.

§ 12. Einbeziehung Dritter in das Vergabeverfahren

Wie oben gezeigt wurde, ist die Einbeziehung Dritter – etwa in Gestalt von Plattformen – in das Vergabeverfahren unter ökonomischen (S. 126 f.) und technischen Aspekten (dazu S. 170 f.) vorteilhaft: Zentrale Stellen können Aufträge mehrerer Auftraggeber gebündelt ausschreiben, so dass Interessenten nicht mehrere Anlaufstellen aufsuchen müssen, um sich über sie interessierende Aufträge zu informieren. Der Dritte kann den Auftraggeber von lästigen Routineaufgaben entlasten, die im Vergabeverfahren anfallen, jedoch nicht zwingend vom Auftraggeber selbst wahrgenommen werden müssen. Schließlich ermöglicht die Einbeziehung eines vertrauenswürdigen Dritten, eine verfrühte Einsichtnahme des Auftraggebers in die geheimhaltungsbedürftigen Angebote auf nachvollziehbare und technisch wenig aufwendige Art zu verhindern.

Vor einem rechtskonformen Einsatz in der Praxis müssen jedoch noch wesentliche Umstände geklärt werden. Der Themenstellung der vorliegenden Arbeit entsprechend, soll dabei die Frage im Mittelpunkt stehen, welche Personen oder Institutionen als Dritte verpflichtet werden können und wie die Vertraulichkeit der Informationen bei dem Dritten vertraglich abgesichert werden kann. Zunächst soll aber untersucht werden, ob die unterschiedlichen Plattformvarianten nach gegenwärtigem Recht und nach der Richtlinie zulässig sind.

A. Rechtlicher Rahmen

Je nach Art der Plattform werden mehr oder weniger Teilaufgaben im Vergabeverfahren vom Auftraggeber auf den Plattformbetreiber delegiert[1]. Diese Aufgaben reichen vom bloßen Zugänglichmachen der Bekanntmachung über die Entgegennahme der vertraulichen Angebote und deren Wertung bis hin zur Erteilung des Zuschlags. Nachfolgend soll untersucht werden, inwieweit die verschiedenen Plattformtypen de lege lata und de lege ferenda zulässig sind. Weitere rechtliche Probleme des Plattformeinsatzes, insbesondere die Fragen, inwieweit der Dritte die Berechtigung der Interessenten zum Empfang der Vergabeunterlagen prüfen kann und darf[2], wie der Dritte seine Tätigkeit finanzieren kann, insbesondere ob er von

[1] Zur Typisierung oben, S. 128.
[2] Vgl. oben, S. 26.

den Interessenten und Bietern eine Teilnahmegebühr verlangen kann[3] und welche kartellrechtlichen Vorgaben bei der Ausgestaltung der Plattform beachtet werden müssen[4], können hier nicht erörtert werden.

I. Bekanntmachungsplattformen

Bekanntmachungsplattformen sind sowohl nach derzeit geltendem als auch nach neuem Recht zulässig. Die einschlägigen Vorschriften des noch geltenden Rechts (vgl. § 17 Nr. 1 Abs. 1 VOB/A bzw. VOL/A) nennen zwar als Veröffentlichungsorgane für Ausschreibungen bislang lediglich Printmedien (Tageszeitungen, amtliche Veröffentlichungsblätter, Fachzeitschriften). Dennoch lässt sich das Ziel des Vergabewesens, für die zu vergebenden Aufträge im Wettbewerb den besten Anbieter zu finden, um so besser erreichen, je mehr interessierte Unternehmen von der Ausschreibung erfahren; auch die neue Richtlinie betont das Erfordernis der gemeinschaftsweiten Veröffentlichung der Bekanntmachungen (Erwägungsgrund 36). Die Veröffentlichung von Ausschreibungen im Internet kann helfen, dieses Ziel zu erreichen. Zudem ist der Auftraggeber bei der Veröffentlichung notwendig auf die Hilfe Dritter angewiesen, weil er selbst in der Regel nicht über die erforderlichen Publikationsmittel verfügt, von Informationen auf einer eigenen Internetseite abgesehen.

Eine *ausschließliche* Bekanntmachung über Bekanntmachungsplattformen ist bereits nach noch geltendem Recht nach VOB/A und VOL/A zulässig[5]; sie soll jedoch dann unzulässig sein, wenn für den Zugang zur Plattform ein Entgelt zu entrichten ist[6], da dieses – anhängig von der Höhe – Bieter davon abhalten könnte, Unterlagen anzufordern.

Die Richtlinien sehen die Veröffentlichung von Informationen zu einzelnen Ausschreibungen in elektronischer Form ausdrücklich vor. Die Auftraggeber sollen dazu „Beschafferprofile“ im Internet anlegen, in denen sie Verdingungsunterlagen und weitere Informationen veröffentlichen (Art. 35 Abs. 1 BLD-Richtlinie i.V.m. Anhang VIII Nr. 2 lit. a, Art. 41 Abs. 1 Sektoren-Richtlinie i.V.m. Anhang XX Nr. 2 lit. a). Hierzu gehören neben allgemeinen Informationen (Anschrift, Kontaktpersonen u.s.w.) auch Angaben zu laufenden und abgeschlossenen Ausschreibungen, geplanten Beschaffungen und annullierten Verfahren. Diese Informationen müssen nicht zwingend auf einem vom Auftraggeber betriebenen oder von ihm allein genutzten Server bereitstehen, sondern können auch in einem Informationsportal untergebracht werden. Art. 40 Abs. 3 BLD-Richtlinie (Art. 47 Abs. 2 Sektoren-

[3] Hierzu *Weyand*, S. 39 f.

[4] Zu diesem Problem *Immenga/Lange*, S. 733 f; *Lampert/Michel*, S. 505 f.

[5] Vgl. oben, S. 27.

[6] *Weyand*, S. 37.

Richtlinie) sieht ausdrücklich vor, dass auch eine „andere Einrichtung" diese Unterlagen bereithalten kann, etwa eine Bekanntmachungsplattform.

Diese Veröffentlichung im Internet ist jedoch nicht obligatorisch. Nach Anhang XX Nr. 2 lit. a Sektoren-Richtlinie werden die Auftraggeber zwar hierzu „aufgefordert", in Anhang VIII Nr. 2 lit. a BLD-Richtlinie jedoch lediglich „bestärkt". In den englischen Fassungen heißt es jeweils „... are encouraged", ein Zwang ist damit nicht verbunden.

II. Vergabeplattformen

1. Noch geltendes Recht

Das bisherige Recht sah als Regelfall vor, dass der Auftraggeber die Angebote selbst entgegennahm, verwahrte und anschließend öffnete, wertete und nach Abschluss der Wertung den Zuschlag erteilte. In der Praxis ist es dennoch weitgehend üblich, dass der Auftraggeber sich der Hilfe Dritter bei der Abwicklung des Verfahrens bedient, beginnend bei sachverständiger Hilfe bei der Ermittlung des Bedarfs und der Formulierung der Vergabeunterlagen bis hin zur Delegierung der Entgegennahme, Verwahrung oder gar Wertung der Angebote. Aus Gründen der Verwaltungseffizienz wird dies weitgehend für zulässig gehalten[7]. Zu beachten ist jedoch, dass der Auftraggeber eine nicht delegierbare Verantwortung für die Korrektheit des Verfahrens trägt[8]. Dies folgt aus § 2 Nr. 3 VOL/A, nach dem die Vergabe der Leistungen „unter ausschließlicher Verantwortung der Vergabestellen" zu erfolgen hat. Diese „ausschließliche Verantwortung" ist zwar ausdrücklich nur in der VOL/A geregelt, sie ist aber keine Besonderheit für Beschaffungen nach der VOL, sondern gilt als wesentlicher Grundsatz für alle öffentlichen Beschaffungsmaßnahmen[9].

§ 17 Nr. 1 Abs. 2 a VOL/A unterscheidet zwischen der „zur Angebotsabgabe auffordernden Stelle", der „Stelle, bei der die Angebote einzureichen sind" sowie der „den Zuschlag erteilenden Stelle"; für die Rechtzeitigkeit des Eingangs der Angebote ist der Zeitpunkt des Eingangs bei der für den Eingang als zuständig bezeichneten Stelle maßgeblich, § 22 Nr. 3 b VOL/A.

Welche Aufgaben vom Auftraggeber selbst wahrgenommen werden müssen, ist nicht geregelt. Grundsätzlich ist die Aufgabenübertragung auf Dritte zulässig. Wegen der soeben erwähnten Verpflichtung des Auftraggebers, Leistungen in eigener Verantwortung zu vergeben, trägt der Auftraggeber jedoch auch bei Einschaltung Dritter die Gewähr für eine ordnungsgemäße Durchführung des Vergabeverfahrens. Er muss sich einen eigenen Einfluss auf das Vergabeverfahren und die zu

[7] *Dreher*, S. 671; *Boesen*, Einschaltung von Versicherungsmaklern, S. 1065.
[8] *Roth* in Müller-Wrede, § 2 VOL/A Rdn. 26; OLG Sachsen-Anhalt, VergabeR 2004, 387 f.
[9] Daub/Eberstein-*Müller*, § 2 Rdn. 40; a.A. offenbar *Dreher*, S. 671.

treffenden Entscheidungen vorbehalten[10], zumindest aber – bei Delegation auch der Zuschlagsentscheidung – Kontroll- und Überwachungspflichten wahrnehmen[11].

Auch die VOB/A lässt die Beteiligung Dritter am Verfahren zu. Wie sich aus § 17 Nr. 1 Abs. 2 VOB/A ergibt, müssen Auftraggeber und Angebotsannahmestelle nicht identisch sein; vielmehr kann der Auftraggeber vorsehen, dass die Angebote nicht bei ihm, sondern bei einer anderen Dienststelle oder einem Planungsbüro einzureichen sind[12], dem sogenannten *Projektanten*. Sieht man in § 2 Nr. 3 VOL/A einen allgemeinen Grundsatz, trägt der Auftraggeber auch im Rahmen der VOB/A selbst bei weitgehender Aufgabenübertragung auf einen Dritten die Verantwortung für die Rechtmäßigkeit des Verfahrens, muss also ebenfalls Kontroll- und Überwachungspflichten wahrnehmen.

Schließlich ist die Beteiligung Dritter auch in § 16 Abs. 1 Nr. 3 lit. b VgV vorgesehen, nach dem Personen an Entscheidungen im Vergabeverfahren nicht mitwirken dürfen, wenn sie für ein in das Vergabeverfahren eingeschaltetes Unternehmen tätig sind. Hieraus folgt im Umkehrschluss, dass Dritte an solchen Entscheidungen dann mitwirken können, wenn sie unabhängig sind und die haushaltsrechtliche Verantwortung der Vergabestelle erhalten bleibt[13].

2. Rechtslage nach den Richtlinien

Die Richtlinien sehen eine erweiterte Beteiligung Dritter am Vergabeverfahren ausdrücklich in Form zentraler Beschaffungsstellen vor. Als solche definieren Erwägungsgrund 15 BLD-Richtlinie (EG 23 Sektoren-Richtlinie) und insbesondere Art. 1 Abs. 10 BLD-Richtlinie (Art. 1 Abs. 8 Sektoren-Richtlinie) einen (öffentlichen) Auftraggeber, der

- für andere (öffentliche) Auftraggeber bestimmte Waren und/oder Dienstleistungen erwirbt oder
- (öffentliche) Aufträge vergibt oder Rahmenvereinbarungen über Bauleistungen, Waren oder Dienstleistungen für (öffentliche) Auftraggeber schließt.

Diese Form der Beschaffung soll hier nicht weiter untersucht werden, weil auch die zentrale Beschaffungsstelle im Geltungsbereich der BLD-Richtlinie per Definition ein *öffentlicher* Auftraggeber ist. Im Sektorenbereich sind Beschaffungsstellen zwar keine solchen öffentlichen Auftraggeber, dennoch unterfallen sie ebenfalls dem Begriff des Auftraggebers, an den sich die Vorschriften der Richtlinie wenden.

[10] *Boesen*, Einschaltung von Versicherungsmaklern, S. 1065.
[11] *Dreher*, S. 671.
[12] *Sterner* in Motzke/Pietzcker/Prieß, § 17 VOB/A Rdn. 27.
[13] *Malmendier/Müller*, S. 143.

Die Delegation auf *private*, nicht mit einem (öffentlichen) Auftraggeber identische Stellen ist in den Richtlinien nicht geregelt. Sämtliche Artikel adressieren den „Auftraggeber“. Bei der Nutzung der neuen Formen der Online-Beschaffung werden Auftraggeber allerdings regelmäßig auf die Unterstützung (privater) Dritter zurückgreifen müssen, namentlich auf Internet-Provider, bei denen die im Internet publizierten Inhalte gehostet werden. Den Voraussetzung für die Nutzung dieser neuen Techniken widmet sich EG 12 BLD-Richtlinie bzw. EG 20 Sektoren-Richtlinie. Dessen S. 3 lautet:

> Die (öffentlichen) Auftraggeber können Techniken der Online-Beschaffung einsetzen, solange bei ihrer Verwendung die Vorschriften dieser Richtlinie und die Grundsätze der Gleichbehandlung, der Nichtdiskriminierung und der Transparenz eingehalten werden.

Diese Schrankentrias, die auch an zahlreichen anderen Stellen der Richtlinie begegnet, wird entsprechend auch für die Beauftragung Dritter im Rahmen eines Vergabeverfahrens gelten. Danach ist eine Delegierung zulässig, soweit sich dies nicht zu Lasten der Bieter auswirkt durch eine Verletzung der genannten Grundsätze.

Nach Art. 40 Abs. 2 BLD-Richtlinie (Art. 47 Abs. 2 Sektoren-Richtlinie) können Verdingungsunterlagen nicht nur vom Auftraggeber selbst, sondern auch von einer „anderen Einrichtung“ bereitgehalten werden; der Auftraggeber muss dann die Anschrift dieser „Stelle“ in der Aufforderung zur Angebotsabgabe nennen. Der Auftraggeber bleibt für ein ordnungsgemäßes, also diskriminierungsfreies Verfahren verantwortlich, bei dem die Vertraulichkeit der Bieterinformationen gewährleistet bleibt (vgl. oben, S. 189).

III. Integrierte Vergabesysteme

Eine völlig freie „Katalogbeschaffung“ durch öffentliche Auftraggeber, bei der Produkte oder Dienstleistungen aus Internet-Katalogen beliebiger Anbieter ohne Beachtung des Vergaberechts bestellt werden, ist sowohl nach bisherigem als auch nach neuem Gemeinschaftsrecht unzulässig[14]. Unzulässig sind auch vollständig automatisierte oder an Dritte delegierte Verfahren, soweit damit zugleich die bereits erwähnte Verantwortlichkeit des Auftraggebers abgegeben werden soll. Auch im alleinigen Verantwortungsbereich des Auftraggebers sind einer automatisierten Wertung Grenzen gezogen. Sie kommt nur in Betracht, wenn die Angebotswertung ausschließlich auf mathematisch auswertbaren Kriterien beruht[15], etwa dem Preis

[14] *Schäfer*, Das Legislativpaket, Rdn. 33.
[15] *Gehrmann/Schinzer*, S. 18.

bei sonst identischen Massengütern. Ist dies der Fall, sind Automatismen möglich, die bei Unterschreiten eines vorgegebenen Lagerbestandes automatisch eine Bestellung bei dem günstigsten Anbieter aufgeben. Wenn die Grundsätze der Transparenz, der Nichtdiskriminierung und der Gleichbehandlung beachtet werden, können Bieter ihre Angebote auch in Form von „Online-Katalogen" unterbreiten[16].

Eine weitergehende organisatorische Verschmelzung der beteiligten Kooperationspartner entlang der „supply chain", wie dies im privatwirtschaftlichen Bereich bei integrierten Beschaffungssystemen angestrebt ist, widerspricht jedoch den vergaberechtlichen Grundsätzen des Diskriminierungsverbots und des Wettbewerbsprinzips[17].

B. Mögliche Institutionen

Sowohl nach dem noch geltenden Recht als auch nach der neuen Richtlinie kann der Auftraggeber die Veröffentlichung und den Versand der Ausschreibungsunterlagen, die Entgegennahme der Angebote, deren Wertung und die Zuschlagserteilung an Dritte delegieren. Im folgenden soll – im Hinblick auf die Datensicherheit – untersucht werden, welche Personen oder Institutionen mit diesen Aufgaben betreut werden können; bislang wurde abstrakt-funktional von einer „Plattform" gesprochen.

De lege lata enthält allein § 16 Abs. 1 Nr. 3 lit. b VgV eine Vorschrift zu Dritten, die im Rahmen eines Vergabeverfahrens beteiligt werden: Danach dürfen an Entscheidungen im Vergabeverfahren solche Personen nicht als Organmitglied oder Mitarbeiter eines Auftraggebers oder als Beauftragter oder als Mitarbeiter eines Beauftragten eines Auftraggebers mitwirken, die für ein in das Vergabeverfahren eingeschaltetes Unternehmen tätig sind. Die Richtlinie enthält keine ausdrücklichen Vorgaben. Aus dem Grundsatz der Nichtdiskriminierung ergibt sich jedoch, dass der Plattformbetreiber personell und wirtschaftlich unabhängig von allen beteiligten Bietern sein muss, weil sonst eine Gleichbehandlung aller Bieter nicht sichergestellt werden kann.

Im hier untersuchten Zusammenhang besteht die wesentliche Aufgabe des Dritten darin, die ihm übergebenen Informationen vor Dritten (auch dem Auftraggeber) geschützt aufzubewahren und sie vertraulich zu behandeln. Zahlreiche Berufsgruppen sind mit der Entgegennahme, Auswertung und Weitergabe von vertraulichen Informationen befasst und unterliegen dabei gleichzeitig der Verpflichtung, die ihnen anvertrauten Informationen vertraulich zu behandeln. Unabhängig von der Frage, inwieweit diese Berufsgruppen auch technisch-organisatorisch in der La-

[16] Vgl. EG 12 BLD-Richtlinie bzw. EG 20 Sektoren-Richtlinie.

[17] Vgl. oben, S. 56.

ge sind, den aufgestellten Anforderungen zu entsprechen, liegt es daher nahe zu prüfen, ob diese Berufe als Plattformbetreiber prädestiniert sind. Hierbei soll im Folgenden auf Rechtsanwälte und Notare (unten, I. und II.) eingegangen werden. Neben diesen überkommenen Berufsbildern haben sich in neuerer Zeit Spezialisten für die Verwahrung von Informationen im Zusammenhang mit Software etabliert (Escrow Agents), die möglicherweise auch als Betreiber einer Vergabeplattform in Betracht kommen (unten III.).

I. Verwahrung durch den Rechtsanwalt

Der Rechtsanwalt ist gesetzlich zur Verschwiegenheit verpflichtet. Diese Verschwiegenheitspflicht, seit jeher tragende Säule des Anwaltsberufs[18], ist normiert in § 43a Abs. 2 BRAO. Danach bezieht sich die Verschwiegenheitspflicht auf alles, was dem Anwalt in Ausübung seines Berufes bekannt geworden ist, mit Ausnahme von offenkundigen oder nach ihrer Bedeutung nicht geheimhaltungsbedürftigen Tatsachen. Die Verschwiegenheitspflicht erstreckt sich unabhängig davon, von wem und auf welche Weise der Anwalt sein Wissen erworben hat, neben Informationen des Mandanten auch auf solche Dritter[19]. Der Anwalt ist allerdings nicht verpflichtet, aktive Maßnahmen zu ergreifen, um den unbefugten, rechtswidrigen Zugriff auf Daten des Mandanten zu verhindern[20].

Die Verpflichtung zur Verschwiegenheit besteht jedoch nicht gegenüber jedem, den es angeht, sondern nur gegenüber demjenigen, der dem Anwalt sein Vertrauen geschenkt hat, also dem Mandanten[21]. Der Mandant ist „Herr des Geheimnisses“. Die Verschwiegenheit steht zu seiner Disposition[22]. Soweit er den Anwalt von der Verschwiegenheitspflicht entbindet, ist dieser zur Offenbarung der Informationen befugt. Dies gilt auch für solche mandatsbezogene Tatsachen, die dem Anwalt von Dritten mitgeteilt worden sind[23].

Soweit ein Rechtsanwalt zur Entgegennahme und Verwahrung von Informationen der Bieter (Angebote) beauftragt wird, steht es dem Auftraggeber frei, den Anwalt auch vor Ablauf der Angebotsfrist aufzufordern, die bislang eingereichten Angebote herauszugeben. Der Anwalt ist dann nicht mehr in der Lage, der Funktion des „neutralen Dritten“ gerecht zu werden[24]. Es ist allerdings möglich, den Anwalt durch eine entsprechende Vertragsgestaltung auch gegenüber dem Auf-

[18] *Feuerich/ Weyland*, § 43a Rdn. 12; *Eylmann* in Henssler/Prütting, § 43a Rdn. 28 f.
[19] *Feuerich/ Weyland*, § 43a Rdn. 17.
[20] *Härting*, S. 62.
[21] *Eylmann* in Henssler/Prütting, § 43a Rdn. 59.
[22] *Feuerich/ Weyland*, § 43a Rdn. 32.
[23] *Eylmann* in Henssler/Prütting, § 43a Rdn. 59.
[24] *Karger* in Kilian/Heussen, Nr. 21 Rdn. 48.

traggeber zu verpflichten, die Angebote erst mit Ablauf der Angebotsfrist zu übergeben[25].

II. Verwahrung durch den Notar

Neben Rechtsanwälten kommen auch Notare für die Verwahrung vertraulicher Informationen in Betracht. Notare sind durch § 18 Abs. 1 BNotO – inhaltlich entsprechend § 43a Abs. 2 BRAO – zur Verschwiegenheit verpflichtet über alles, was ihnen bei Ausübung ihres Amtes bekannt geworden ist. Allerdings besteht diese Verschwiegenheitspflicht nicht nur gegenüber dem einzelnen Mandanten, sondern gegenüber allen am Urkundsgeschäft Beteiligten[26]. Das beim Rechtsanwalt entstehende Problem, dass der Auftraggeber als Mandant den Anwalt von der Verschwiegenheitspflicht entbinden kann, stellt sich beim Notar daher nicht in der gleichen Form.

Allerdings ist fraglich, ob dem Notar die Verwahrung von Angeboten im Rahmen eines Vergabeverfahrens überhaupt gestattet ist. Denn der Notar wird gem. § 1 BNotO zur Beurkundung von Rechtsvorgängen und anderen Aufgaben auf dem Gebiet der vorsorgenden Rechtspflege bestellt. Die Entgegennahme von Angeboten im Rahmen eines Vergabeverfahrens gehört hierzu nicht. In die Zuständigkeit des Notars fällt zwar nach § 23 BNotO auch die Aufbewahrung von Geld, Wertpapieren und Kostbarkeiten; Datenträger sollen (als Kostbarkeiten[27] bzw. im Rahmen einer „sonstigen Betreuung"[28]) verwahrungsfähig sein. Verwahrt wird dabei allerdings der *Datenträger* als solcher, der im Eigentum von Dritten steht. Die darauf gespeicherten *Daten* werden nur (als allerdings erwünschter „Nebeneffekt") mit verwahrt. Im hier interessierenden Falle sollen die Daten jedoch dem Dritten bzw. dem Notar zweckmäßigerweise nicht auf einem Datenträger, sondern in rein elektronischer Form übermittelt werden. Sobald sie auf dem PC des Notars gespeichert, also verkörpert und damit verwahrungsfähig sind, liegen sie jedoch auf einem im Eigentum des Notars stehenden Substrat vor. Es ist daher bereits zweifelhaft, ob eine Verwahrung von Angebotsdaten durch den Notar überhaupt rechtlich möglich wäre.

Die rechtliche Zulässigkeit unterstellt, wäre die Beauftragung eines Notars wirtschaftlich nicht sinnvoll, weil die notarielle Aufbewahrung mit einem erheblichen formellen und wirtschaftlichen Aufwand verbunden ist[29]. Hinzu kommt, dass – abhängig vom Wert des einzelnen Hinterlegungsgegenstandes, bemessen nach den

[25] Hierzu unten, S. 195.
[26] *Eylmann* in Eylmann/Vaasen, § 18 BNotO Rdn. 30 f.
[27] *Sandkühler* in Arndt/Lerch/Sandkühler, § 23 Rdn. 36.
[28] *Hertel* in Eylmann/Vaasen, § 18 BNotO Rdn. 30 f; *Bömer*, S. 3322.
[29] *Bömer*, S. 3322.

Angaben des Hinterlegenden – eine Gebühr erhoben wird. Diese wäre vom Auftraggeber zu tragen, da den Bietern für die Abgabe bzw. Verwahrung der Angebote keine Kosten auferlegt werden dürfen.

III. Verwahrung durch Escrow Agents

Neben Anwälten und Notaren kommen auch private Hinterlegungsstellen in Betracht. Auf die Hinterlegung von Software spezialisiert sind sog. *Escrow Agents*[30]. Eine *Escrow-Hinterlegung* liegt vor, wenn der Verwahrende verspricht, bei Eintritt festgelegter Bedingungen das Hinterlegungsgut an den Berechtigten herauszugeben[31]. Sie erfolgt in der Praxis insbesondere bei der insolvenzfesten Hinterlegung von Software-Quellcodes, um dem Software-Nutzer auch im Falle der Betriebsaufgabe des Softwareentwicklers die weitere Nutzung der überlassenen Software zu ermöglichen[32].

Escrow Agents sind auf die längerfristige Verwahrung von größeren Datenmengen spezialisiert[33] und verfügen über das technische Know-how zu prüfen, ob die ihnen übergebenen Quellcodes authentisch und vollständig sind[34]. Für die kurzfristige Verwahrung der Daten im Rahmen eines Vergabeverfahrens ist dieses spezifische Know-how nicht erforderlich, zudem darf der Verwahrende – sofern ihm lediglich die Verwahrung der Angebote übertragen ist – die ihm übergebenen Informationen gar nicht zur Kenntnis nehmen. Angesichts der vergleichsweise geringen Spezialkenntnisse, über die der Dritte verfügen muss, ist es fraglich, ob die von Escrow Agents erhobenen Gebühren angemessen sind.

IV. Sonstige Plattformbetreiber

Neben Rechtsanwälten und Escrow Agents können auch sonstige gewerbliche Plattformbetreiber mit der Entgegennahme und Verwahrung von Angeboten beauftragt werden, wenn ihre Verschwiegenheitspflicht sowohl gegenüber Dritten als auch gegenüber dem Auftraggeber vertraglich festgelegt wird. Allerdings muss bei diesen ein erhöhter Aufwand betrieben werden, um den Bietern die Zuverlässigkeit und Vertrauenswürdigkeit dieses Betreibers zu vermitteln.

C. Rahmenvertrag

Da das Verfahren vom Auftraggeber eingeleitet wird, wird er auch den Dritten auswählen und mit ihm die genauen Umstände der Hinterlegung vertraglich regeln.

[30] *Karger* in Kilian/Heussen, Nr. 21 Rdn. 1 ff; *Bömer*, S. 3322.
[31] *Kochinke/Fraune*, S. 10.
[32] *Lensdorf*, S. 80 f.
[33] *Lensdorf*, S. 83.
[34] *Karger* in Kilian/Heussen, Nr. 21 Rdn. 35 f.

Dennoch können auch die Bieter selbst Vertragsparteien dieses Hinterlegungsvertrages werden.

Die besondere Situation eines solchen Rahmenvertrages liegt darin, dass der Auftraggeber als in der Sache Verantwortlicher den Plattformbetreiber aussucht und ihn – unabhängig von der Frage, ob von den Bietern Bearbeitungsgebühren erhoben werden dürfen – auch bezahlt, allerdings sich selbst der Möglichkeit begibt, dessen Verhalten nachträglich durch Anweisungen regeln zu dürfen. Diese Selbstbeschränkung ist allerdings nicht ganz unbekannt: Bei Unternehmenskäufen wird vor dem Abschluss des Kaufvertrages eine *Due diligence*-Prüfung vorgeschaltet, bei der (bei der Fremd-Due Diligence: externe[35]) Wirtschaftsprüfer oder Juristen das zu erwerbende Unternehmen unter wirtschaftlichen und rechtlichen Gesichtspunkten begutachten und dem Auftraggeber (dem Kaufinteressenten) berichten, ohne jedoch sämtliche eingesehenen Informationen nutzen oder weiterleiten zu dürfen. Auch hier wird in der Regel zum Schutz der Geheimhaltungsinteressen der Beteiligten eine besondere vertragliche Vereinbarung (*Confidentiality Agreement*, Vertraulichkeitsvereinbarung) getroffen[36]

I. Konstruktion und wesentlicher Vertragsinhalt

Um eine Manipulation auszuschließen, muss die Beziehung zwischen Auftraggeber und Empfangsstelle so ausgestaltet sein, dass der Auftraggeber nach Beginn des Verfahrens keinen Einfluss mehr auf die Verwahrungstätigkeit der Empfangsstelle nehmen kann, insbesondere also die Angebote nicht vor Ablauf der zuvor festgelegten Frist anfordern kann. Zugleich muss jedoch die Hauptverantwortlichkeit des Auftraggebers für das Vergabeverfahren erhalten bleiben, obwohl dieser sich mit dem Verzicht auf die Möglichkeit, die Angebote sofort einsehen zu können, eines Teils seiner Autonomie begibt.

Der einzelne Bieter, der ein Angebot beim Dritten zur späteren Weiterleitung an den Auftraggeber abgibt, hat ein rechtlich geschütztes Interesse daran, dass der Auftraggeber nicht dem Dritten später abweichende Anweisungen erteilt und sich die Informationen sogleich zuleiten lässt. Das Weisungsrecht des Auftraggebers gegenüber dem Dritten muss daher eingeschränkt werden, zugleich muss dem Bieter ein eigener vertraglicher Anspruch gegen den Verwahrenden eingeräumt werden. Hierfür kommen zweiseitige Verträge zugunsten Dritter (zwischen Auftraggeber und Hinterlegungsstelle, zugunsten der einzelnen Bieter) oder dreiseitige Verträge in Betracht[37].

[35] *Angersbach*, S. 239.
[36] *Angersbach*, S. 230 f.
[37] *Karger* in Kilian/Heussen, Nr. 21 Rdn. 69 f.

1. Zweiseitiger Vertrag zugunsten Dritter

Ein eigener Anspruch des einzelnen Bieters auf abredegemäße Verwahrung der vertraulichen Angebote kann grundsätzlich auch durch einen Vertrag zugunsten Dritter begründet werden. Der Plattformbetreiber (Versprechender) verspricht in diesem Fall dem Auftraggeber (Versprechensempfänger), die entgegengenommenen Angebote der Bieter (Dritter) für ihn aufzubewahren und zu einem vorher festgelegten Zeitpunkt an ihn weiterzuleiten. Der Bieter wird dabei zwar nicht selbst Vertragspartei, er erwirbt jedoch ein einseitiges Forderungsrecht und kann vom Plattformbetreiber Erfüllung der Verwahrungspflicht verlangen[38]. Allerdings kann dieses Forderungsrecht durch eine ausdrückliche oder stillschweigende Vereinbarung zwischen Auftraggeber und Plattformbetreiber wieder entfallen[39]. Ferner wirkt sich problematisch aus, dass auch Leistungsstörungen im Bereich des Auftraggebers den Bieter um sein Recht bringen könnten[40].

2. Dreiseitiger Vertrag

Aus Sicht des Bieters ist es daher von Vorteil, wenn er selbst Vertragspartei wird und einen eigenen, vertraglichen Anspruch gegen den Plattformbetreiber erhält, der nicht ohne sein Mitwirken durch eine nachträgliche Absprache zwischen diesem und dem Auftraggeber abgeändert oder aufgehoben werden kann. In Bezug auf die vertrauliche Verwahrung der Angebote treten sowohl der einzelne Bieter als auch der Auftraggeber als Gläubiger *eines* Schuldners auf, des Plattformbetreibers. Allerdings haben sie die Gläubigerstellung nicht zur gleichen Zeit inne, sondern folgen einander in der Rolle des Gläubigers nach: Die Verwahrung der Angebote erfolgt zunächst nur für den Bieter, später für den Auftraggeber. Zeitliche Zäsur ist dabei der Ablauf der Angebotsfrist: Vor diesem Zeitpunkt steht es dem einzelnen Bieter frei, sein Angebot durch ein neues zu ersetzen oder gänzlich zurückzuziehen. Zwar ist der Auftraggeber zur vertraulichen Behandlung der Angebote verpflichtet und auch gehalten, zu diesem Zeitpunkt ihren Inhalt noch nicht zur Kenntnis zu nehmen. Wegen der Sensitivität der im Angebot enthaltenen Informationen liegt es jedoch hauptsächlich im eigenen Interesse des Bieters, dass die Daten nicht unbefugten Dritten, aber auch dem Auftraggeber (noch) nicht bekannt werden.

Dies ändert sich mit Ablauf der Angebotsfrist. Die Angebote werden von den einzelnen Bietern zu dem Zweck erstellt und abgesendet, dass sie vom Auftraggeber im Rahmen der Prüfung und Wertung inhaltlich zur Kenntnis genommen werden. Hierzu ist der Auftraggeber nach Ablauf der Angebotsfrist berechtigt, aber

[38] *Janoschek* in Bamberger/Roth, § 328 Rdn. 16.

[39] von Staudinger-*Jagmann*, BGB, § 328 Rdn. 69; *Gottwald* in Münchener Kommentar, BGB, § 328 Rdn. 34.

[40] Erman-*H. P. Westermann*, § 328 Rdn. 9.

auch verpflichtet. Die Bieter verlieren ihr rechtlich geschütztes Interesse daran, die Angebotsinformationen vor dem Auftraggeber zu verbergen. Statt dessen wandelt sich ihr Interesse nunmehr zur Kehrseite der Verpflichtung des Auftraggebers, die Daten vor unbefugten Dritten zu schützen. Der Anspruch des Bieters gegen den Plattformbetreiber wandelt sich in einen Anspruch auf gesicherte und vollständige Übermittlung aller eingereichten Angebote und Anlagen an den Auftraggeber oder der von diesem mit der Prüfung und Wertung beauftragten Stelle bzw. – sofern der Plattformbetreiber auch den Zuschlag erteilen soll – auf vertrauliche Behandlung der Angebote und eine gesetzeskonforme Entscheidung über den Zuschlag.

Zur rechtlichen Konstruktion dieses mehrseitigen Vertragsverhältnisses bietet sich ein zweiseitiger (Rahmen-)Vertrag zwischen Auftraggeber und Plattformbetreiber an[41], in dem – neben verfahrensbezogenen Pflichten wie dem Hosting von Informationen zur einzelnen Ausschreibung – die technischen Sicherungsmaßnahmen für die einzureichenden Angebote festgelegt werden. Mit Abschluss dieses Rahmenvertrages verpflichtet sich der Plattformbetreiber und gibt gleichzeitig auch ein entsprechendes, verbindliches Angebot ad incertas personas ab, mit allen Bietern, die für die einzelne Ausschreibung Angebote einreichen, einen eigenen Verwahrungsvertrag abzuschließen. Dieses Angebot kann der einzelne Bieter durch bloßes Zuschicken von Daten annehmen; die Annahmefrist im Sinne von § 148 BGB ist bis zum Ablauf der Angebotsfrist zu erstrecken. Hauptpflicht des Verwahrungsvertrages zwischen Plattformbetreiber und Bieter ist die sichere Aufbewahrung aller jenem überlassenen Informationen unter ausschließlicher Zugriffsmöglichkeit durch den einzelnen Bieter. Der Plattformbetreiber verpflichtet sich, die ihm überlassenen Informationen selbst nicht zur Kenntnis zu nehmen.

Die Verwahrungspflicht ist zeitlich befristet bis zum Ablauf der zuvor festgelegten Angebotsfrist. Im Anschluss hieran verpflichtet sich der Plattformbetreiber, die Informationen dem Auftraggeber bzw. der von diesem mit Prüfung und Wertung beauftragten Stelle zu übermitteln und nach bestätigter, erfolgreicher Übertragung zu löschen. Vor Ablauf dieser Frist darf der Dritte dem Auftraggeber ausschließlich mitteilen, ob und gegebenenfalls wie viele Bieter Angebote eingereicht haben. Die Identität dieser Bieter darf nicht offenbart werden.

Für die Zeit nach Ablauf der Angebotsfrist ist vorzusehen, dass entweder die Annahme von Angeboten gänzlich ausgeschlossen wird oder eingehende Mitteilungen unmittelbar an den Auftraggeber weitergeleitet werden.

Der eigene Erfüllungsanspruch des Bieters ist durch Schadensersatzansprüche sowie einen Anspruch auf Zahlung einer Vertragsstrafe im Falle einer Pflichtverletzung des Plattformbetreibers zu flankieren.

---

[41] *Thun* in Gramlich/Kröger/Schreibauer, S. 229.

II. Sonstige vertragliche Pflichten

Je nach Art der Plattform werden dem Plattformbetreiber unterschiedliche, weitere Pflichten auferlegt. Sowohl bei Bekanntmachungsplattformen als auch bei Vergabeplattformen muss er Interessenten den Abruf von Informationen zum Vergabeverfahren ermöglichen, die gegen Manipulation durch Dritte geschützt sein müssen. Für die Bereitstellung zum Abruf, aber auch für die sichere Verwahrung der eingehenden Angebote bietet es sich an, dass der Plattformbetreiber einen eigenen Server betreibt und diesen mit geeigneten technischen und organisatorischen Maßnahmen nach dem Stand der Technik gegen Hacker und technische Störungen schützt. Der Server muss ausreichend dimensioniert sein, um die zu erwartenden Datenmengen speichern zu können, und er muss hoch verfügbar an das Internet angeschlossen sein. Insofern entspricht der Rahmenvertrag den üblichen Website-Hosting-Verträgen, in Bezug auf mögliche Zusatzfunktionen der Plattform (Suchfunktion) auch ASP-Verträgen[42]. Dabei stellt sich regelmäßig das Problem, inwieweit der Plattformbetreiber eine bestimmte Verfügbarkeit und Erreichbarkeit des Servers schuldet[43] beziehungsweise für dessen Fehlen einzustehen hat[44].

Bei einer Vergabeplattform und einem integrierten Vergabesystem ist darüber hinaus zu klären, ob und in welchem Umfang ein Bieter Schadensersatzansprüche geltend machen kann, wenn er wegen einer Funktionsstörung der Vergabeplattform an der rechtzeitigen Abgabe seines Angebotes gehindert wurde. Am später aufgrund des Zuschlages abgeschlossenen Kauf- oder Werkvertrag zwischen Auftraggeber und Bieter ist der Plattformbetreiber jedoch – anders als bei Plattformen im B2B- oder B2C-Bereich[45] – nicht beteiligt.

Soll der Versand der Vergabeunterlagen von der Prüfung abhängig gemacht werden, ob der einzelne Interessent gewerbsmäßig mit der Erbringung von Leistungen der ausgeschriebenen Art befasst ist (Grundsatz der Fachvergabe[46]), muss geregelt werden, ob der Plattformbetreiber oder der Auftraggeber selbst die Überprüfung vornimmt. Eine zentrale Prüfung durch den Plattformbetreiber entlastet den Auftraggeber von dieser Tätigkeit und bietet den Bietern zugleich den Vorteil, dass sie sich nur einmal unter Angabe ihrer gewerblichen Ausrichtung auf der Plattform registrieren lassen müssen, um anschließend Vergabeinformationen zu allen sie interessierenden Ausschreibungen erhalten zu können. Allerdings wirft dies die Frage auf, welche Haftungsfolgen sich für den Plattformbetreiber ergeben, wenn er

[42] Hierzu *Thun* in Gramlich/Kröger/Schreibauer, S. 229 f.
[43] Vgl. BGH K&R 2001, 217 m. Anm. *Härting*.
[44] *Thun* in Gramlich/Kröger/Schreibauer, S. 232 f.
[45] *Thun* in Gramlich/Kröger/Schreibauer, S. 229 f.
[46] Hierzu oben, S. 26.

zu Unrecht einem Interessenten die Teilnahme an einer Ausschreibung mit dem Argument versagt, er erfülle nicht deren objektive Teilnahmekriterien. Dieser Frage kann hier nicht weiter nachgegangen werden[47].

Zuletzt wird der Rahmenvertrag die Vergütung des Plattformbetreibers regeln müssen. Auf die hiermit verbundenen Probleme wurde bereits hingewiesen[48].

[47] Zu diesem Problem Dauses-*Seidel*, H.IV Rdn. 252.

[48] Vgl. oben, S. 188.

5. Kapitel: Ausblick

§ 13. Das Reformvorhaben der Bundesregierung

A. Hintergrund und Zielsetzung

Das deutsche Vergaberecht in seiner seit 1999 geltenden Form wird allgemein als sehr kompliziert beurteilt. Insbesondere der Mittelstand beklagt die Unübersichtlichkeit und Komplexität der materiellen Vergabevorschriften, weil diese eine erfolgreiche Teilnahme an einem Vergabeverfahren erschwerten. Auch Auftraggeber müssen sich in der Praxis vermehrt externer Sachverständiger bedienen, um die Verfahren rechtsfehlerfrei abwickeln zu können. Vor diesem Hintergrund wurde bereits vor Verabschiedung der Richtlinien 2004/17/EG und 2004/18/EG der Ruf nach einer Neuregelung des Vergaberechts in Deutschland laut. Neue Aktualität erhielt diese Forderung jedoch durch diese beiden Vergaberichtlinien, die bis Ende Januar 2006 in deutsches Recht hätten umgesetzt werden müssen[1].

Ausgehend von den „Eckpunkten für eine Verschlankung des Vergaberechts", einem Positionspapier der Bundesregierung vom Mai 2004[2], einen Gesetzesentwurf. Im Oktober 2004 wurde dessen erste Fassung veröffentlicht; nach Stellungnahmen aus Wirtschaft und Praxis wurde im März 2005 eine zweite Fassung vorgelegt[3]. Der Entwurf spricht sich gegen die Schaffung eines einheitlichen Vergabegesetzes (etwa nach österreichischem Vorbild[4]) aus, da man eine solche „weitgehende Umstrukturierung" scheute[5]. Es lässt sich daher trefflich darüber streiten, ob der neue Entwurf zu einem übersichtlicheren Vergaberecht führen wird.

Das vorgeschlagene Reformmodell steht unter dem Schlagwort einer „Verschlan-

[1] Bei Drucklegung des Manuskripts war bereits abzusehen, dass diese Frist nicht würde eingehalten werden.

[2] *Bundesministerium für Wirtschaft und Technologie*, Eckpunkte, im Folgenden: Eckpunkte.

[3] Entwurf eines Gesetzes zur Neuregelung des Vergaberechts, Stand 29. März 2005, im folgenden: VgV-E. Quelle: `http://www.bmwi.de/Redaktion/Inhalte/Pdf/E/entwurf-eines-gesetzes-zur-neuregelung-des-vergaberechts,property=pdf,bereich=,sprache=de,rwb=true.pdf`.

[4] Vgl. Österreichisches Bundesgesetz über die Vergabe von Aufträgen (Bundesvergabegesetz 2002 - BVergG), öBGBl. I, 837. Für eine solche einheitliche Regelung in Deutschland statt vieler *Knauff*, S. 144.

[5] Entwurf der Begründung des Gesetzes zur Neuregelung des Vergaberechts (Stand 29. März 2005; im folgenden: Begründung), S. 5. Quelle: `http://www.bmwi.de/Redaktion/Inhalte/Pdf/E/entwurf-der-begruendung-des-gesetzes-zur-neurgelung-des-vergaberechts,property=pdf,bereich=,sprache=de,rwb=true.pdf`.

kung im bestehenden System"[6] und sieht im wesentlichen folgende Änderungen vor: Oberhalb der Schwellenwerte werden Vergabeverfahren für alle Arten von Aufträgen einheitlich in einer neuen Vergabeverordnung geregelt. Für Aufträge unterhalb der Schwellenwerte bleibt es bei der haushaltsrechtlichen Einordnung: Bauleistungen soll eine deutlich verschlankte VOB/A regeln, für Lieferungen und Dienstleistungen soll die neue Vergabeverordnung entsprechend anwendbar sein. Der Rechtsschutz soll nicht auf Aufträge unterhalb der Schwellenwerte ausgedehnt werden, da dies zusätzliche Bürokratie schaffen und öffentliche Investitionen verzögern würde[7].

Auch die Vorschriften zur Auftragsvergabe im Vierten Teil des GWB (§§ 97 ff.) sollen geändert werden. Hierzu wurde ein „Entwurf eines Gesetzes zur Neuregelung des Vergaberechts" vorgelegt[8].

B. Neuregelung der elektronischen Auftragsvergabe

I. Allgemeine Vorschriften zum Verfahren

1. Anwendungsbereich

Der Verordnungsentwurf unterscheidet in § 2 zwischen Auftraggebern, Sektorenauftraggebern und staatlichen Auftraggebern und verweist dabei auf § 98 GWB, der im Zuge der Reform ebenfalls geändert werden soll. Folgende Abgrenzung ist beabsichtigt:

- *Auftraggeber* im Sinne der VgV-E sind Auftraggeber im Sinne von § 98 Nr. 1-4 GWB sowie Gebietskörperschaften und deren Sondervermögen und Körperschaften, Anstalten und Stiftungen des öffentlichen Rechts.

- *Staatliche Auftraggeber* sind Auftraggeber im Sinne von § 98 Nr. 1-3 GWB, soweit sie nicht in den Sektoren tätig sind, sowie Gebietskörperschaften und deren Sondervermögen und Körperschaften, Anstalten und Stiftungen des öffentlichen Rechts.

- *Sektorenauftraggeber* sind Auftraggeber im Sinne von § 98 Nr. 1-4 GWB, die im Bereich der Trinkwasser- und Energieversorgung oder des Verkehrs tätig sind[9].

[6] Eckpunkte, S. 1.

[7] Eckpunkte, S. 5; Begründung, S. 7.

[8] Im folgenden: GWB-E, Quelle: `http://www.bmwi.de/Redaktion/Inhalte/Pdf/E/entwurf-eines-gesetzes-zur-neuregelung-des-vergaberechts,property=pdf,bereich=,sprache=de,rwb=true.pdf`.

[9] Der Bereich der Telekommunikation gehört nach der neuen Fassung von § 98 GWB Nr. 4 nicht

Die VgV-E gilt nach § 1 für die Vergabe öffentlicher Aufträge oberhalb der Schwellenwerte für Auftraggeber im Sinne von § 98 GWB (§ 1 Abs. 1 Nr. 1) sowie für die Vergabe von öffentlichen Liefer- und Dienstleistungsaufträgen (ohne Bauaufträge) unterhalb der Schwellenwerte durch Gebietskörperschaften und deren Sondervermögen sowie Körperschaften, Anstalten und Stiftungen des öffentlichen Rechts (§ 1 Abs. 1 Nr. 2). Unterhalb der Schwellenwerte gilt die Verordnung nicht für die Vergabe freiberuflicher Leistungen (§ 1 Abs. 2).

2. Bekanntmachungsvorschriften

Im Regelfall kann die Vergabe eines öffentlichen Auftrages oberhalb der Schwellenwerte nur nach Veröffentlichung einer Bekanntmachung erfolgen. § 10 VgV-E zählt enumerativ die Fälle auf, in denen Vergabeverfahren oberhalb der Schwellenwerte *ohne* vorherige Bekanntmachung durchgeführt werden dürfen. Liegt ein solcher Fall nicht vor, haben staatliche Auftraggeber nach § 9 Abs. 1 VgV-E ein Verfahren mit Bekanntmachung durchzuführen.

Bei offenen und nicht offenen Verfahren oberhalb der Schwellenwerte hat die Bekanntmachung europaweit zu erfolgen.Dabei ist das Vokabular des CPV zu benutzen, die Bekanntmachungen sind auf elektronischem Wege an die Europäische Kommission zu übermitteln, § 24 Abs. 1 und 2 VgV-E. Der Tag der Absendung an die Kommission muss nach § 24 Abs. 6 VgV-E nachgewiesen werden können. Auftraggeber des Bundes sollen zudem die Bekanntmachungen auf dem „zentralen Internetportal" des Bundes (`www.bund.de`) veröffentlichen, § 24 Abs. 4 VgV-E. Bei einem wettbewerblichen Dialog oberhalb der Schwellenwerte ist nach § 11 Abs. 2 VgV-E eine europaweite Bekanntmachung vorgeschrieben.

Unabhängig hiervon können die Auftraggeber nach § 22 Abs. 3 VgV-E im Internet ein Beschafferprofil einrichten, das Angaben über geplante und laufende Vergabeverfahren, über vergebene Aufträge sowie alle sonstigen für die Auftragsvergabe relevanten Informationen wie zum Beispiel Kontaktstelle, Telefon- und Telefaxnummer, Anschrift, E-Mail- Adresse des Auftraggebers enthält.

Auch bei der Vergabe von Liefer- oder Dienstleistungsaufträgen unterhalb der Schwellenwerte sieht § 12 Abs. 1 VgV-E vor, dass im Regelfall eine Bekanntmachung zu erfolgen hat; sie kann unterbleiben, wenn einer der Ausnahmetatbestände des § 12 Abs. 2 VgV-E gegeben ist. Für die Vergabe von Bauaufträgen unterhalb der Schwellenwerte gilt die VgV-E nicht, es soll insoweit bei der – verschlankten – VOB/A bleiben, die in § 17 Abs. 1 Nr. 1 ebenfalls die Bekanntmachung vorsieht.

mehr zum Sektorenbereich. Auch die Sektoren-Richtlinie erfasst diesen Bereich nicht mehr, da aufgrund der starken Liberalisierungsbemühungen auf europäischer Ebene in diesem Bereich de facto Wettbewerb herrscht; vgl. Erwägungsgrund 5 der Sektoren-Richtlinie.

3. Fristen

Durch die elektronische Abwicklung kann in verschiedenen Phasen des Verfahrens Zeit gespart werden: Postlaufzeiten fallen weg, die Erstellung von Angeboten und deren Auswertung kann durch elektronische Datenverarbeitung erheblich beschleunigt werden. Daher können die Fristen, die im Vergabeverfahren sowohl auf Auftraggeber- wie auf Bieterseite eingehalten werden müssen, verkürzt werden.

§§ 26 ff. VgV-E enthält Maßstäbe dazu, wie die verschiedenen Fristen bemessen werden. Dabei sind nach § 26 Abs. 1 VgV-E insbesondere die Komplexität des Auftrags und die Zeit zu berücksichtigen, die für die Ausarbeitung der Anträge auf Teilnahme und der Angebote erforderlich ist. Bei der Verwendung elektronischer Kommunikation können diese Fristen nun verkürzt werden: § 28 VgV-E ermöglicht eine Verkürzung der Fristen für den Eingang der Angebote, wenn der Auftraggeber eine Vorabinformation veröffentlicht oder ein Beschafferprofil nach § 22 Abs. 3 VgV-E eingerichtet hat.

Werden Bekanntmachungen elektronisch erstellt und versandt, ermöglicht § 29 Abs. 1 VgV-E eine Verkürzung der Angebotsfrist bzw. der Frist für den Eingang der Teilnahmeanträge um jeweils eine Woche. Eine Verkürzung um weitere fünf Kalendertage ist nach § 29 Abs. 2 VgV-E möglich, wenn der Auftraggeber ab der Veröffentlichung der europaweiten Bekanntmachung die Vergabeunterlagen und alle zusätzlichen Unterlagen entsprechend den Angaben elektronisch vollständig verfügbar macht.

4. Kosten

Nach § 33 VgV-E können die Auftraggeber für die postalische Versendung der Vergabeunterlagen Vervielfältigungs- und Portokosten verlangen. Im Umkehrschluss hieraus folgt, dass der elektronische Versand dieser Unterlagen kostenlos zu erfolgen hat.

§ 20 Abs. 8 VgV-E untersagt die Erhebung von Bearbeitungsgebühren oder sonstigen Verfahrenskosten von Bietern, die an einem dynamischen elektronischen Verfahren teilnehmen.

II. Elektronische Kommunikation

1. § 7: Wege der Informationsübermittlung

§ 7 des Entwurfes dient der Umsetzung einzelner Aspekte von Art. 42 BLD-Richtlinie bzw. Art. 48 Sektoren-Richtlinie, soweit die elektronische Kommunikation betroffen ist. Die Vorschrift hat folgenden Wortlaut:

§ 7
Wege der Informationsübermittlung, Vertraulichkeit der Teilnahmeanträge und Angebote

(1) Die Auftraggeber geben in der Bekanntmachung oder den Vergabeunterlagen an, ob Informationen per Post, per Telefax, direkt oder elektronisch übermittelt werden.

Abs. 1 gestattet dem Auftraggeber erstmals, nach seiner Wahl auch eine ausschließlich elektronische Kommunikation zuzulassen. Dies entspricht Art. 42 Abs. 1 BLD-Richtlinie (Art. 48 Sektoren-Richtlinie). Allerdings wird aus Abs. 1 allein nicht ersichtlich, dass Anträge auf Teilnahme noch immer telefonisch gestellt werden können; dies wird erst aus Abs. 4 deutlich.

(2) Die Auftraggeber haben die Integrität der Daten und die Vertraulichkeit der übermittelten Anträge auf Teilnahme am Vergabeverfahren und der Angebote zu gewährleisten. Dazu sind per Post oder direkt übermittelte Anträge auf Teilnahme am Vergabeverfahren und Angebote in einem verschlossenen Umschlag einzureichen, als solche zu kennzeichnen und bis zum Ablauf der für ihre Einreichung vorgesehenen Frist unter Verschluss zu halten. Elektronisch übermittelte Anträge auf Teilnahme am Vergabeverfahren und elektronisch übermittelte Angebote sind zu verschlüsseln und entsprechend zu kennzeichnen. Die Verschlüsselung muss bis zum Ablauf der für ihre Einreichung vorgesehenen Frist aufrecht erhalten bleiben.

Nach Abs. 2 sind die Integrität und Vertraulichkeit der *übermittelten* Daten zu gewährleisten. Die Auftraggeber können die Daten erst dann schützen, wenn der Übermittlungsvorgang abgeschlossen wurde und die Daten in ihrem Herrschaftsbereich eingegangen sind. Per Post übermittelte Daten sind durch den verschlossenen Umschlag geschützt. Entsprechend müssen elektronische Daten während der Übertragung über öffentliche Netze verschlüsselt werden. Dies kommt aber im Entwurf nicht deutlich zum Ausdruck: Dieser schreibt vor, *übermittelte* elektronische Daten – also solche, deren Übermittlung bereits abgeschlossen ist – sollen verschlüsselt werden, offenbar erst nach Eingang beim Auftraggeber. Dann wäre aber die Übertragung selbst ungeschützt, was nicht gemeint sein kann. Zur Klarstellung sollte in S. 3 das Wort „übermittelte" ersetzt werden durch „zu übermittelnde"; auf diese Weise würde deutlich, dass die Daten bereits vor der Übertragung verschlüsselt sein müssen. Alternativ könnte in S. 3 das Wort „übermittelte" auch ganz gestrichen werden, die Vorschrift würde dann lauten: „Elektronische Anträge auf Teilnahme und elektronische Angebote sind zu verschlüsseln...". Noch deutlicher wäre es, wenn explizit angeordnet würde, dass die Daten „durch den Absender" oder „vor der Übertragung" verschlüsselt werden müssen.

(3) Anträge auf Teilnahme am Vergabeverfahren und Angebote müssen unterschrieben sein, elektronisch übermittelte Anträge auf Teilnahme am Vergabeverfahren und elektronisch übermittelte Angebote sind mit einer qualifizierten elektronischen Signatur nach dem Signaturgesetz zu versehen.

Der Entwurf sieht damit vor, dass elektronische Anträge auf Teilnahme und Angebote mit einer qualifizierten Signatur versehen werden müssen. Dies ist zu begrüßen, da nur so die Authentizität und Integrität der Daten sichergestellt werden kann.

(4) Werden Anträge auf Teilnahme am Vergabeverfahren telefonisch oder per Telefax gestellt, sind diese bis zum Ablauf der Frist für die Abgabe der Teilnahmeanträge per Post oder elektronisch nach Maßgabe der Absätze 2 und 3 zu bestätigen.

Telefonisch oder per Fax gestellte Anträge entsprechen nicht dem Formerfordernis aus Abs. 3 und müssen daher per Post oder in elektronischer Form bestätigt werden.

2. § 34: Anforderungen an Übermittlungsvorrichtungen

§ 34 des Entwurfes entspricht in weiten Teilen Anhang X BLD-Richtlinie (Anhang XXIV Sektoren-Richtlinie). Zahlreiche Mängel der Richtlinienfassung werden vermieden, dafür ist bereits die Überschrift der Vorschrift missglückt: Die Auftraggeber selbst nehmen die Anträge und Angebote nur entgegen, sie übermitteln sie nicht selbst. Entsprechend betreiben sie keine Vorrichtungen zur Übermittlung, sondern zur Entgegennahme dieser Informationen.

§ 34
Anforderungen an die Vorrichtungen der Auftraggeber zur elektronischen Übermittlung von Teilnahmeanträgen und Angeboten

Die Auftraggeber haben dafür Sorge zu tragen, dass den interessierten Unternehmen die Informationen über die Spezifikationen der Vorrichtungen, die für die elektronische Übermittlung der Anträge auf Teilnahme und der Angebote erforderlich sind, einschließlich Verschlüsselung zugänglich sind.

S. 1 entspricht Art. 42 Abs. 5 lit. a BLD-Richtlinie (Art. 48 Abs. 5 lit. a Sektoren-Richtlinie). S. 1 des Entwurfes hebt jedoch besonders hervor, dass die Auftraggeber verantwortlich dafür sind, dass die Informationen zugänglich sind.

Außerdem muss gewährleistet sein, dass

1. für die Teilnahmeanträge und Angebote eine qualifizierte elektronische Signatur verwendet werden kann,

Dies entspricht lit. a des Richtlinien-Anhangs. Die hier gewählte Formulierung ist richtig; die Signaturen werden vom Absender, nicht vom Empfänger erzeugt. Allerdings müssen die „Vorrichtungen" des Empfängers die verwendeten Signaturen auch unterstützen. Dies soll Nr. 1 gewährleisten.

2. Tag und Uhrzeit des Eingangs der Teilnahmeanträge oder Angebote genau bestimmbar sind,

Im Vergleich zu lit. b des Richtlinien-Anhangs fehlen die „Pläne und Entwürfe". Da diese jedoch Teile von Angeboten sind, werden sie kaum isoliert eingereicht werden.

3. ein Zugang zu den Daten nicht vor Ablauf des hierfür festgesetzten Termins erfolgt,

entspricht inhaltlich lit. c des Richtlinien-Anhangs. Zu kritisieren ist die Wortwahl, da nicht Termine, sondern Fristen ablaufen.

4. bei einem Verstoß gegen das Zugangsverbot der Verstoß sicher festgestellt werden kann,

Wie auch in lit. d des Richtlinien-Anhangs ergibt sich nur aus dem Zusammenhang, welches „Zugangsverbot" gemeint ist – nämlich dasjenige aus Nr. 3.

5. ausschließlich die hierfür bestimmten Personen den Zeitpunkt der Öffnung der Daten festlegen oder ändern können,

entspricht lit. e des Richtlinien-Anhangs, ist jedoch klarer, da die Befugnis zur Festlegung oder Änderung des „Zeitpunktes der Öffnung" (im Singular) geregelt wird, also des Zeitpunktes der erstmaligen Öffnung.

6. der Zugang zu den übermittelten Daten nur möglich ist, wenn die hierfür bestimmten Personen gleichzeitig und erst nach dem festgesetzten Zeitpunkt tätig werden und

Nr. 6 fasst die – gemeinsam zu lesenden[10] – lit. f und g Richtlinien-Anhang zusammen und vermeidet die bei diesen auftretenden Unklarheiten. Auch bei kollusivem Zusammenwirken der „hierfür bestimmten Personen" muss eine verfrühte Kenntnisnahme ausgeschlossen werden.

[10] Vgl. oben, S. 89.

7. die übermittelten Daten ausschließlich den zur Kenntnisnahme bestimmten Personen zugänglich bleiben.

Nr. 7 dient der Umsetzung von lit. h des Richtlinien-Anhangs, geht über diesen jedoch noch hinaus, weil – im Gegensatz zur Richtlinie – der Zugang auch zu den noch nicht geöffneten Daten nur den ermächtigten Personen möglich sein darf. Die Sicherung der Daten muss daher nicht nur über Verschlüsselung, sondern zusätzlich über Zugriffskontrolle erfolgen, weil nur so der Zugriff oder Zugang beschränkt werden kann.

3. § 40: Aufbewahrung der ungeöffneten Angebote

§ 40 des Entwurfs knüpft an § 39 VgV-E an, der bestimmte inhaltliche Anforderungen an Angebote festlegt, und bestimmt für die Verwahrung ungeöffneter Angebote folgendes:

> Per Post übersandte Angebote sind auf dem ungeöffneten Umschlag mit Eingangsvermerk zu versehen und bis zum Zeitpunkt der Öffnung unter Verschluss zu halten. Elektronische Angebote sind entsprechend zu kennzeichnen und unter Wahrung ihrer Verschlüsselung zu speichern. Den Eingangsvermerk bringt ein am Vergabeverfahren nicht Beteiligter an. Kennzeichnung, Verwahrung oder Speicherung obliegen ebenfalls ausschließlich einer am Vergabeverfahren sonst nicht beteiligten Person.

Die Regelung der elektronischen Angebotsabgabe orientiert sich offensichtlich an den herkömmlichen Angeboten. So sollen elektronische Angebote mit einem Eingangsvermerk versehen bzw. „entsprechend gekennzeichnet" werden. Bei der Verwendung von Zeitstempeln, die den Eingangszeitpunkt des Angebotes bestätigen, ist eine Kennzeichnung des Angebotes selbst nicht erforderlich, da der „Stempel" auch getrennt von der eingegangenen Datei abgelegt werden kann; denkbar ist aber auch, dass der Empfänger den Zeitstempel fest mit den eingegangenen Daten verbindet. In jedem Fall kann der Eingangszeitpunkt später sicher festgestellt werden.

§ 7 Abs. 2 S. 3 VgV-E verlangt eine Verschlüsselung nur für elektronisch *übermittelte* Angebote, so dass offen blieb, ob die Angebote auch *während* der Übertragung verschlüsselt sein mussten (vgl. oben, S. 207). Demgegenüber sollen elektronische Angebote gemäß § 40 S. 2 VgV-E „unter Wahrung ihrer Verschlüsselung" gespeichert werden. Dies setzt voraus, dass die Angebote im Zeitpunkt der Speicherung verschlüsselt vorliegen. Hieraus könnte man folgern, dass sie bereits bei Eingang verschlüsselt sein müssen, also vom Absender verschlüsselt versendet werden müssen. Diese Auslegung ist jedoch keineswegs zwingend; man kann „Speicherung" auch rein technisch verstehen als Vorgang, bei dem die Daten auf einem Speichermedium abgelegt werden. In diesem Fall können zwischen Empfang und Speicherung weitere Verarbeitungsschritte erfolgen, so dass die Verschlüsselung nicht zwingend vom Absender stammen muss. Wie oben bereits dargelegt, sollte klargestellt werden, dass der Absender die Daten vor der Übertragung verschlüsseln muss.

4. §§ 41 und 42: Öffnung der Angebote

Die neue Vergabeverordnung soll oberhalb der Schwellenwerte die Vergabe sowohl von Liefer- und Dienstleistungsaufträgen als auch von Bauaufträgen einheitlich regeln (vgl. oben, S. 204). Da sich das Vorgehen bei der Öffnung bei beiden Typen von Aufträgen unterscheidet, enthält der Entwurf zwei getrennte Paragraphen, die die Öffnung regeln.

Die Öffnung von Angeboten bei Liefer- und Dienstleistungsaufträgen regelt § 41 VgV-E. Er entspricht im Verfahrensablauf § 22 VOL/A, geht allerdings nicht gesondert auf elektronische Angebote ein. „Unverzüglich nach Ablauf der Angebotsfrist" (§ 41 Abs. 1 S. 1 VgV-E) sollen die Angebote geöffnet werden, dabei ist nach Abs. 2 wie folgt zu verfahren:

> Der Leiter der Angebotsöffnung stellt sowohl den Eingang der Angebote als auch die Erfüllung der Voraussetzungen nach § 7 Abs. 2 und 3 fest, öffnet und kennzeichnet sie.

Für Bauaufträge enthält § 42 VgV-E Vorgaben zum Eröffnungstermin; dabei wird auch der Umgang mit elektronischen Angeboten geregelt. § 42 Abs. 2 des Entwurfes lautet:

> Staatliche Auftraggeber halten für die Vergabe von Bauaufträgen im Wege des offenen oder nicht offenen Verfahrens für die Öffnung und Verlesung (Eröffnung) der Angebote einen Eröffnungstermin ab, an dem die Unternehmen, die ein Angebot abgegeben haben, und ihre Bevollmächtigten anwesend sein dürfen. Bis zum Eröffnungstermin sind die Angebote unter Verschluss zu halten; bei elektronischen Angeboten ist die Verschlüsselung aufrecht zu erhalten.

Im Gegensatz zu Liefer- und Dienstleistungsaufträgen (§ 41 Abs. 1 VgV-E) muss der Eröffnungstermin bei Bauaufträgen nicht unmittelbar nach Ablauf der Angebotsfrist erfolgen. Da die Angebote auch zwischen Ablauf der Angebotsfrist und Eröffnung vertraulich behandelt werden müssen, legt § 42 Abs. 2 S. 2 VgV-E fest, dass die Verschlüsselung bis zum Eröffnungstermin aufrecht erhalten bleiben muss.

Er schließt zeitlich an § 7 Abs. 2 S. 3 des Entwurfs an („Die Verschlüsselung muss bis zum Ablauf der für ihre Einreichung vorgesehenen Frist aufrecht erhalten bleiben").

§ 42 Abs. 2 und 3 lauten:

> (2) Die staatlichen Auftraggeber bestimmen einen am Vergabeverfahren nicht Beteiligten zum Verhandlungsleiter, der die Angebote öffnet und verliest und mindestens einen weiteren Teilnehmer. Elektronische Angebote können anstelle einer Verlesung auch elektronisch präsentiert werden. Zur Eröffnung sind nur Angebote zuzulassen, die dem Verhandlungsleiter bei Öffnung des ersten Angebots vorliegen. Der Verhandlungsleiter stellt fest, ob die Voraussetzungen gemäß § 7 Abs. 2 und 3 erfüllt sind.
>
> (3) Die Angebote werden geöffnet und in allen wesentlichen Teilen im Eröffnungstermin gekennzeichnet. Name und Sitz der Unternehmen und die Endbeträge der Angebote oder ihrer einzelnen Abschnitte sowie andere den Preis betreffende Angaben werden verlesen. Es wird bekannt gegeben, ob und von wem Nebenangebote vorliegen. Weiteres aus dem Inhalt der Angebote darf nicht mitgeteilt werden.

Elektronische Angebote müssen nicht im Wortlaut verlesen werden, sondern können – etwa über Großbildschirme oder Projektoren – elektronisch präsentiert werden, wie Abs. 2 S. 2 VgV-E bestimmt. Dieser Satz ist in Abs. 2 jedoch ein Fremdkörper, da Abs. 2 – abgesehen von S. 2 – die Auswahl des Verhandlungsleiters beschreibt und festlegt, welche Angebote geöffnet werden sollen. Die Öffnung selbst ist erst in Abs. 3 geregelt. Abs. 2 S. 2 wäre systematisch in Abs. 3 nach S. 3 einzufügen.

Abs. 5 ordnet an, dass über den Eröffnungstermin eine Niederschrift gefertigt werden soll, die vom Verhandlungsleiter zu unterschreiben ist. Es ist aber kein Grund dafür ersichtlich, warum selbst dann, wenn ausschließlich elektronische Angebote „verlesen" (bzw. präsentiert) werden, eine Niederschrift in Papierform angefertigt werden sollte, denn ein solches Protokoll könnte auch in elektronischer Form angelegt werden, was die Bearbeitung beschleunigen würden.

III. Neue Verfahrensarten

1. Dynamische elektronische Verfahren

§ 20 VgV-E ermöglicht in Umsetzung von Art. 33 BLD-Richtlinie (Art. 15 Sektoren-Richtlinie) die Einrichtung „dynamischer Beschaffungssysteme" im Sinne der Richtlinien, verwendet jedoch ohne Not eine andere Terminologie: Das „dynamische Beschaffungssystem" der Richtlinien wird im Entwurf als „dynamisches elektronisches Verfahren" bezeichnet. Damit geht die besondere Kennzeichnungskraft des in den Richtlinien verwendeten Begriffs verloren. „Verfahren" bezeichnet üblicherweise einen nach bestimmten Regeln ablaufenden Prozess, ein Fortschreiten nach einem bestimmten Ziel hin[11], das auf eine Entscheidungsfindung hin abzielt, aber auch mit deren (endgültiger) Findung beendet ist. § 9 VwVfG etwa definiert als Verwaltungsverfahren die „nach außen wirkende Tätigkeit der Behörden, die auf die Prüfung der Voraussetzungen, die Vorbereitung und den Erlaß eines Verwaltungsaktes... gerichtet ist; es schließt den Erlaß des Verwaltungsaktes... ein". Das Verwaltungsverfahren endet danach mit dem Erlaß des Verwaltungsaktes oder spätestens mit Eintritt seiner Unanfechtbarkeit[12]. Demgegenüber besteht die Besonderheit des dynamischen Beschaffungssystems gerade darin, dass ein über den konkreten Vergabeanlaß hinausreichendes System eingerichtet wird[13], das also die einzelne getroffene Vergabeentscheidung überdauern soll.

Auftraggeber können nach § 20 Abs. 1 S. 1 VgV-E *dynamische elektronische Verfahren* für die Beschaffung von „marktüblichen Leistungen" einrichten. Das System basiert gänzlich auf elektronischer Kommunikation, Abs. 1 S. 2. Die Beschränkung auf „marktübliche" Leistungen entspricht der Legaldefinition in Art. 1 Abs. 6 BLD-Richtlinie (Art. 1 Abs. 5 Sektoren-Richtlinie); dies sind solche Leistungen, bei denen die allgemein auf dem Markt verfügbaren Merkmale den Anforderungen des (öffentlichen) Auftraggebers genügen.

Um ein dynamisches elektronisches Verfahren erstmalig einzurichten, muss der Auftraggeber oberhalb der Schwellenwerte nach Abs. 3 zunächst eine Bekanntmachung publizieren, in der die geplante Einrichtung des Verfahrens deutlich gemacht wird. Aus Abs. 6 S. 3 des Entwurfes folgt, dass bereits in der Bekanntmachung die Zuschlagskriterien genannt werden müssen, nach denen das wirtschaftlichste Angebot ermittelt wird[14]. Anschließend hat er Vergabeunterlagen zum elektronischen Abruf bereitzustellen, aus denen sich die Art der beabsichtigten Beschaffungen sowie nähere Informationen zum elektronischen Verfahren ergeben. Bietern müssen die Vergabeunterlagen sowie gegebenenfalls weitere Informationen über Internet frei und unmittelbar zugänglich sein.

Zur Teilnahme am System werden nach Abs. 2 S. 1 des Entwurfs alle Unternehmen zugelassen, die die Eignungskriterien erfüllen und ein erstes vorläufiges Angebot im Einklang mit den Vergabeunterlagen und den etwaigen zusätzlichen Dokumenten vorlegen. Auch während der Laufzeit des Systems können Unternehmen zum Verfahren zugelassen werden, wenn sie ein vorläufiges Angebot unterbrei-

[11] *Rosenberg/Schwab/Gottwald*, S. 1 Rdn. 1.
[12] Str.; zu den unterschiedlichen Auffassungen vgl. *Kopp/Ramsauer*, § 9 Rdn. 30.
[13] Vgl. oben, S. 90.
[14] Die Richtlinien (Art. 33 bzw. Art. 15 Abs. 6 Unterabsatz 2) stellen auf das „beste" Angebot ab.

ten, das vom Auftraggeber geprüft wird, Abs. 4. Offen bleibt allerdings, anhand welcher Kriterien solche nachträglich eingereichten Angebote geprüft werden sollen: Die Richtlinien verweisen insoweit auf die Kriterien nach Abs. 2 von Art. 33 BLD-Richtlinie bzw. Art. 15 Sektoren-Richtlinie, die bei der erstmaligen Prüfung bei Einrichtung des Systems angewandt werden. Während § 20 VgV-E Abs. 2 auf die „Eignungskriterien" abstellt, enthält Abs. 4 keine solche Vorgabe.

Der Vergabe eines Einzelauftrages hat nach Abs. 5 ein gesonderter „Aufruf zum Wettbewerb" vorauszugehen. Alle zum dynamischen Verfahren zugelassenen Unternehmen werden aufgefordert, endgültige Angebote für die zu vergebenden Aufträge einzureichen, Abs. 6 S. 1. Der Auftrag wird nach Abs. 6 S. 3 an dasjenige Unternehmen erteilt, das nach den – in der Bekanntmachung für die Einrichtung des dynamischen elektronischen Verfahrens aufgestellten – Zuschlagskriterien das wirtschaftlichste Angebot vorgelegt hat, sofern diese Kriterien nicht in der Aufforderung zur Angebotsabgabe präzisiert wurden, Abs. 6 S. 4.

Die Laufzeit des dynamischen Verfahrens ist nach § 20 Abs. 7 VgV-E „grundsätzlich" auf vier Jahre beschränkt. Die Richtlinien (Art. 33 bzw. Art. 15 Abs. 7 Unterabsatz 1) lassen eine Überschreitung dieser Frist zu, wenn ein Sonderfall vorliegt, der in angemessener Weise gerechtfertigt werden muss. Das Verfahren darf nach Abs. 9 des Entwurfs nicht den Wettbewerb behindern, einschränken oder verfälschen.

Nach Abs. 8 dürfen die Auftraggeber von den am Verfahren teilnehmenden Unternehmen keine Bearbeitungsgebühren oder sonstige Verfahrenskosten fordern. Hier drängt sich die Frage auf, ob Bearbeitungsgebühren dann zulässig sein sollen, wenn nicht der Auftraggeber selbst, sondern ein Dritter Betreiber des Systems ist. Nach dem Wortlaut erscheint dies nicht ausgeschlossen, wäre jedoch unvereinbar mit Art. 33 (bzw. Art. 15) Abs. 7 Unterabsatz 3 der Richtlinien: Danach dürfen – unabhängig davon, wer das dynamische System einrichtet und betreibt – „den betreffenden Wirtschaftsteilnehmern oder den am System teilnehmenden Parteien... keine Bearbeitungsgebühren in Rechnung gestellt werden". Dies entspricht der bisherigen Rechtslage, nach der den Bietern nur Vervielfältigungskosten bzw. Kosten für die (postalische oder elektronische) Übertragung der Vergabeunterlagen in Rechnung gestellt werden dürfen, nicht jedoch allgemeine Bearbeitungsgebühr[15].

§ 20 Abs. 10 VgV-E gestattet staatlichen Auftraggebern die Einrichtung dynamischer Verfahren zur Vergabe von Lieferungen und Dienstleistungen auch unterhalb der Schwellenwerte. Die Auftraggeber „können" dabei nach Abs. 3 bis 7 verfahren, müssen dabei jedoch auch Abs. 1 und 2 beachten. Diese Absätze werden zwar nicht

[15] Vgl. oben, S. 27 für die Lage nach VOB/A und VOL/A; siehe auch *Jasper* in Motzke/Pietzcker/Prieß, § 20 VOB/A Rdn. 12.

ausdrücklich für anwendbar erklärt, sie enthalten aber Definitionen und Grundvoraussetzungen, die bei jedem dynamischen Verfahren gelten, wie in einer Neufassung des Entwurfs deutlich gemacht werden sollte.

Nach Abs. 10 soll unterhalb der Schwellenwerte auch das Diskriminierungsverbot aus Abs. 9 fakultativ gelten. Dies ist nicht mit der Rechtsprechung des EuGH vereinbar, nach der auch die Vergabe von Aufträgen unterhalb der Schwellenwerte der Vergaberichtlinien diskriminierungsfrei zu erfolgen hat[16].

2. Elektronische Auktion

Mit § 21 VgV-E soll die elektronische Auktion im deutschen Vergaberecht eingeführt werden. Sie kann nach Abs. 1 S. 1 des Entwurfs oberhalb der Schwellenwerte innerhalb eines offenen oder nicht offenen Verfahrens oder in einem Verhandlungsverfahren mit vorheriger europaweiter Bekanntmachung angewandt werden, sofern die Spezifikationen der Leistung so genau beschrieben werden können, dass die Vergleichbarkeit der Angebote sichergestellt ist. Die Auktion bezieht sich dabei auf die Preise oder die Werte der in den Vergabeunterlagen genannten Angebotskomponenten, Abs. 4. Für Bauleistungen und geistig-schöpferischen Dienstleistungen ist eine Auktion nicht zulässig, § 21 Abs. 1 S. 4 VgV-E. Unterhalb der Schwellenwerte können Auktionen nach § 21 Abs. 10 VgV-E nur für Liefer- und Dienstleistungsaufträge durchgeführt werden.

Abs. 2 enthält eine allgemeine Definition der elektronischen Auktion. Danach werden auf elektronischem Wege nach einer ersten Bewertung der Angebote jeweils neue, nach unten korrigierte Preise oder neue, auf bestimmte Komponenten der Angebote abstellende Werte von den Unternehmen vorgelegt, die dann automatisch gewertet werden. Im Gegensatz zu den Richtlinien (vgl. oben, S. 95) sieht die VgV-E ausdrücklich vor, dass Angebote und die nach unten korrigierten Preise „auf elektronischem Wege“, also in elektronischer Form eingereicht werden müssen.

Nach Abs. 3 dürfen elektronische Auktionen nicht missbräuchlich oder dergestalt durchgeführt werden, dass der Wettbewerb ausgeschaltet, eingeschränkt oder verfälscht wird. Abs. 4 stellt klar, dass sich die Auktion auf die Preise oder die Werte der in den Vergabeunterlagen genannten Angebotskomponenten bezieht.

Abs. 5 zählt in S. 2, S. 3 Nr. 1-6 auf, welche Informationen der Auftraggeber in den Vergabeunterlagen mitteilen muss. Nach S. 1 scheinen diese Vorgaben nur unterhalb der Schwellenwerte zu gelten, denn nach Abs. 5 S. 1 verfahren Auftraggeber bei Aufträgen „oberhalb der Schwellenwerte... nach den Absätzen 6 bis 9“, auf Absatz 5 wird gerade nicht verwiesen. Da Abs. 5 S. 3 Nr. 1-6 aber zwingende Vorgaben der Richtlinien umsetzen (Art. 54 bzw. Art. 56 Abs. 3 Unterabsatz 2 lit.

[16] EuGH, Urt. v. 20.10.2005 - Rs. C-264/03 - noch nicht in der amtlichen Sammlung veröffentlicht (*Kommission/Republik Frankreich*), Rdn. 32 f.

a-f), muss Abs. 5 auch oberhalb der Schwellenwerte gelten. Dies sollte im Wortlaut zum Ausdruck kommen, der Entwurf bedarf insoweit der Korrektur.

Interessierte Bieter reichen auf der Grundlage der Vergabeunterlagen zunächst unverbindliche Angebote ein, die geprüft und gewertet werden, Abs. 6 S. 1. Nach Abschluss der Wertung werden die Bieter aufgefordert, neue Preise oder Werte vorzulegen, Abs. 7 S. 1. Dabei hat der Auftraggeber nach Abs. 7 S. 2 die Formel anzugeben, nach der die „automatische Neureihung“ erfolgt, also ermittelt wird, welchen Platz ein einzelnes Angebot bzw. ein neuer Preis innerhalb der Menge aller vorgelegten Preise einnimmt. Dies entspricht dem – sinnvoll ausgelegten (vgl. oben, S. 95)– Verweis in Art. 54 (bzw. 56) Abs. 8 auf Art. 53 Abs. 2 BLD-Richtlinie (Art. 55 Abs. 2 Sektoren-Richtlinie).

Abs. 10 gestattet den Auftraggebern, auch unterhalb der Schwellenwerte zur Vergabe von Liefer- und Dienstleistungen elektronische Auktionen durchzuführen. Der Anwendungsbereich ist gegenüber Aufträgen oberhalb der Schwellenwerte größer: Abs. 1 S. 4 schließt dort Auktionen aus, soweit es um die Vergabe „geistig-schöpferischer Dienstleistungen“ geht, weil der Gegenstand dieser Aufträge nicht „so genau beschrieben werden [kann], dass die Vergleichbarkeit der Angebote sichergestellt ist“, Abs. 1 S. 1. Dagegen soll nach Abs. 10 eine Vergabe solcher geistig-schöpferischer Dienstleistungen unterhalb der Schwellenwerte auch im Wege von Auktionen zulässig sein. Bei diesen stellt sich jedoch das Problem, ob tatsächlich der Auftragsgegenstand derart „hinreichend präzise“ beschrieben werden kann, wie Abs. 2 Unterabsatz 1 von Art. 54 BLD-Richtlinie (Art. 56 Sektoren-Richtlinie) dies (allerdings oberhalb der Schwellenwerte) verlangt. Ohne eine solche präzise Beschreibung ist eine automatisierte Auswertung von Angeboten nicht möglich. Der Anwendungsbereich von § 20 Abs. 10 VgV-E sollte daher enger gefasst werden.

§ 21 Abs. 2 bis 4 VgV-E gelten auch für Auktionen unterhalb der Schwellenwerte. Abs. 10 erklärt zwar ausdrücklich nur Abs. 5 bis 9 für fakultativ anwendbar („kann... verfahren werden nach...“), doch enthalten Abs. 2 bis 4 zentrale Grundsätze, die für alle elektronische Auktionen gelten[17]. Abs. 2 beschreibt den Ablauf einer inversen Auktion, Abs. 4 die Größen, die im Rahmen der Auktion geändert werden (Preise oder Werte). Beide Angaben sind essentielle Eigenschaften inverser Auktionen. Das Diskriminierungsverbot aus Abs. 3 ist zwar nach der BLD- und der Sektoren-Richtlinie nur oberhalb der Richtlinien vorgegeben, dennoch sind bei Beschaffungsvorgängen der öffentlichen Hand auch unterhalb der Schwellenwerte die allgemeinen Diskriminierungsverbote zu beachten (vgl. oben, S. 215).

[17]Die gleiche Unklarheit zeigt sich bei § 20 Abs. 10 des Entwurfs, vgl. die Ausführungen unter 1. auf der vorherigen Seite.

§ 14. Zusammenfassung in Thesen

1. Die Beschaffung von Leistungen oder Gütern für die öffentliche Hand im Wege elektronisch abgewickelter Verfahren (elektronische Vergabe) wird neben rechtlichen Vorgaben (dem Vergaberecht) durch weitere Faktoren beeinflusst, namentlich ökonomische („Markt“) und technische Aspekte („Architektur“).

2. Für die elektronische Vergabe fehlt bislang ein einheitlicher Rechtsrahmen: Bekanntmachung, Versand der Vergabeunterlagen und Angebotsabgabe in elektronischer Form sind in VOB/A und VOL/A nur lückenhaft geregelt. Die Generalklausel des § 15 VgV ist nur in einzelnen Bereichen anwendbar.

3. Im 1. Abschnitt von VOB/A und VOL/A wird für elektronische Angebote die „digitale“ Signatur vorgeschrieben, im 2. und 3. Abschnitt ist eine qualifizierte Signatur erforderlich.

4. Aufgrund ihrer Funktionsäquivalenz ist die „digitale“ Signatur nach dem alten SigG von 1997 durch die qualifizierte Signatur nach dem heutigen SigG zu ersetzen. Wird auch die Sicherheitseinstufung der Zertifizierungsstelle mit berücksichtigt, muss die „digitale“ durch die akkreditierte Signatur ersetzt werden.

5. Nach der VOL/A muss der Auftraggeber auch nicht verschlüsselte Angebote entgegennehmen, prüfen und werten, obgleich dies seinen Interessen widerspricht.

6. Die Richtlinien 2004/17/EG und 2004/18/EG gestatten den Auftraggebern ein ausschließlich elektronisch abgewickeltes Vergabeverfahren, obgleich dies technisch nicht gut ausgestattete Bieter von einer Teilnahme abhalten kann.

7. Die bei einem elektronisch abgewickelten Verfahren eingesetzten Kommunikationsmittel müssen allgemein verfügbar sein und dürfen nicht diskriminierend wirken.

8. Die Vertraulichkeit der Anträge auf Teilnahme und Angebote ist zu gewährleisten. Die Richtlinien schreiben eine Verschlüsselung der Daten nicht vor, gestatten diese aber. Hiervon sollte bei der nationalen Umsetzung Gebrauch gemacht werden.

9. Auch die Integrität der Anträge auf Teilnahme und der Angebote muss gewährleistet werden. Dies erfordert die Verwendung elektronischer Signaturen. Die Richtlinien schreiben dies nicht vor, gestatten es den Auftraggebern aber, Signaturen zu verlangen, soweit diese den Anforderungen der Signatur-Richtlinie und deren nationalen Umsetzungsvorschriften entsprechen.

10. Die Auftraggeber darf vom Inhalt der Anträge auf Teilnahme und Angebote nicht vorzeitig Kenntnis erhalten. Um dies zu gewährleisten, muss eine Kombination von technischen und organisatorischen Maßnahmen getroffen werden.

11. Der von Anhang X lit. d BLD-Richtlinie (Anhang XXIV lit. d Sektoren-Richtlinie) geforderte Nachweis einer verfrühten Kenntnisnahme der elektronischen Angebote und Anträge auf Teilnahme kann aus technischen Gründen nicht erbracht werden.

12. Das Konzept des „Electronic Government" verspricht Verbesserungen bei der Anwendung der komplexen Vergabevorschriften, dem erheblichen Rechercheaufwand sowie der Vermeidung von formellen Fehlern sowie von Rechenfehlern in Angeboten.

13. Bei der Auftragsvergabe entstehen Transaktionskosten insbesondere in Gestalt von Kosten der Informationsgewinnung, Informationsweitergabe und Informationsverarbeitung sowie der Entscheidung. Diese Kosten können durch Umgestaltung der Kommunikationsprozesse und die Nutzung elektronischer Kommunikation reduziert werden.

14. Der Einfluss organisatorischer Maßnahmen und der Einführung technischer Hilfsmittel auf die Transaktionskosten kann nicht quantitativ, wohl aber qualitativ bewertet werden.

15. Trotz der Multifunktionalität des Rechts sollten Rechtsnormen auch unter Beachtung ihrer Effizienz gestaltet werden. Maßstab für die Effizienz von Normen sollte dabei insbesondere die Höhe der durch ihre Anwendung erzeugten Transaktionskosten sein.

16. Die Anwendung elektronischer Hilfsmittel in der öffentlichen Auftragsvergabe wird durch mehrere Umstände behindert. In technischer Hinsicht wirkt sich nachteilig aus, dass eine einheitliche Definition der zu beschaffenden Waren und Leistungen aufgrund ihrer Verschiedenartigkeit bislang nicht möglich

ist. Dies wirkt sich im öffentlichen Bereich nachteiliger aus als in der Privatwirtschaft, in der individuelle Vereinbarungen zwischen festen Vertragspartnern an die Stelle allgemeingültiger Standards treten.

17. Die elektronische Auftragsvergabe muss auch Bietern konkrete Vorteile verschaffen. Besondere Rücksicht zu nehmen ist auf die in der Wirtschaft gehegte Befürchtung, die Vertraulichkeit ihrer Daten sei bei elektronischer Vergabeabwicklung nicht gewährleistet.

18. Die Beteiligung Dritter am Vergabeprozess, insbesondere in Form von Plattformen, ist unter ökonomischen und technischen Gesichtspunkten zwar vorteilhaft, jedoch durch rechtliche Vorgaben begrenzt. Den Auftraggeber trifft eine nicht delegierbare Verantwortung für die Rechtmäßigkeit des Vergabeverfahrens.

19. Abgesehen von neuen, speziell auf die elektronische Abwicklung hin konzipierten Verfahrensvarianten entspricht der Ablauf eines elektronischen Vergabeverfahrens dem eines herkömmlichen Verfahrens. Allerdings müssen spezifische Eigenschaften des Informationsträgers Papier im elektronischen Kontext nachgebildet werden.

20. Die Übertragung vertraulicher Informationen in elektronischer Form über öffentliche Kanäle, insbesondere das Internet, erfordert die Verschlüsselung der Daten. Mit Verschlüsselung lässt sich keine absolute, sondern nur eine kryptographische Sicherheit erreichen. Diese ist jedoch höher als die Sicherheit, die der Versand der Unterlagen per Post bietet, sofern dem Stand der Technik entsprechende Verfahren eingesetzt werden.

21. Bei der Speicherung vertraulicher elektronischer Daten sind umfassende technische Maßnahmen zu treffen, um die Daten vor unbefugtem Zugriff zu schützen. Gegenüber den früher rein organisatorischen Maßnahmen zum Schutz papiergebundener Informationen bieten elektronische Verfahren höhere Sicherheit, wenn die Sicherheitstechnik fachgerecht eingesetzt wird.

22. Um eine verfrühte Kenntnisnahme des Auftraggebers von vertraulichen Daten zu verhindern, wie dies die Richtlinien vorschreiben, ist eine Kombination von technischen und organisatorischen Maßnahmen oder die Einbeziehung Dritter erforderlich. Das bloße Zurückhalten von Informationen durch den Absender bis zum Ablauf der Einreichungsfrist bürdet dem Absender zu große Risiken auf.

23. Das „dynamische elektronische Verfahren“ nach § 20 VgV-E in der Fassung von März 2005 sollte den Richtlinien entsprechend umbenannt werden in „dynamisches Beschaffungssystem“. § 20 Abs. 4 VgV-E regelt nicht, anhand welcher Kriterien nachträglich eingereichte Angebote von Bietern gewertet werden, die zu einem bereits laufenden dynamischen elektronischen System zugelassen werden wollen. Deshalb ist ein Verweis auf Abs. 2 einzufügen. Abs. 8 muss so gefasst werden, dass die Erhebung von Bearbeitungsgebühren oder sonstigen Verfahrenskosten unabhängig davon unzulässig ist, ob der Auftraggeber selbst das Verfahren betreibt oder dies einem Dritten überlässt. In Abs. 10 sollte klargestellt werden, dass auch unterhalb der Schwellenwerte der Richtlinien die Absätze 1 und 2 sowie das allgemeine Diskriminierungsverbot gelten.

24. § 21 VgV-E sollte in mehreren Punkten korrigiert werden. Es sollte deutlich werden, dass Abs. 5 auch bei Aufträgen oberhalb der Schwellenwerte (nach Abs. 1) anwendbar ist. Unterhalb der Schwellenwerte sollte der Anwendungsbereich der elektronischen Auktion in Abs. 10 beschränkt werden auf „Liefer- und Dienstleistungsaufträge, deren Leistung genau beschrieben werden kann“. Zugleich sollte in Abs. 10 vorgesehen werden, dass auch unterhalb der Schwellenwerte die Abs. 2 bis 4 verbindlich sind.

25. In den neu zu schaffenden Umsetzungsvorschriften zur elektronischen Vergabe sollte klargestellt werden, dass ein elektronisches Angebot dann nicht verspätet eingegangen ist, wenn der fristgerechte Eingang nachweislich an einer technischen Störung im Bereich des Auftraggebers scheiterte. Dadurch würde die Akzeptanz des elektronischen Verfahrens bei den Bietern erhöht werden. Im Falle einer solchen technischen Störung sollte die Eröffnung der Angebote verschoben werden.

Literaturverzeichnis

Adam, Otmar et al.: Paneuropäische, integrierte Verwaltungsdienstleistungen in Konzeption und Umsetzung. In: Uhr, Wolfgang/Esswein, Werner/Schoop, Eric (Hrsg.): Wirtschaftsinformatik 2003/Band I – Medien – Märkte – Mobilität. Heidelberg 2003, S. 957–975.

Akman, Kemal/Beier, Andreas/Brauch, Patrick: Aber sicher. Verschlüsselung für Windows, Linux und Mac OS X. c't 2004, Nr. 16, S. 176–181.

Angersbach, Carsten J.: Due Diligence beim Unternehmenskauf. Baden-Baden 2002.

Antweiler, Clemens: Einsatz elektronischer Mittel bei der Vergabe öffentlicher Aufträge. CR 2001, S. 717–722.

Arndt, Herbert/Lerch, Klaus/Sandkühler, Gerd: Bundesnotarordnung. Kommentar. 5. Auflage. Köln u.a. 2003.

Arrowsmith, Sue: Public Procurement: Example of a Developed Field of National Remedies Established by Community Law. In: Micklitz, Hans-Wolfgang/Reich, Norbert (Hrsg.): Public Interest Litigation before European Courts. Baden-Baden 1996, S. 125–156.

Ax, Thomas/Schneider, Matthias/Nette, Alexander: Handbuch Vergaberecht: VOB Teil A, VOL Teil A, VOF Rechtsschutz. München 2002.

Bamberger, Heinz Georg/Roth, Herbert (Hrsg.): Kommentar zum Bürgerlichen Gesetzbuch. München 2003.

Bannenberg, Britta: Korruption in Deutschland und ihre strafrechtliche Kontrolle. Eine kriminologisch-strafrechtliche Analyse. Neuwied, Kriftel 2002.

Bauer, Friedrich L.: Entzifferte Geheimnisse. Methoden und Maximen der Kryptologie. 2. Auflage. Berlin, Heidelberg 1997.

Baumbach, Adolf/Hefermehl, Wolfgang: Wettbewerbsrecht. Kommentar. 22. Auflage. München 2001.

Berger, Christian: Beweisführung mit elektronischen Dokumenten. NJW 2005, S. 1016–1020.

Berger, Heinz/Blankart, Charles B./Picot, Arnold (Hrsg.): Lexikon der Telekommunikationsökonomie. Heidelberg 1990.

Bergfelder, Martin: Der Beweis im elektronischen Rechtsverkehr. Diss. Freiburg i. Br., im Erscheinen.

Berrisch, Georg M./Nehl, Hanns Peter: Novellierung der Verdingungsordnung. Der Betrieb 2001, S. 184–187.

Beth, Thomas: The State of Public-Key Cryptography - Not only after the Invention of Quantum Computers. Europäisches Institut für Systemsicherheit, Report 99/3. Karlsruhe 1999.

Beutelspacher, Albrecht: Kryptologie. 6. Auflage. Braunschweig, Wiesbaden 2002.

Beutelspacher, Albrecht/Kersten, Annette/Pfau, Axel: Chipkarten als Sicherheitswerkzeug. Grundlagen und Anwendungen. Berlin u.a. 1991.

Bitz, Gunter: Informationsschutz im Unternehmen. Policy Enforcement mit Trusted Computing. DuD 2005, S. 531–536.

Bizer, Kilian: Der Endowment-Effekt im E-Commerce. Die individuelle Bewertung von Transaktionskosten. DuD 2004, S. 69–73.

Blaurock, Uwe/Adam, Jürgen: Elektronische Signatur und europäisches Privatrecht. ZEuP 2001, S. 93–115.

Büllesbach, Rudolf: eGovernment – Sackgasse oder Erfolgsstory? DVBl 2005, S. 605–611.

Bömer, Roland: „Hinterlegung" von Software. NJW 1998, S. 3321–3324.

Boehme-Neßler, Volker: Electronic Government: Internet und Verwaltung. Visionen, Rechtsprobleme, Perspektiven. NVwZ 2001, S. 374–380.

Boesen, Arnold: Der Rechtsschutz des Bieters bei der Vergabe öffentlicher Aufträge. NJW 1997, S. 345–352.

Boesen, Arnold: Die rechtliche Zulässigkeit der Einschaltung von Versicherungsmaklern in das Verfahren zur Vergabe von Versicherungsleistungen. VersR 2000, S. 1063–1071.

Borges, Georg: Verträge im elektronischen Geschäftsverkehr: Vertragsabschluß, Beweis, Form, Lokalisierung, anwendbares Recht. München 2003 (zitiert: *Borges*, Verträge im elektronischen Geschäftsverkehr).

Borges, Georg: Rechtsfragen des Phishing – Ein Überblick. NJW 2005, S. 3313–3317.

Borghoff, Uwe M. et al.: Langzeitarchivierung. Methoden zur Erhaltung digitaler Dokumente. Heidelberg 2003.

Bovis, Christopher: Electronic public procurement: A mountain to climb or Mission Impossible? ⟨URL: `http://www.bileta.ac.uk/01papers/bovis.html`⟩.

Brandner, Ralf et al.: Langzeitsicherung qualifizierter elektronischer Signaturen. DuD 2002, S. 97–103.

Breloer, Carolin Eva: Europäische Vorgaben und das deutsche Vergaberecht. Frankfurt u.a. 2004.

Brox, Hans: Allgemeiner Teil des BGB. 25. Auflage. Köln, Berlin, Bonn, München 2001.

Bäumler, Helmut: Gibt es ein Recht auf Anonymität? Macht Anonymität heute noch Sinn? DuD 2003, S. 160.

Bundesministerium des Innern (Hrsg.): Moderner Staat - Moderne Verwaltung. Der Mandelkern-Bericht: Auf dem Weg zu besseren Gesetzen. Berlin Mai 2002.

Bundesministerium für Wirtschaft und Technologie: Eckpunkte für eine Verschlankung des Vergaberechts. ⟨URL: `http://www.bmwi.de/Redaktion/Inhalte/Pdf/E/eckpunkte-fuer-eine-verschlankung-des-vergaberechts,property=pdf,bereich=,sprache=de,rwb=true.pdf`⟩.

Burgard, Ulrich: Das Wirksamwerden empfangsbedürftiger Willenserklärungen im Zeitalter moderner Telekommunikation. AcP 195 [1995], S. 74–136.

Burnett, Steve/Paine, Stephen: Kryptographie. Bonn 2001.

Byok, Jan: Die Entwicklung des Vergaberechts seit 1999. NJW 2001, S. 2295–2302.

Byok, Jan/Jaeger, Wolfgang (Hrsg.): Kommentar zum Vergaberecht. Heidelberg 2000.

Calliess, Christian/Ruffert, Matthias (Hrsg.): Kommentar des Vertrages über die Europäische Union und des Vertrages zur Gründung der Europäischen Gemeinschaft - EUV/EGV. 2. Auflage. Neuwied, Kriftel 2002.

Clemens, Thomas: Die Verweisung von einer Rechtsnorm auf andere Vorschriften - insbesondere ihre Verfassungsmäßigkeit. AöR 111 [1986], S. 63–127.

Corsten, Hans (Hrsg.): Lexikon der Betriebswirtschaftslehre. 4. Auflage. München, Wien 2000.

Crass, Normen: Der öffentliche Auftraggeber. Eine Untersuchung am Beispiel der öffentlich-rechtlichen Kreditinstitute und Energieversorgungsunternehmen. München 2004.

Danuser, Rico: Business Process Reingeneering: Der Wandel zu prozeßorientierten Strukturen. Bern, Stuttgart, Wien 1997.

Daub, Walter: Kommentar zur VOL/A. 5. Auflage. Düsseldorf 2000.

Dauses, Manfred A. (Hrsg.): Handbuch des EU-Wirtschaftsrechts. München Loseblatt. 2004, Stand: 13. Ergänzungslieferung.

Deckert, Martina R.: Effizienz als Kriterium der Rechtsanwendung. Rechtstheorie 26 [1995], 117–133.

Denk, Heiko: Softwaremodelle für einen rechtsgemäßen, agentenbasierten virtuellen Marktplatz für Ausschreibung, Angebotsbearbeitung und Vergabe von Bauleistungen. Düsseldorf 2003.

Denk, Heiko et al.: Der Einsatz intelligenter Softwareagenten im elektronischen Vergabeverfahren. NZBau 2004, S. 131–135.

Dix, Alexander/Pfitzner, Roy: Trusted Computing und Datenschutz in Deutschland. DuD 2003, S. 561–562.

Dobbertin, Hans: Digitale Fingerabdrücke. Sichere Hashfunktionen für digitale Signaturen. DuD 1997, S. 82–87.

Dreher, Meinrad: Versicherungsdienstleistungen und Vergaberecht. Die Vergabe von Versicherungsdienstleistungen aus Vergabe- und versicherungsrechtlicher Sicht. VersR 2000, S. 666–679.

Dörr, Oliver: Das europäisierte Vergaberecht in Deutschland. JZ 2004, S. 703–713.

Dumortier, Jos et al.: The Legal and Market Aspects of Electronic Signatures. Study for the European Commission - DG Information Society. Leuven, 2003. ⟨URL: http://europa.eu.int/information_society/eeurope/2005/all_about/security/electronic_sig_report.pdf⟩.

Egeler, Roderich: Modellprojekt „Öffentlicher Eink@uf Online". In: Blaschke, Peter/Karrlein, Wolfgang/Zypries, Brigitte (Hrsg.): E-Public. Strategien und Potenziale des E- und Mobile Business im öffentlichen Bereich. Berlin, Heidelberg u.a. 2002, S. 141–149.

Eidenmüller, Horst: Effizienz als Rechtsprinzip. Möglichkeiten und Grenzen der ökonomischen Analyse des Rechts. 2. Auflage. Tübingen 1998.

Eifert, Martin/Schreiber, Lutz: Elektronische Signatur und der Zugang zur Verwaltung. Die Folgen der EU-Signaturrichtlinie für das Verwaltungsrecht und die Verwaltungspraxis. MMR 2000, S. 340–346.

Engel-Flechsig, Stefan/Maennel, Frithjof A./Tettenborn, Alexander: Neue gesetzliche Rahmenbedingungen für Multimedia. Die Regelungen des IuKDG und des MDStV. Heidelberg 1997.

Erman, Walter (Begr.): Erman BGB, Handkommentar. Herausgegeben von Harm Peter Westermann. Band I: §§ 1–811, UKlaG. 11. Auflage. Münster, Köln 2004.

Euler, Ellen: „Eine nationale Kulturkatastrophe...". JurPC Web-Dok. 278/2004. ⟨URL: http://www.jurpc.de/aufsatz/20040278.htm⟩.

Europäische Kommission: Grünbuch „Das öffentliche Auftragswesen in der Europäischen Union: Überlegungen für die Zukunft". KOM (96) 583 endg. vom 27.11.1996.

Europäische Kommission: Mitteilung der Kommission „Das öffentliche Auftragswesen in der Europäischen Union". KOM (98) 143 vom 11.03.1998.

Eylmann, Horst/Vaasen, Hans-Dieter: Bundesnotarordnung, Beurkundungsgesetz. Kommentar. München 2000.

Federrath, Hannes/Pfitzmann, Andreas: Datensicherheit. In: Schulte, Martin (Hrsg.): Handbuch des Technikrechts. Berlin, Heidelberg u.a. 2003, S. 599–628.

Feuerich, Wilhelm E./Weyland, Dag: Bundesrechtsanwaltsordnung. Kommentar. 6. Auflage. München 2003.

Fezer, Karl-Heinz: Aspekte einer Rechtskritik an der economic analysis of law und am property rights approach. JZ 1986, S. 817–824.

Fischer, Kristian: Vergabefremde Zwecke im öffentlichen Auftragswesen: Zulässigkeit nach Europäischem Gemeinschaftsrecht. EuZW 2004, S. 492–496.

Fleischer, Holger: Informationsasymmetrie im Vertragsrecht. Eine rechtsvergleichende und interdisziplinäre Abhandlung zu Reichweite und Grenzen vertragsschlußbezogener Aufklärungspflichten. München 2001.

Forgó, Nikolaus: Code und Kontrolle. Bemerkungen zum Einfluss des Rechts auf technische Entwicklungen, dargestellt am Beispiel elektronischer Signaturen. In: Gasser, Urs (Hrsg.): Informationsrecht in „e"– Umgebungen. Baden-Baden 2002, S. 37–69.

Fox, Dirk: Fälschungssicherheit digitaler Signaturen. Eine Übersicht. DuD 1997, S. 69–74.

Franke, Horst et al.: VOB-Kommentar, Bauvergaberecht, Bauvertragsrecht. Düsseldorf 2002.

Frey, René L./Kilchenmann, Christoph/Krautter, Nicolai: Geltende Rechtsetzungskompetenz im schweizerischen Vergaberecht und Alternativen: Eine bewertende Studie aus volkswirtschaftlicher Sicht. Basel 2003.

Frischmuth, Jürgen/Karrlein, Wolfgang: Aktuelle Trends im Electronic und Mobile Business. In: Blaschke, Peter/Karrlein, Wolfgang/Zypries, Brigitte (Hrsg.): E-Public. Strategien und Potenziale des E- und Mobile Business im öffentlichen Bereich. Berlin, Heidelberg u.a. 2002, S. 9–30.

Fritzemeyer, Wolfgang/Heun, Sven-Erik: Rechtsfragen des EDI: Vertragsgestaltung: Rahmenbedingungen im Zivil-, Wirtschafts- und Telekommunikationsrecht. CR 1992, S. 129–133.

Frye, Christian/Pordesch, Ulrich: Berücksichtigung der Sicherheitseignung von Algorithmen qualifizierter Signaturen. DuD 2003, S. 73–78.

Funk, Jörg/Schmitt, Wolfgang: Leitprojekt E-Vergabe. In: Gehrmann, Friedhelm/Schinzer, Heiko/Tacke, Alfred (Hrsg.): Public E-Procurement. Netzbasierte Beschaffung für öffentliche Auftraggeber. München 2002, S. 211–224.

Garfinkel, Simson: Web security, privacy & commerce. 2. Auflage. Sebastopol, CA 2002.

Gehrmann, Friedhelm/Schinzer, Heiko: Public E-Procurement - Potenziale und Rahmenbedingungen der Netzbasierten Beschaffung für öffentliche Auftraggeber. In: Gehrmann, Friedhelm/Schinzer, Heiko/Tacke, Alfred (Hrsg.): Public E-Procurement. Netzbasierte Beschaffung für öffentliche Auftraggeber. München 2002, S. 13–24.

Günnewig, Dirk/Sadeghi, Ahmad-Reza/Stüble, Christian: Trusted Computing ohne Nebenwirkungen. Spezifikationen der Trusted Computing Group sinnvoll nutzen. DuD 2003, S. 556–560.

Gola, Peter/Schomerus, Rudolf: Bundesdatenschutzgesetz. 8. Auflage. München 2005.

Gramlich, Ludwig/Kröger, Detlef/Schreibauer, Marcus (Hrsg.): Rechtshandbuch B2B Plattformen. Rahmenbedingungen elektronischer Marktplätze. München 2003.

Grundmann, Stephan M.: Die Auslegung des Gemeinschaftsrechts durch den Europäischen Gerichtshof. Zugleich eine rechtsvergleichende Studie zur Auslegung im Völkerrecht und im Gemeinschaftsrecht. Konstanz 1997.

Götz, Walter: Öffentliche Beschaffungsmärkte und Europarecht: Die Transparenz- und Teilnahmebestimmungen der Vergaberichtlinien im Lichte der Rechtsprechung des Europäischen Gerichtshofes. Frankfurt am Main u.a. 1999.

Guggemos, Werner-Christian: Digital Rights Management im praktischen Einsatz. ZUM 2004, S. 183–188.

Guise-Rübe, Ralph: Die Bedeutung und die Chancen des elektronischen Rechtsverkehrs als Teil der Justizautomation. JurPC Web-Dok. 103/2005. ⟨URL: http://www.jurpc.de/aufsatz/20050103.htm⟩.

Guth, Susanne: Rights Expression Languages. In: Becker, Eberhard et al. (Hrsg.): Digital Rights Management. Technological, Economic, Legal and Political Aspects. Berlin, Heidelberg u.a. 2003, S. 101–112.

Harte-Bavendamm, Henning/Henning-Bodewig, Frauke: UWG. Kommentar. München 2004.

Hauser, Tobias/Wenz, Christian: DRM Under Attack: Weaknesses in Existing Systems. In: Becker, Eberhard et al. (Hrsg.): Digital Rights Management. Technological, Economic, Legal and Political Aspects. Berlin, Heidelberg u.a. 2003, S. 206–223.

Heckmann, Dirk: E-Vergabe als Motor für E-Government? K&R 2003, S. 97–104.

Heiermann, Wolfgang et al.: Handkommentar zur VOB. Teile A und B, Rechtsschutz im Vergabeverfahren. 10. Auflage. Wiesbaden 2003.

Hellenthal, Frank: Umweltmanagement nach der Öko-Audit-Verordnung. Kritische Betrachtung und Darlegung von Perspektiven durch das Konzept der ökologischen Unternehmensbewertung. Marburg 2001.

Henssler, Martin/Prütting, Hanns (Hrsg.): Bundesrechtsanwaltordnung. Kommentar. 2. Auflage. München 2004.

Hermes, Georg: Gleichheit durch Verfahren bei der staatlichen Auftragsvergabe. JZ 1997, S. 909–915.

Himmelein, Gerald: Baustelle Sicherheit. Microsoft krempelt seine Sicherheitsinitiative NGSCB um. c't 2004, Nr. 12, S. 42–46.

Hoeren, Thomas: Informationsrecht. Stand März 2005. URL: http://www.uni-muenster.de/Jura.itm/hoeren/material/Skript/skript_maerz 2005.pdf.

Hoeren, Thomas/Sieber, Ulrich: Handbuch Multimedia-Recht. Rechtsfragen des elektronischen Geschäftsverkehrs. München 2003 (Loseblatt, Stand April 2004).

Hoffmann-Riem, Wolfgang: Effizienz als Herausforderung an das Verwaltungsrecht – Einleitende Problemskizze. In: Hoffmann-Riem, Wolfgang/Schmidt-Aßmann, Eberhard (Hrsg.): Effizienz als Herausforderung an das Verwaltungsrecht. Baden-Baden 1998, S. 11–58 (zitiert: *Hoffmann-Riem*, Effizienz als Herausforderung).

Hoffmann-Riem, Wolfgang: Verwaltungsrecht in der Informationsgesellschaft – Einleitende Problemskizze. In: Hoffmann-Riem, Wolfgang/Schmidt-Aßmann, Eberhard (Hrsg.): Verwaltungsrecht in der Informationsgesellschaft. Baden-Baden 2000, S. 9–58 (zitiert: *Hoffmann-Riem*, Verwaltungsrecht in der Informationsgesellschaft).

Hörig, Ernst-August/Barthel, Michael: Electronic Data Interchange for Administration, Commerce and Transport. CR 1990, S. 484–488.

Härting, Nico: Unverschlüsselte E-Mails im anwaltlichen Geschäftsverkehr - Ein Verstoß gegen die Verschwiegenheitspflicht? MDR 2001, S. 61–63.

Huber, Peter M.: Recht der Europäischen Integration. München 1996.

Hunziker, Alexander W.: Prozessorganisation in der öffentlichen Verwaltung. New Public Management und Business Reengineering in der schweizerischen Bundesverwaltung. Bern, Stuttgart, Wien 1999.

Immenga, Frank A./Lange, Knut Werner: Elektronische Marktplätze: Wettbewerbsbeschränkende Verhaltensweisen im Internet? RIW 2000, S. 733–739.

Ingenstau, Heinz/Korbion, Hermann: Verdingungsordnung für Bauleistungen: VOB; Teile A und B. Herausgegeben von Horst Locher und Klaus Vygen. 14. Auflage. Düsseldorf 2004.

Isensee, Josef/Kirchhof, Paul (Hrsg.): Handbuch des Staatsrechts der Bundesrepublik Deutschland. Band III: Das Handeln des Staates. 2. Auflage. Heidelberg 1996.

Jansen, Stephan/Klipstein, Carsten: Strategien zur Einführung netzbasierter Beschaffung und PEP 2.0. In: Gehrmann, Friedhelm/Schinzer, Heiko/Tacke, Alfred (Hrsg.): Public E-Procurement. Netzbasierte Beschaffung für öffentliche Auftraggeber. München 2002, S. 145–164.

Jarass, Hans D.: Bundesimmissionsschutzgesetz. Kommentar. 5. Auflage. München 2002.

John, Uwe: Grundsätzliches zum Wirksamwerden empfangsbedürftiger Willenserklärungen. AcP 184 [1984], S. 385–412.

Jost, Peter-J. (Hrsg.): Der Transaktionskostenansatz in der Betriebswirtschaftslehre. Stuttgart 2001.

Jungermann, Sebastian: Der Beweiswert elektronischer Signaturen. Zu den Voraussetzungen und Rechtsfolgen des § 292a ZPO. DuD 2003, S. 69–72.

Kapellmann, Klaus/Messerschmidt, Burkhard (Hrsg.): Vergabe- und Vertragsordnung für Bauleistungen : VOB ; Teile A und B. München 2003.

Kern, Werner/Schröder, Hans-Horst/Weber, Jürgen (Hrsg.): Handwörterbuch der Produktionswirtschaft. 2. Auflage. Stuttgart 1996.

Köhler, Helmut: Die Problematik automatisierter Rechtsvorgänge, insbesondere von Willenserklärungen. AcP 182 [1982], S. 126–171.

Köhler, Helmut/Piper, Henning: Gesetz gegen den unlauteren Wettbewerb: mit Preisangabenverordnung. 3. Auflage. München 2002.

Kilian, Werner/Wind, Martin: Vernetzte Verwaltung und zwischenbehördliche Beziehungen. VerwArch 1997, S. 499–519.

Kilian, Wolfgang: EG-Richtlinie über digitale Signaturen in Kraft. Der Betrieb 2000, S. 733–735.

Kilian, Wolfgang: Europäisches Wirtschaftsrecht. 2. Auflage. München 2003.

Kilian, Wolfgang/Heussen, Benno (Hrsg.): Computerrechts-Handbuch. Computertechnologie in der Rechts- und Wirtschaftspraxis. München 2003 (Loseblatt, Stand Oktober 2003).

Kilian, Wolfgang et al.: Electronic Data Interchange (EDI) – Aus ökonomischer und juristischer Sicht. Baden-Baden 1994.

Killmann, Bernd-Roland: Das Nachprüfungsverfahren im Rahmen der Vergabe öffentlicher Aufträge durch die Europäischen Gemeinschaften. In: Baudenbacher, Carl (Hrsg.): Aktuelle Probleme des Europäischen und Internationalen Wirtschaftsrechts. Band IV. Basel, Genf, München 2002, S. 475–538.

Mattes, Frank: Electronic Business-to-Business. E-Commerce mit Internet und EDI. Stuttgart 1999.

Maurer, Hartmut: Allgemeines Verwaltungsrecht. 15. Auflage. München 2004.

Mehrings, Josef: Vertragliche Aspekte der Nutzung von Online- und CD-ROM-Datenbanken. NJW 1993, S. 3102–3109.

Meinhold, Matthias/Luckhard, Norbert: Echtheits-Zertifikat. Digitale Signaturen mit beweiskräftigem Zeitstempel. c't 1998, Nr. 8, S. 112–116.

Meyer, Timm R.: Vergaberechtsschutz nach Erteilung des Zuschlags. WuW 1999, S. 567–574.

Microsoft Corporation: Microsoft Windows Rights Management Services for Windows Server 2003. ⟨URL: `http://download.microsoft.com/download/b/f/4/bf49f1b6-554a-4f6c-8272-2efc782dcd1c/RMSHelpsSafeguard.doc`⟩.

Mitnick, Kevin D./Simon, William L.: The Art of Deception. Controlling the Human Element of Security. Indianapolis 2002.

Müller, Petra: Telekommunikation in der Europäischen Union. Innovative Kommunikationstechnologien im Spannungsfeld von staatlicher Regulierung und Marktdynamik. Freiburg i. Br. 1995.

Müller-Wrede, Malte (Hrsg.): Verdingungsordnung für Leistungen - VOL: Kommentar. Köln 2001.

Mosbacher, Wolfgang: Elektronische Vergabe: Neue Möglichkeiten im öffentlichen Beschaffungswesen. DÖV 2001, S. 573–582.

Motzke, Gerd/Pietzcker, Jost/Prieß, Hans-Joachim (Hrsg.): Beck'scher VOB-Kommentar. München 2001.

Nagel, Bernhard: Wirtschaftsrecht der Europäischen Union. 3. Auflage. Baden-Baden 2001.

Neuburger, Rahild: Auswirkungen von EDI auf die zwischenbetriebliche Arbeitsteilung und Koordination - Eine transaktionskostentheoretische Analyse. In: Sydow, Jörg/Windeler, Arnold (Hrsg.): Management interorganisationaler Beziehungen. Vertrauen, Kontrolle und Informationstechnik. Opladen 1994, S. 49–70.

Nichols, Randall K.: ICSA Guide to Cryptography. New York, San Francisco u.a. 1999.

Niebuhr, Frank et al.: Kommentar zum Vergaberecht: 4. Teil des GWB; Vergabeverfahren, Nachprüfungsverfahren und Schadensersatz. Neuwied/Kriftel 2000.

Niesing, Matthias/Schmeh, Klaus: Schlüssel des Vertrauens. Digitale Ausweise im Internet. c't 2001, Nr. 4, S. 224f.

Osterheld, Ingo: Transaktionskostenrechnung und Unternehmensstrategie. Wiesbaden 2001.

Ott, Claus/Schäfer, Hans-Bernd: Die ökonomische Analyse des Rechts - Irrweg oder Chance wissenschaftlicher Rechtserkenntnis? JZ 1988, S. 213–223.

Otting, Olaf: Die neue Verdingungsordnung. NVwZ 2001, S. 775–777.

Otto, Harro: Wettbewerbsbeschränkende Absprachen bei Ausschreibungen, § 298 StGB. wistra 1999, S. 41–46.

Pache, Eckhard/Rüger, Christina: Klarheit über soziale Aspekte im Vergaberecht? Zur Auslegungsmitteilung der Kommission vom 15.10.2001. EuZW 2002, S. 169–171.

Palandt, Otto (Begr.): Bürgerliches Gesetzbuch. Bearbeitet von Peter Bassenge, Gerd Brudermüller u.a. 65. Auflage. München 2006.

Petersen, Frank: Schutz und Vorsorge. Strukturen der Risikoerkenntnis, Risikozurechnung und Risikosteuerung der Grundpflichten im Bundes-Immissionsschutzgesetz. Berlin 1993.

Picot, Arnold: Transaktionskosten im Handel. Zur Notwendigkeit einer flexiblen Strukturentwicklung in der Distribution. BB Beilage 13 zu Heft 27/1986, S. 1–15.

Picot, Arnold: Transaktionskostenansatz in der Organisationstheorie. Stand der Diskussion und Aussagewert. DBW 1982, S. 267–284.

Picot, Arnold: Ökonomische Theorien der Organisation - Ein Überblick über neuere Ansätze und deren betriebswirtschaftliches Anwendungspotential. In: Ordelheide, Dieter/Rudolph, Bernd/Büsselmann, Elke (Hrsg.): Betriebswirtschaftslehre und Ökonomische Theorie. Stuttgart 1991, S. 143–170 (zitiert: *Picot*, Ökonomische Theorien der Organisation).

Picot, Arnold/Neuburger, Rahild: Electronic Data Interchange: von EDIFACT zu Webservices. In: Taeger, Jürgen/Wiebe, Andreas (Hrsg.): Informatik – Wirtschaft – Recht: Regulierung in der Wissensgesellschaft. Festschrift für Wolfgang Kilian. Baden-Baden 2004, S. 513–531.

Pieprzyk, Josef/Hardjono, Thomas/Seberry, Jennifer: Fundamentals of Computer Security. Berlin u.a. 2003.

Pietzcker, Jost: Das Vergaberechtsänderungsgesetz - europarechtliche Grundlagen, wesentliche Änderungen und offene Fragen. SächsVBl 1999, S. 289–295.

Pietzcker, Jost: Verdingungsordnung und Kaskadenprinzip aus verfassungsrechtlicher und europarechtlicher Sicht. NZBau 2000, S. 64–66.

Pohl, Hartmut: Taxonomie und Modellbildung in der Informationssicherheit. DuD 2004, S. 678–685.

Posner, Richard A.: Recht und Ökonomie: Eine Einführung. In: Assmann, Heinz-Dieter/Kirchner, Christian/Schanze, Erich (Hrsg.): Ökonomische Analyse des Rechts. Tübingen 1993, S. 79–98.

Probst, Peter: Elektronische Vergabe und inverse Auktionen. ThürVBl 2002, S. 245–251.

Raabe, Oliver: Die rechtliche Einordnung zweier Web-Anonymisierungsdienste. DuD 2003, S. 134–138.

Rankl, Wolfgang/Effing, Wolfgang: Handbuch der Chipkarten : Aufbau – Funktionsweise – Einsatz von Smart Cards. 4. Auflage. München, Wien 2002.

Rapp, Christiane: Rechtliche Rahmenbedingungen und Formqualität elektronischer Signaturen. München 2002.

Rebmann, Kurt/Säcker, Franz Jürgen/Rixecker, Roland (Hrsg.): Münchener Kommentar zum Bürgerlichen Gesetzbuch. Band 1: Allgemeiner Teil, §§ 1-240, AGB-Gesetz. 4. Auflage. München 2001.

Rebmann, Kurt/Säcker, Franz Jürgen/Rixecker, Roland (Hrsg.): Münchener Kommentar zum Bürgerlichen Gesetzbuch. Band 1a: Allgemeiner Teil (Auszug), §§ 80, 81, 105a, 126-127, 194-218, ProstG. München 2003.

Rebmann, Kurt/Säcker, Franz Jürgen/Rixecker, Roland (Hrsg.): Münchener Kommentar zum Bürgerlichen Gesetzbuch. Band 2a: Schuldrecht Allgemeiner Teil, §§ 241–432. 4. Auflage. München 2003.

Reidt, Olaf/Stickler, Thomas/Glahs, Heike: Vergaberecht. 2. Auflage. Köln 2003.

Reus, Andreas: Behandlung von Telefaxangeboten bei der Prüfung und Wertung von Angeboten gemäß VOB und VOL. BauR 1993, S. 388–393.

Riehm, Ulrich et al.: E-Commerce in Deutschland. Eine kritische Bestandsaufnahme zum elektronischen Handel. Berlin 2003.

Rittner, Fritz: Rechtsgrundlagen und Rechtsgrundsätze des öffentlichen Auftragswesens: Eine systematische Analyse. Hamburg 1988 (zitiert: *Rittner*, Rechtsgrundlagen und Rechtsgrundsätze).

Rittner, Fritz: Abschied vom „Öffentlichen Auftragswesen" für private Unternehmen. EuZW 1997, S. 161.

Rüßmann, Helmut/Diedrich, Kay: Das europäische Vergaberecht und seine Umsetzung in die deutsche Rechtsordnung - Irrweg oder Binnenmarktperspektive. In: Ranieri, Filippo (Hrsg.): Die Europäisierung der Rechtswissenschaft. Baden-Baden 2002, S. 145–181.

Roßnagel, Alexander: Datenschutzaudit. Konzeption, Durchführung, gesetzliche Regelung. Braunschweig, Wiesbaden 2000 (zitiert: *Roßnagel*, Datenschutzaudit).

Roßnagel, Alexander: Die elektronische Signatur in der Öffentlichen Verwaltung: Hoffnungen und Herausforderungen. In: Roßnagel, Alexander (Hrsg.): Die elektronische Signatur in der Öffentlichen Verwaltung. Die künftigen Regelungen und ihre praktische Umsetzung. Baden-Baden 2001, S. 13–59 (zitiert: *Roßnagel*, Hoffnungen und Herausforderungen).

Roßnagel, Alexander: Das neue Recht elektronischer Signaturen. Neufassung des Signaturgesetzes und Änderungen des BGB und der ZPO. NJW 2001, S. 1817–1826.

Roßnagel, Alexander: Rechtliche Unterschiede von Signaturverfahren. MMR 2002, S. 215–222.

Roßnagel, Alexander (Hrsg.): Handbuch Datenschutzrecht. Die neuen Grundlagen für Wirtschaft und Verwaltung. München 2003.

Roßnagel, Alexander: Rechtsverbindliche Telekooperation. In: Schulte, Martin (Hrsg.): Handbuch des Technikrechts. Berlin, Heidelberg u.a. 2003, S. 629–668.

Roßnagel, Alexander: Signaturgesetz. In: Roßnagel, Alexander (Hrsg.): Recht der Multimedia-Dienste. Kommentar zum IuKDG und MDStV. München 2003 (Loseblatt, Stand Dezember 2002) (zitiert: *Roßnagel*, SigG).

Roßnagel, Alexander/Pfitzmann, Andreas/Garstka, Hansjürgen: Modernisierung des Datenschutzrechts. Gutachten im Auftrag des Bundesministeriums des Inneren. Berlin 2001.

Rosenberg, Leo/Schwab, Karl Heinz/Gottwald, Peter: Zivilprozessrecht. 16. Auflage. München 2004.

Sailer, Reiner/Doorn, Leendert van/Ward, James P.: The Role of TPM in Enterprise Security. DuD 2004, S. 539–544.

Sandl, Ulrich: Wirtschaftspolitische Bedeutung digitaler Signaturen. Die etwas andere „Kryptodiskussion". CR 2000, S. 319–324.

Schaller, Hans: Verdingungsordnung für Leistungen (VOL) Teile A und B. 3. Auflage. München 2004.

Schaumüller-Bichl, Ingrid: Sicherheitsmanagement. Risikobewältigung in informationstechnologischen Systemen. Mannheim, Leipzig, Wien, Zürich 1992.

Schaupensteiner, Wolfgang J.: Korruption in Deutschland. Ursachen, Erscheinungsformen, Bekämpfungsstrategien. Der Kriminalist 1996, S. 7–11.

Scheer, August-Wilhelm/Kruppke, Helmut/Heib, Ralf: E-Government. Prozessoptimierung in der öffentlichen Verwaltung. Berlin, Heidelberg 2003.

Schäfer, Peter W.: Grundzüge des öffentlichen Auftragswesens. BB Beilage Nr. 12 zu Heft 28/1996, S. 1–18.

Schäfer, Peter W.: Public E-Procurement im Rahmen der europäischen Vergaberechtsreform. In: Gehrmann, Friedhelm/Schinzer, Heiko/Tacke, Alfred (Hrsg.): Public E-Procurement. Netzbasierte Beschaffung für öffentliche Auftraggeber. München 2002, S. 49–74 (zitiert: *Schäfer*, Public E-Procurement).

Schäfer, Peter W.: Die Regelungen zur elektronischen Vergabe im EU-Legislativpaket. In: Taeger, Jürgen/Wiebe, Andreas (Hrsg.): Informatik – Wirtschaft – Recht: Regulierung in der Wissensgesellschaft. Festschrift für Wolfgang Kilian. Baden-Baden 2004, S. 761–781 (zitiert: *Schäfer*, EU-Legislativpaket).

Schäfer, Peter W.: Das Legislativpaket der EU zum öffentlichen Auftragswesen. In: Grabitz, Eberhard (Begr.): Das Recht der Europäischen Union. Herausgeber: Meinhard Hilf. Band IV: Sekundärrecht. Herausgeber: Kay Hailbronner. München 2005, S. Teil B6 (zitiert: *Schäfer*, Das Legislativpaket).

Schüler, Peter: Daten in Klarsichtfolie. XML macht Dokument-Strukturen transparent. c't 2002, Nr. 2, S. 172–175.

Schlette, Volker: Die Verwaltung als Vertragspartner. Empirie und Dogmatik verwaltungsrechtlicher Vereinbarungen zwischen Behörde und Bürger. Tübingen 2000.

Schliesky, Utz: Über Notwendigkeit und Gestalt eines Öffentlichen Wettbewerbsrechts. DVBl 1999, S. 78–86.

Schmeh, Klaus: Kryptographie und Public-key-Infrastrukturen im Internet. 2. Auflage. Heidelberg 2001.

Schmeichel, Raik/Schinzer, Heiko: Elektronische Beschaffung für öffentliche Auftraggeber - ein Fortschritt? In: Blaschke, Peter/Karrlein, Wolfgang/Zypries, Brigitte (Hrsg.): E-Public. Strategien und Potenziale des E- und Mobile Business im öffentlichen Bereich. Berlin, Heidelberg u.a. 2002, S. 175–186.

Schmidt, Andreas/Steimke, Frank: OSCI – Der Standard im E-Government. Konzeption und Erfahrungen aus der Praxis. DuD 2004, S. 228–232.

Schneider, Ralf: Neusignatur – Anforderungen an die Praxis. DuD 2003, S. 91–94.

Schreiber, Lutz: Elektronisches Verwalten. Zum Einsatz der elektronischen Signatur in der öffentlichen Verwaltung. Baden-Baden 2003.

Schubert, Oliver: Von der Vision zum Betrieb - Kriterien für die Auswahl von Vergabesystemen. In: Gehrmann, Friedhelm/Schinzer, Heiko/Tacke, Alfred (Hrsg.): Public E-Procurement. Netzbasierte Beschaffung für öffentliche Auftraggeber. München 2002, S. 165–179.

Schulzki-Haddouti, Christiane: Bund kauft online. E-Beschaffung soll Milliarden sparen. c't 2004, Nr. 2, S. 32.

Schwarze, Jürgen: Die Vergabe öffentlicher Aufträge im Lichte des europäischen Wirtschaftsrechts. In: Schwarze, Jürgen (Hrsg.): Die Vergabe öffentlicher Aufträge im Lichte des europäischen Wirtschaftsrechts. Baden-Baden 2000, S. 13–46.

Seibel, Mark: „Stand der Technik", „allgemein anerkannte Regeln der Technik" und „Stand von Wissenschaft und Technik". BauR 2004, S. 266–274.

Siegmund, Gerd: Technik der Netze. 5. Auflage. Heidelberg 2002.

Sietmann, Richard: Eine Hürde weniger. ISIS-MTT soll die digitale Signatur massentauglich machen. c't 2001, Nr. 20, S. 59.

Silberschatz, Abraham/Galvin, Peter Baer/Gagne, Greg: Operation System Concepts. 6. Auflage. New York 2003.

Simitis, Spiros (Hrsg.): Kommentar zum Bundesdatenschutzgesetz. 5. Auflage. Baden-Baden 2003.

Stallings, William: Sicherheit im Internet. Anwendungen und Standards. München 2001.

Stöckli, Hubert/Zufferey, Jean-Baptiste: Das öffentliche Beschaffungsrecht im Bausektor. Die Volkswirtschaft 2002, S. 10–14.

Steinberg, Rudolf/Koepfer, Isabel: IVU-Richtlinie und immissionsschutzrechtliche Genehmigung. DVBl 1997, S. 973–981.

Stockhausen, Lothar: Die Einführung des HBCI-Standards aus bankenrechtlicher Sicht. WM 2001, S. 605–619.

Streinz, Rudolf: Europarecht. 6. Auflage. Heidelberg 2003.

Theuvsen, Ludwig: Ergebnis- und Marktsteuerung öffentlicher Unternehmen. Stuttgart 2001.

Thode, Reinhold: Zum vergaberechtlichen Status von juristischen Personen des Privatrechts. ZIP 2000, S. 2–10.

Thome, Rainer/Bieber, Nicolai: Architektur von Beschaffungsportalen für die öffentliche Hand. In: Gehrmann, Friedhelm/Schinzer, Heiko/Tacke, Alfred (Hrsg.): Public E-Procurement. Netzbasierte Beschaffung für öffentliche Auftraggeber. München 2002, S. 95–114.

Timmermann, Manfred: Wirtschaftliches Handeln öffentlicher Verwaltungen. Grundsätzliches aus ökonomischer und verwaltungspraktischer Sicht. In: Von Arnim, Hans Herbert/Lüder, Klaus (Hrsg.): Wirtschaftlichkeit in Staat und Verwaltung. Berlin 1993, S. 43–66.

Tröndle, Herbert/Fischer, Thomas: Strafgesetzbuch und Nebengesetze. 51. Auflage. München 2003.

Troiano, Onofrio: Die elektronische Signatur in der internationalen und nationalen Gesetzgebung — Angleichung und Diversifizierung der Vorschriften auf EG-Ebene, im italienischen und deutschen Recht. ZEuP 2005, S. 43–70.

Ultsch, Michael L.: Zivilrechtliche Probleme elektronischer Erklärungen - dargestellt am Beispiel der Electronic Mail. DZWiR 1997, S. 466–473.

UNICE (Hrsg.): Comments on Specific Aspects of the EU Revised Draft Legislative Package on Public Procurement. Brüssel 2001.

Viefhues, Wolfram: Das Gesetz über die Verwendung elektronischer Kommunikationsformen in der Justiz. NJW 2005, S. 1009–1016.

Viefhues, Wolfram/Scherf, Uwe: Sicherheitsaspekte bei der elektronischen Kommunikation zwischen Anwalt und Gericht. K&R 2002, S. 170–176.

Voßkuhle, Andreas: „Ökonomisierung" des Verwaltungsverfahrens. Die Verwaltung 34 [2001], 347–369.

Von Arnim, Hans Herbert: Wirtschaftlichkeit als Rechtsprinzip. Berlin 1988.

Von der Groeben, Hans/Schwarze, Jürgen (Hrsg.): Kommentar zum Vertrag über die Europäische Union und zur Gründung der Europäischen Gemeinschaft. Band 1: Art. 1–53 EUV, Art. 1–80 EGV. 6. Auflage. Baden-Baden 2003.

Von Lucke, Jörn: Citizen-Relationship-Management über Hochleistungsportale der öffentlichen Verwaltung. In: Uhr, Wolfgang/Esswein, Werner/Schoop, Eric (Hrsg.): Wirtschaftsinformatik 2003/Band I - Medien Märkte - Mobilität. Heidelberg 2003, S. 901–915.

von Staudinger, Julius (Begr.): Kommentar zum Bürgerlichen Gesetzbuch. Buch 1: Allgemeiner Teil. §§ 90–240, erläutert von Hermann Dilcher. 12. Auflage. Berlin 1980 (zitiert: von Staudinger-*Bearbeiter*, BGB).

von Staudinger, Julius (Begr.): Kommentar zum Bürgerlichen Gesetzbuch. Buch 2: Recht der Schuldverhältnisse. §§ 328–361b, Redaktion Manfred Löwisch. Berlin Neubearbeitung 2001 (zitiert: von Staudinger-*Bearbeiter*, BGB).

Weck, Gerhard: Realisierung der Schutzfunktionen. In: Pohl, Hartmut/Weck, Gerhard (Hrsg.): Einführung in die Informationssicherheit. München, Wien, Oldenbourg 1993, S. 123–190.

Weis, Rüdiger: Trusted Computing: Chancen und Risiken. DuD 2004, S. 651–654.

Weitzel, Tim/Harder, Thomas/Buxmann, Peter: Electronic Business und EDI mit XML. Heidelberg 2001.

Weyand, Rudolf: Prozess der elektronischen Ausschreibung und Vergabe öffentlicher Aufträge bei den formellen Vergabeverfahren der VOB/A und VOL/A. In: Gehrmann, Friedhelm/Schinzer, Heiko/Tacke, Alfred (Hrsg.): Public E-Procurement. Netzbasierte Beschaffung für öffentliche Auftraggeber. München 2002, S. 27–48.

Wiebe, Andreas: Die elektronische Willenserklärung. Kommunikationstheoretische und rechtsdogmatische Grundlagen des elektronischen Geschäftsverkehrs. Tübingen 2002.

Williamson, Oliver E.: Die ökonomischen Institutionen des Kapitalismus: Unternehmen, Märkte, Kooperationen. Tübingen 1990.

Windsperger, Josef: Transaktionskostenansatz der Entstehung der Unternehmensorganisation. Heidelberg 1996.

Wittmann, Waldemar et al. (Hrsg.): Handwörterbuch der Betriebswirtschaft. 5. Auflage. Stuttgart 1993.

Zarnekow, Rüdiger/Brenner, Walter/Eyholzer, Kilian: E-Procurement in der öffentlichen Beschaffung. In: Meier, Andreas (Hrsg.): E-Government. HMD-Praxis der Wirtschaftsinformatik. Heidelberg 2002, S. 44–57.

Stichwortverzeichnis

Wolfram Irmer

Sekundärrechtsschutz und Schadensersatz im Vergaberecht

Die Notwendigkeit der Neuordnung des Primär- und Sekundärrechtsschutzes im Vergaberecht

Frankfurt am Main, Berlin, Bern, Bruxelles, New York, Oxford, Wien, 2004.
CCCLXVII, 318 S., zahlr. Tab.
Haftungs- und Versicherungsrecht. Herausgegeben von Erwin Deutsch, Hans-Peter Schwintowski und Jochen Taupitz. Bd. 6
ISBN 3-631-52955-4 · br. € 97.50*

Ziel der Arbeit ist es, die derzeit wichtigsten Probleme im Zusammenhang mit dem Sekundärrechtsschutz im Vergaberecht darzustellen. Insbesondere der Frage der Verfassungsmäßigkeit der Zweiteilung des Vergaberechts und einer sich daraus ergebenden Notwendigkeit der Neuordnung des Vergaberechts wird nachgegangen. Aufgrund einer umfangreichen Auswertung der europäischen und nationalen Vorgaben und Rechtsprechung kommt der Autor zu dem Ergebnis, dass nur durch die Schaffung eines eigenständigen Vergabegesetzes und einer spezialgesetzlichen Anspruchsgrundlage ein rechtmäßiges und allen Seiten gerecht werdendes System des Sekundärrechtsschutzes erreicht werden kann. Das Buch richtet sich zum einen an die öffentlichen Auftraggeber, die für typische Wertungsfehler sensibilisiert werden sollen, zum anderen an die Bieter und Bewerber und deren Rechtsanwälte, die das Rüstzeug für eine effektive Wahrnehmung ihrer Rechte erhalten sollen.

Aus dem Inhalt: Entwicklung des europäischen und deutschen Vergaberechts unter dem Einfluss der Rechtsprechung des EuGH und der nationalen Gerichte, insbesondere des BGH · Primärrechtsschutz im Vergaberecht in Deutschland · Sekundärrechtsschutz und Schadensersatz im Vergaberecht · Umfassende Darstellung der einzelnen Anspruchsgrundlagen unter Berücksichtigung der umfangreichen Entscheidungspraxis in Deutschland · Aufhebung der Aufhebung · Rechtsschutz bei der sogenannten de-facto-Vergabe · Zulässigkeit von Auftragssperren · Einwendungen und Einreden

Frankfurt am Main · Berlin · Bern · Bruxelles · New York · Oxford · Wien
Auslieferung: Verlag Peter Lang AG
Moosstr. 1, CH-2542 Pieterlen
Telefax 00 41 (0) 32 / 376 17 27